일기를 통해 본 18세기
대구 사림의 일상세계

국학자료 심층연구 총서 16

일기를 통해 본 18세기 대구 사림의 일상세계

백불암 최흥원의 『역중일기』를 중심으로

김명자 장윤수 정환국 이욱 조정현

한국국학진흥원 연구부 기획

새물결

일기를 통해 본 18세기 대구 사림의 일상세계

백불암 최흥원의 『역중일기』를 중심으로

지은이　김명자, 장윤수, 정환국, 이욱, 조정현

기획　한국국학진흥원 연구부

펴낸이　조형준

펴낸곳　새물결

1판 1쇄　2019년 12월 5일

등록　제2019-000258호

주소　서울특별시 강남구 학동로 335, 10층(논현동 다른타워)

전화　(편집부) 02-3141-8696　(영업부) 02-3141-8697

이메일　saemulgyul@gmail.com

ISBN　978-89-5559-426-3(93910)

일러두기

1. 단행본이나 학술지, 잡지는 『 』로, 논문과 시, 단편 소설은 「 」로 표시했다.

책머리에

근자에 들어 일기를 통한 일상사 연구가 하나의 흐름을 이루고 있다. 국가나 민족 같은 거대한 주제에 대한 관심에서 개인의 소소한 일상사가 새로운 연구 영역으로 주목받고 있는 것이다. 그것은 개인의 중요성에 대한 각성일 뿐만 아니라 개인을 통해 집단 전체에 대한 새로운 이해가 가능하다는 역사 연구의 방법론적 재인식을 의미하기도 한다. 조직이나 집단의 관점이 아니라 개인의 눈으로 당시 사회를 이해하고 해석한 결과를 기록으로 남긴 것이기 때문에 어떤 면에서는 일기를 통해 보다 실증적인 역사 인식이 가능하다는 것이다.

조선시대에 민간 사족에 의해 생산된 기록 유산을 중점적으로 소장하고 있는 한국국학진흥원은 이러한 학계의 추세에 따라 한문으로 쓰여진 조선시대 일기에 관심을 갖고 꾸준히 번역 및 연구 작업을 진행해왔다. 지금까지 10여 종의 일기가 국역되었는데, 그중 『역중일기曆中日記』는 대구의 옻골에 살았던 백불암百弗庵 최흥원崔興遠(1705~1786년)이 평생에 걸쳐 책력 위에 기록한 일기이다. 책력 위에 썼다고 해서 역중일기이다. 햇수로 치면 50년이 넘고 글자 수로는 17만 자가 넘는 방대한 기록이다. 그는 23세 되던 해부터 조금씩 일기를 썼다고 하는데, 『역중일기』는 일기를 집중적으로 쓰기 시작한 33세부터 사망할 때까지의 기록이다. 일기에는 그날그날의 날씨, 수시로 모시는 제사, 부친을 비롯한 가족의 건강과 간병, 집을 방문한 사람들의 면면과 사연, 본인과 자제들이 공부한 내용, 일어난 사건이나 주변에서 들은 이야기들이 망라되어 있어 최흥원의 일상적 삶의 모습을 구체적으로 파악할 수 있다.

이러한 내용들은 일차적으로 지극히 사적인 개인적 관점의 기록이라고 할 수 있다. 그러나 개인의 시각으로 바라본 당시의 사회상이 여과되지 않고 기록되었다는 점에서 당시 사회가 실제로 어떻게 이해되고 움직이고 있었는지를 생생하게 알 수 있다는 면에서 보면 공적 성격도 있다. 따라서 일기는 역사, 철학, 민속, 정치, 예술, 음식 등 다양한 각도에서 접근이 가능한 자료라고 할 수 있다.

한국국학진흥원이 주관한 『역중일기』 연구에는 이런 관점에서 다양한 분야의 연구자가 참여했다. 역사 분야에는 김명자 박사가 『역중일기』를 통해 최흥원의 사회 관계망을 고찰했고, 철학 분야에는 장윤수 교수가 최흥원의 성리학 사상과 실천 양상을 문집 자료를 중심으로 정리했다. 또한 문학 분야에서는 정환국 교수가 최흥원의 문학과 내면세계를 일기의 기록을 통해 분석했다. 민속학 분야에서는 이욱 박사가 18세기 대구지역 상제례의 실태를 마찬가지로 일기를 통해 고찰했으며, 조정현 박사는 조선후기 향약과 마을공동체 운영 실태를 일기를 통해 살펴보았다.

이 연구를 위해 다섯 명의 연구자는 2018년 한 해 동안 세 차례 포럼을 갖고 발제와 토론을 거듭했다. 연구진은 포럼을 통해 동일한 자료를 서로 다른 관점에서 접근할 때 얼마나 다양한 해석이 가능한지를 확인함으로써 공부하는 재미를 얻었을 뿐만 아니라 연구 자체의 내용적 충실성 면에서도 많은 도움을 얻을 수 있었다. 인문학 연구에서 이와 같은 팀제 연구는 학문 간 단절이 문제로 대두되고 있는 우리 학계의 현실을 감안한다면 하나의 대안으로 생각해볼 수 있을 것이다. 팀제 연구의 방법과 기법을 좀 더 보완한다면 지속적으로 시도해볼 가치가 있다.

마지막으로 덧붙이지 않을 수 없는 말은, 이와 같은 연구가 가능하게 된 데는 문중에서 소중하게 간직해오던 선조들의 손때가 묻은 기록유산을 흔쾌히 학계에 공개한 백불암 최흥원 문중의 결단이 있었다는 점이다. 특히 일기와 같이 사적인 기록에는 해당 문중으로서는 가리고 싶은 내용도 있을 수 있고 공개가 망설여지는 부분도 있었을 것이다. 그럼에도 불구하고 기록유산을 사회의 공기公器로 여기고 공개를 결심한 데 대해 경의를 표하지 않을 수 없다. 앞으로 본 연구를 계기로 이러한 분위기가 더욱 확산되기를 기대해본다.

2019년 8월

한국국학진흥원 연구부

1장

『역중일기』를 통해 본 18세기 대구 사족 최흥원의 관계망

김명자

1 전통시대 관계망의 의미와 『역중일기』

인간은 사회적 관계망 속에 존재한다. 관계망의 내용과 형식은 시공간 및 개인에 따라 다르지만 사회적 관계망은 개인의 삶의 방식과 밀접한 연관이 있다. 한 사람의 사회적 지위와 역할은 그의 사회적 관계망과 표리관계를 이루기 때문에 관계망을 통해 권력, 정보, 자원 등의 흐름을 파악할 수 있다. 관계망 속에 놓인 개인 혹은 집단에 대한 연구가 필요한 이유이다.[1]

최근 조선시대사 연구에서도 관계망을 주제로 한 연구 성과가 학계에 보고되고 있다. 관계망 형성에 혈연, 지연, 학연뿐만 아니라 사환仕宦도 중요한 요소라는 점, 관계망은 세대를 이어 계승된다는 점, 교유 장소별 관계망의 대상과 성격이 다르다는 점 등이 밝혀졌다.[2] 향촌 사족의 관계망

1) 김명자, 「순조 재위기(1800~1834) 하회 풍산류씨의 현실 대응과 관계망의 변화」(『국학연구』 29, 2016), 78~79쪽.

2) 김선경, 「16세기 성주 지역 사족의 교유 공간과 감성」(역사연구』 24, 2013); 김정운, 「17세기 예안 사족 金坽의 교유 양상」(『조선시대사학보』 70, 2014); 전경목, 「『미암일기』를 통해 본 16세기 양반관료의 사회관계망 연구 — 해배 직후 시기를 중심으로」(『조선시대사학보』 73,

은 중앙 정치와도 밀접하게 연관되어 있다는 사실도 확인되었다.[3] 이들 연구는 생활사 연구의 영역 확장에 기여했다.

이 글에서는 영남의 사족이 중앙 정치와 향촌사회의 복잡다단한 현실 속에서 어떻게 관계망을 구축해 나갔는지 살펴보고자 한다. 조선 후기에 문중은 향촌 활동 혹은 대외 활동의 기본 단위였기 때문에 사족 개인의 위상은 문중의 위상과 밀접한 관련을 가졌다. 따라서 개인이 구축한 관계망은 개인이 속한 문중의 위상 확립에 기여할 수 있었다.

조선시대에 영남의 사족은 사회경제적 성장에 힘입어 중앙 관료로 활발하게 진출했으며, 붕당정치기에는 정치적으로는 남인, 학문적으로는 퇴계학을 계승했다. 그런데 인조반정 이후 서인이 집권하게 되자 관직에 진출할 기회가 줄어들고, 외부와의 교류도 축소되었다. 특히 갑술환국 이후 노론이 집권하게 되면서 영남의 사족은 중앙 정계에서 거의 제외되었다. 내부적으로는 경제적 성장의 제한과 사족 숫자의 증가 등으로 사족 사이의 경쟁이 치열해졌다.

한편 서인 혹은 노론정권은 외연을 확대하기 위해 영남의 사족을 서인화, 노론화하고자 했다. 그러한 상황에서 향촌 사족 중 일부는 집권세력 혹은 지방관과 결탁하는 가운데 향촌에서의 입지를 강화하기도 했다. 또 다른 일부는 혼인, 명망 있는 학자와의 교류, 향촌 내의 문제에 대한 공동 대응 등을 통해 사족과의 관계망을 더욱 강화하면서 위상을 유지해나갔다.

이러한 모습을 대구 칠계[옻골]에 살았던 백불암百弗庵 최흥원崔興遠(1705~1786년)의 사례를 통해 살펴보고자 한다. 그는 학행으로 천거되어 참봉, 장악원주부 등에 제수되었으나 나아가지 않았으며, 죽은 뒤 효행으로 정문이 세워지고 좌승지에 추증되었다. 최흥원은 옻골 최씨가 현조顯祖

2015).

3) 김명자, 앞의 논문.

로 받드는 인물이자 문중 기반을 확립한 인물로, 그가 구축한 관계망은 옻골 최씨의 정체성 확립과 밀접한 연관이 있다고 할 수 있다. 최흥원이 50여 년에 걸쳐 책력 위에 쓴 일기가 있어 관계망의 내용을 미시적으로 분석하기에 적합하다.

일기의 표제는 『역중일기』(1737~1786년)이고, 모두 4권이다.[4] 이것은 최흥원이 쓴 『역중일기원본책력曆中日記原本冊曆』(총 53권)을 베낀 것으로, 경주최씨 칠계파[옻골파] 종중에 전해진다. 서지사항을 살펴보면, 본문은 332쪽이고, 매 쪽마다 14행이며, 행마다 대략 40여 자 전후로, 전체 글자 수는 17만 2천여 자이다. 대체로 해서체나 행서체로 필사되어 있으나 간혹 초서체로 필사된 곳도 있다.

일기는 1735년에 최흥원의 부친 최정석崔鼎錫(1678~1735년)의 병이 위독하던 때의 일을 기록한 것부터 시작되는데, 최흥원은 일기의 앞부분에서 일기를 정리하게 된 연유를 이렇게 밝히고 있다.

> 평생에 모은 책력은 정미년[1727년]부터 시작되어 모두 약간 권이 되는데, 정사년[1737년]에 이르러 비로소 날마다 기록한 것이 있다. 이전에는 살필 만한 기록이 없으나, 특별히 을묘년에는 부친상을 당해 비록 날마다 기록한 것은 아니지만 약시중을 드는 가운데 의원을 부르고 약을 쓴 일들을 기록한 것이 아주 상세하다. 그러므로 지금 베껴 옮기는 일을 이 해부터 시작한다. 그리고 날마다 기록된 것은 정사년부터이다.

최흥원은 1727년부터 간헐적으로 일기를 쓰기 시작했고, 31세(1735)

4) 『역중일기』를 활용한 선행 연구로는 오용원의 「崔興遠의 『曆中日記』를 통해 본 영남선비의 일상」(『大東漢文學』 45, 2015), 정진영의 「부자들의 빈곤 2 — 18세기 중반 영남 한 향촌 양반 지주가의 경제생활」(『大丘史學』 129, 2017) 등이 있다.

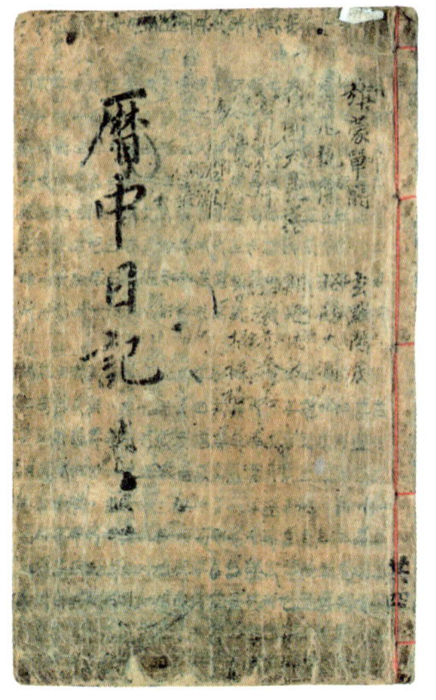

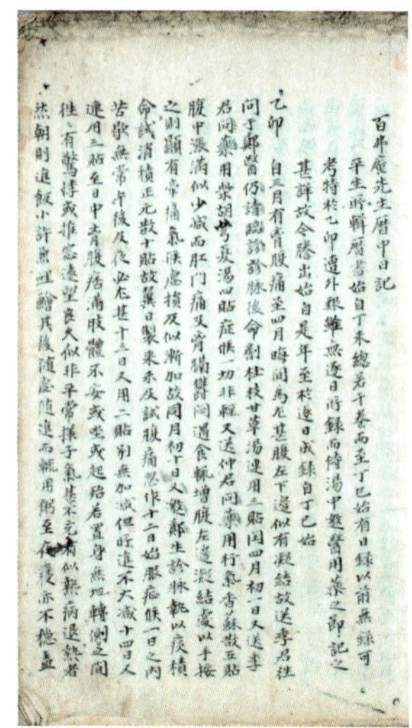

사진 1 역중일기

에 부친상을 당해 삼년상을 치른 이후 본격적으로 일기를 썼다. 이에 근거해 『역중일기』는 최흥원이 33세부터 82세에 사망하기까지 50여 년간 기록한 것이라고 할 수 있다. 일기는 최흥원 개인의 일기인 동시에 가계를 계승하는 종손으로서 집안의 대소사를 기록하고자 한 의식도 일정 부분 반영되어 있다. 일기에는 날씨, 제사, 부친의 병상과 가족 및 주변인의 건강, 내왕한 사람들, 공부한 내용, 특별한 사건이나 들은 이야기 등이 기록되어 있어 최흥원과 그를 둘러싼 가족의 생활상 및 대구와 영남의 실상을 잘 알 수 있다.

2 옻골 최씨와 최흥원

경주최씨의 시조는 고운孤雲 최치원崔致遠이고, 옻골에 세거한 경주최씨의 중시조는 조선 초기의 개국공신인 최단崔鄲이다. 단의 손자 맹연孟淵

이 한양에서 대구 도동道洞으로 이거하면서 경주최씨가 대구에 살게 되었다. 그의 후손들은 대구의 칠계, 지동枝洞, 수동秀洞, 도동, 대명동大明洞, 지묘동智妙洞 및 영천의 금호琴湖, 성주, 현풍의 상동上洞 등에 세거지를 개척했다.[5]

경주최씨는 중시조 이래 무풍武風이 강했으며, 8세 최계崔誡(1567~1622년) 역시 무과에 급제했다. 그는 임진왜란 당시 창의한 공으로 선무공신이 되었으며, 만경현령에 제수된 이후 뚜렷한 이유 없이 경질되자 본인이 무인이기 때문에 그런 일이 일어났다고 판단했다. 이후 최계는 가풍을 무풍에서 문풍文風으로 바꾸고자 했다. 그는 선릉 옆에 학사學舍를 짓고, 책과 양식을 마련해 자식들에게 학문을 익히도록 했다.

그의 세 아들 동률東嵂, 동집東集(1586~1661년), 동직東峀은 한강寒岡 정구鄭逑에게 나아가 학문을 익혔으며, 생진과에 합격했다. 이들과 그의 후손들은 세거지를 달리했다. 동률의 후손은 지묘동과 현풍 상동에 살았는데, 지묘파智妙派로 불렸다. 동집의 후손은 칠계[옻골]에 살았고 칠계파漆溪派라고 했다. 동직은 지동에 자리 잡았으며, 이후 후손들이 그곳에 세거하게 되어 지동파枝洞派라고 했다.[6]

옻골파의 파조 대암臺巖 최동집은 대구의 도동에서 태어났다. 대구의 연경서원 중건에 앞장섰으며, 1644년에 명나라가 멸망하자 팔공산 부인동에 은거했다. 그는 그곳에서 향약을 실시했으며, 옻골 시대를 열었다. 그러나 옻골은 산속에 있는 좁은 공간이고, 물산이 부족해 많은 인원이 거주하기에 적당하지 않았다. 그래서 최동집은 네 아들 중 맏아들만 옻골에 남기고, 나머지 자식들은 외지로 분가해 보냈다고 한다. 이로 인해 경주

5) 『慶州崔氏臺巖公派譜』(丁卯譜); 최언돈 외, 『옻골의 인물과 유적』(백불암연구소, 2016), 64쪽.
6) 崔彦惇, 『百弗庵 崔興遠의 夫仁洞 및 漆溪[옻골] 經營 規範 硏究』(영남대학교박사학위논문, 2010), 28쪽.

그림 1 최흥원의 선계도先系圖

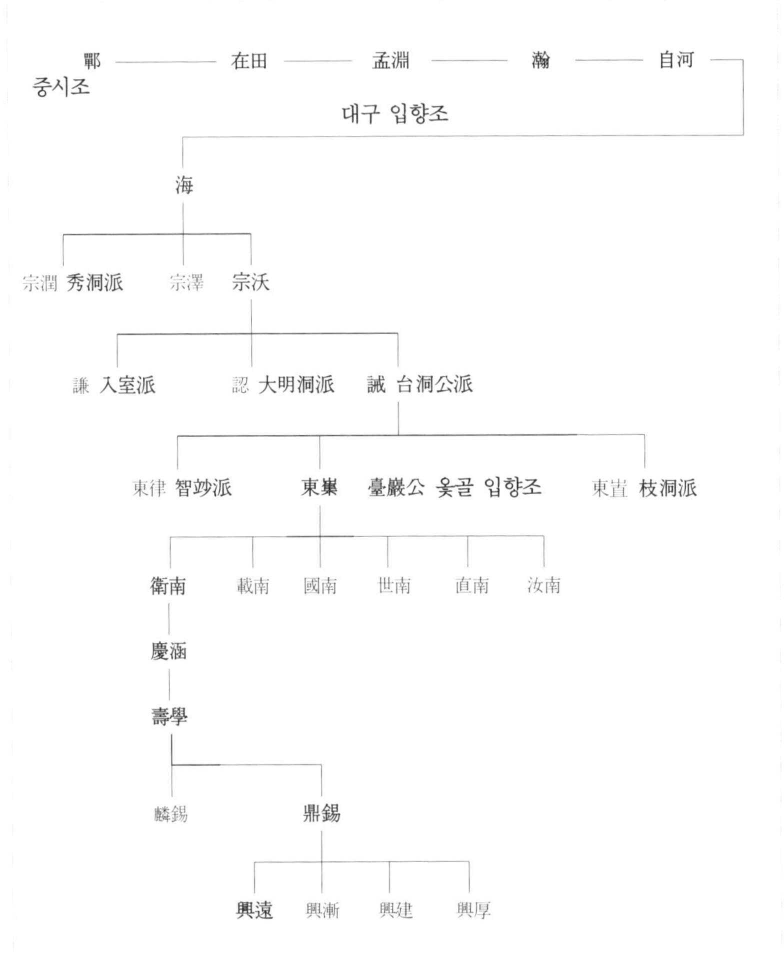

최씨는 대구의 여러 마을에서 살게 되었는데, 〈그림 1〉에서 확인할 수 있듯이 이는 경주최씨의 영역 확장 전략으로 언급되기도 한다.7)

옻골 최씨는 12세 최수학崔壽學이 사헌부감찰, 광양군수 등의 관직을 역임한 것을 제외하고 14세 최흥원 대까지 관직으로 나간 인물은 없다.

7) 한필원, 『한국의 전통마을을 가다』, 북로드, 2007, 31~32쪽.

인조반정 이후 영남 남인이 관직에서 소외된 것과도 일정 부분 관련이 있었다. 옻골 최씨는 과거나 관직 진출에 나아가려고 하기보다는 학문과 경제적 기반의 확대를 통해 향촌에서의 위상을 확립하려는 쪽으로 노력을 더욱 기울였다. 옻골 최씨 중 경주와 영남 지역에서 확고한 위상을 확립한 인물은 최흥원이었다.

최흥원이 조상을 받들며 친족과 마을 구성원을 위해 한 활동을 요약하면 다음과 같다. 우선, 선대의 유지를 받들어 35종에 달하는 각종 규범과 규약을 제정했다. 그중 몇 가지를 언급하면, 「봉선절목병서奉先節目幷序」(27세)는 묘사 관련 직무와 묘사 절차를 규정한 것이고, 「선산분영록先山墳塋錄」(27세)은 선대의 묘와 묘답의 위치 및 크기를 기록한 것이다. 「의고義庫」(56세)는 가난한 친척을 구제하기 위한 것이고, 「중구회重九會」(49세)는 친족의 화합과 숭조 사상을 실현하려고 한 것이다. 「학재절목學齋節目」(67세)은 문풍 진작에 대한 내용을 담고 있으며, 「봉선입의奉先立議」(48세)는 봉선에 대한 규범을 확립하기 위해 제정한 것이다.

둘째, 옻골의 유교 경관을 조성했다. 입향조 최계의 제당인 효제당孝悌堂(67세), 별사別祠 및 재실인 보본당報本堂(49세)과 부속 건물을 지었다. 조상의 제사를 받들기 위한 제전祭田도 마련했다. 최계를 기리고 그의 유지를 받들어 문풍을 진작하고자 농연서당聾淵書堂(51세)을 지었고[8], 북계정사北溪精舍(46세)를 지어 부인동 사람들과 제자들의 강학에 힘썼다.

셋째, 마을 구성원과 경제 공동체를 지향했다. 최흥원은 '부인동동약'(1739년)을 시행해 미풍양속을 교화하고자 했으며, 선공고先公庫와 휼빈고恤貧庫를 만들어 마을 구성원의 구휼에 앞장섰다. 선공고는 전세 부담에 시달리는 동민의 세금 대납을 위해 만들었고, 휼빈고는 토지가 없는 사람

8) 『台洞先生實記』(경주최씨태동공파 편역, 족문사, 61~64쪽).

에게 토지를 마련해 주기 위해 만든 것이다. 동계洞契를 만들어 마을 공동 운영 비용을 마련하기도 했다.

그는 각종 규약 및 규범의 제정을 통해 조상을 숭배했으며, 친족 및 마을 사람들과 함께 상호부조를 실천했다. 공동의 가치와 귀속 의식을 강화하는 가운데 유교적 이상사회를 실현하고자 했던 것이다. 한편 그는 대외적으로는 혼맥과 학맥을 강화하기 위해 심혈을 기울였으며, 이를 통해 옻골 최씨의 품격을 높이고자 했다.

3 대구 지역 사족 및 관찰사와 교유하다

경상도 중앙에 위치한 대구는 북으로는 팔공산, 남으로는 비슬산이 둘러싸고 있다. 그사이에 낙동강이 남북으로 관통하고, 금호강이 동서로 흐른다. 조선 초기에는 대구현이었다가 1466년(세조 12년)에 도호부都護府로 승격되었으며, 1601년(선조 34년)에 경상감영이 설치되었다. 이로써 조선 후기 대구는 영남의 행정과 상업의 중심지로 성장했다.

대구 지역의 대표적 사족으로는 경주최씨를 비롯해 일직손씨, 달성서씨, 옥천전씨, 성주도씨, 인천채씨, 단양우씨, 영천이씨 등이 있었다. 대구는 조선 전기부터 속현을 포함하는 과정에서 지리적 공간이 확대되어 중앙의 읍치를 중심으로 주변 속현의 사족이 결집하기는 쉬우나 속현에 거주하는 사족 간에 결집하기에는 어려움이 있었다. 아울러 사족의 형성과 성장이 다른 고을에 비해 늦은 편이었다.

붕당정치기 영남은 남인의 거점이었지만 17세기 이후 서인이 충남과 가까운 상주를 위시해 영남에도 확대되고 있었다. 대구에는 경상감영이 있고, 관찰사는 중앙에서 파견되었기 때문에 중앙의 정치적 입장을 반영

사진 2 대구부 지도〔규장각 소장 『慶尙道邑誌』(1832년경, 奎 666)〕

하는 인물인 경우가 다수였다. 대구에도 옥천전씨, 영천이씨, 일직손씨 등이 서인으로 입장을 선회했으며, 경주최씨의 몇몇 파도 마찬가지였다.

이들은 서인으로 전향하면서 관직으로 진출하거나 향촌에서의 위상을 강화하기도 했다. 옥천전씨의 경우 17세기 초반 영주에서 대구로 이거했는데, 초기에는 한강 정구 계열로 편입되었다. 그런데 서인 집권기에 임명된 관찰사와 교유하면서 서인으로 기울기 시작했으며, 서인계의 공론 형성에 앞장섰다. 그들은 관찰사의 도움으로 관직에 올라 지위와 영향력 확대를 꾀할 수 있었으며, 옥천전씨와 혼인으로 연결된 가문이 서인으로 전환하는 데 영향을 미쳤다.9)

옻골 최씨는 선대부터 대구 지역의 사족과 혼인과 학문으로 세의世誼가 있었기 때문에 최흥원 당대에도 그들과 교류가 있었다. 대구 지역 사족은 최흥원을 대구 지역 최고의 학자로 인정했고, 최흥원은 향촌 사회에서

9) 신주엽, 『17~18세기 대구 지역 서인계 사족의 활동 — 옥천전씨를 중심으로』, 경북대학교 석사학위논문, 2018.

본인에게 주어진 역할을 적절하게 수행했다. 이를테면 인동仁同의 사족이 최흥원을 불러 강회를 열거나10) 대구의 사족이 관찰사의 연시연延諡宴 집례執禮 유생으로 최흥원을 추천하기도 했다. 최흥원은 대구 지역 사족과 교류는 했지만 정치적 입장을 달리하는 사족과의 지속적인 교유를 통해 관계망을 강화한 측면은 확인할 수 없다.

한편 대구에는 6대조 최계가 정착한 이후 후손들이 옻골 외에 지묘, 종지宗旨, 내동內洞 등에도 거주했기 때문에 『역중일기』에는 최흥원의 친척과 일상적으로 교류한 내용과 공간 및 인물이 등장한다. 여러 곳에 거주하는 친척은 수시로 오갔다. 생질녀 혼례에 필요한 병풍과 교배석交拜席을 빌려주는 등 서로에게 필요한 물품을 빌려주거나 묘제나 천신 등 제례와 관련해 교류가 빈번했다. 모임을 통해 일족을 만나기도 했으며, 계를 만들어 친목을 유지하기도 했다.11)

최흥원은 관찰사와 정치적 입장을 달리하는 경우가 많았지만 관찰사와의 관계가 소원한 것은 아니었다. 〈표 1〉은 최흥원이 『역중일기』를 쓰는 동안 관찰사를 역임한 인물이다.

표 1 1737~1787년 경상도 관찰사 역임자

성명	재임 기간	성명	재임 기간	성명	재임 기간
兪拓基	1737~1738	李益輔	1756~1756	金華鎭	1772~1774
尹陽來	1738~1738	李成中	1756~1756	閔弘烈	1774~1774
李箕鎭	1738~1739	趙雲逵	1757~1759	尹養厚	1774~1775
趙明謙	1739~1739	趙曮	1758~1761	金載順	1775~1776
鄭益河	1739~1741	黃仁儉	1761~1762	李衍祥	1776~1777

10) 『역중일기』, 1750 10월 13일. 앞으로 『역중일기』에서 인용하는 경우 일기명을 생략하고 연월일만 표기한다.

11) 1737년 12월 초6일, 1737년 12월 14일, 1743년 11월 15일, 1744년 11월 16일, 1737년 12월 초6일 외.

沈聖希	1741～1742	金尙喆	1762～1764	李性源	1777～1778
金尙星	1742～1744	鄭存謙	1764～1766	李在簡	1778～1779
金尙魯	1744～1745	金應淳	1766～1767	洪樂彬	1779～1780
權爀	1745～1747	趙暾	1767～1767	趙時俊	1780～1781
南泰良	1747～1749	李溦	1767～1769	李文源	1781～1781
閔百祥	1749～1751	金漢耆	1769～1769	趙時俊	1781～1782
趙載浩	1751～1752	李瀰	1769～1771	李秉模	1782～1785
尹東度	1752～1753	李命植	1771～1771	鄭昌順	1785～1786
李彝章	1754～1755	李潭	1771～1772	金尙集	1786～1787

최흥원은 향촌에 머물면서도 조보朝報를 통해 접하거나 교유하는 사람에게 들은 조정 소식을 일기에 적었고, 관찰사와 관련해서는 부임과 체직을 비롯해 백일장, 기우제, 순행, 서원 건립 등 관찰사의 활동 내용에 대해 기록했다. 관찰사에 대한 본인 혹은 주변 사족의 평가도 일기에 적었다.

앞서 언급했듯이 최흥원은 대구 지역의 대표적 학자 중 한 명이었을 뿐만 아니라 사회경제적 기반도 확고했기 때문에 옻골 최씨는 대구 지역에서 높은 위상을 갖고 있었다. 따라서 관찰사는 최흥원에게 예우를 갖추어 대우했다.

> 갑자기 감영에서 부채 다섯 자루와 간지簡紙 네 폭을 보내왔다. 서신 겉면에는 '최생원댁입납崔生員宅入納'이라고 적혀 있었고, 감사의 서장 안에는 단지 '문안問安'이라는 글자만 있고 연월일 아래 성명을 썼다. 이때 상국相國 김상성金尙星이 방백이므로 나의 뜻으로는 부채와 간지를 받아야 할 이유가 없을 듯했으나 여러 아우들 생각으로는 만약 물리친다면 '뻐기고 잘난 체한다[高亢]는 이름'을 얻게 될까 염려스럽다고 하며 받아들이기를 힘껏 권했는데, 그 견해 역시 나름대로 옳았기 때문에 곧바로 받아들이고 답장을 써서 사례했다.12)

12) 1743년 윤4월 24일.

관찰사 김상성金尙星(1703~1755년)은 단오가 다가옴에 따라 부채와 종이를 마련해 최흥원에게 보낸 것으로 판단된다. 최흥원은 선물을 반갑게 받은 것은 아니지만 답장을 써 예우를 갖추었다. 그 밖에도 관찰사가 새로 부임해 최흥원을 방문하기도 했고,[13] 가끔 안부를 묻거나 선물을 보내기도 했으며,[14] 상중인 최흥원에게 쇠고기와 청어 등을 부조하거나[15] 세찬歲饌으로 쌀, 소고기, 닭, 깨, 초, 꿀 등을 보내오기도 했다.[16]

관찰사가 또 다섯 종류의 물건과 함께 편지를 보내어 안부를 물어왔다. 마침 임중징任重徵과 류호이柳浩而가 찾아왔기에 그들과 함께 사례하는 답장 절차를 의논했다. 임중징이 답장 편지를 썼다. 내일 아이를 보낼 생각이다.

날이 밝기 전에 아이 주진을 대신 보내어 관찰사에게 사례를 하도록 했다. 저물녘에 아이가 돌아와 관찰사가 기쁘게 맞아주었다고 했다.

이처럼 최흥원은 관찰사의 사례에 정성껏 답례했다. 관찰사가 최흥원에게 안부를 묻고 선물을 보내온 것은 최흥원의 위상과 관련이 있었다. 그들이 비록 서인 혹은 노론이었다고 해도 최흥원이 서인 혹은 노론으로 전향하도록 시도한 내용은 일기에 보이지 않는다. 최흥원은 향촌에서 명망이 있었고, 대구 지역을 대표하는 학자였기 때문에 최흥원을 예우했던 것이다. 최흥원 역시 관찰사와 정치적 입장을 달리하는 경우에도 품위를 잃

13) 1756년 11월 20일.

14) 1757년 8월 15일, 1763년 4월 16일, 1786년 1월 2일.

15) 1765년 12월 27일.

16) 1756년 12월 23일, 1768년 12월 29일.

지 않았으며 적절히 대응했다.

4 안동 지역 사족과의 혼인관계망을 강화하다

옻골의 경주최씨는 입향조 9세 최동집 이후 위남衛南(1611~1662년)→경함慶涵(1633~1699년)→수학壽學(1652~1714년)→정석鼎錫(1678~1735년)→흥원으로 가계가 이어졌다. 최흥원의 아들은 주진周鎭(1724~1763년)이고, 손자는 식湜(1762~1807년)이다. 일기에는 손자 대까지의 이야기가 나오기 때문에 여기서는 9세 최동집부터 16세 최식 대까지 혼인 성씨를 살펴보았다. 옻골 최씨와 혼인한 성씨는 〈표 2〉와 같다.[17]

표 2 옻골의 경주최씨 9~16세와 혼인한 성씨

世	성별	인원	혼인 성씨(*숫자는 한 사람이 혼인한 성씨의 순서)
9세	남	1	여강이[1, 경주], 인천채[2], 청송심[3], 청도김[4]
	여		
10세	남	1	전의이[李之華의 딸, 대구], 나머지 6명은 혼인성씨 미상
	여	1	달성서[대구]
11세	남	1	영천이[의성]
	여	4	야성송, 영천이[대구], 옥천전[대구], 광주노
12세	남	1	예안이[1, 안동], 금성정[2]
	여	9	의성김[안동], 남평문, 야성송, 오천정, 밀양박, 옥천김, 풍산김[안동 풍산, 金奉祖의 현손], 완산이, 박[본관미상]
13세	남	4	의성김[안동, 김성일 후], 함안조, 경주이[경주], 옥산전

17) 『慶州崔氏臺巖公派譜』(丁卯譜).

	여	1	벽진이[李彦英의 후]
14세	남	8	일직손[최홍원 부인], 고성이[안동 법흥], 안동권, 오천정[鄭克後의 후], 옥산장[인동, 장현광 후], 노[본관미상1] 일직손[2], 성산이[李軾의 후]
	여	2	풍산류[안동 하회, 류성룡 후], 풍산류[안동 하회, 柳雲龍 후]
15세	남	9	풍산류[안동 하회, 柳雲龍의 후], 일직손[孫鎭民의 딸], 아주신[의성, 申之悌의 후], 일직손[孫鎭民 손녀], 의성김[안동 임하, 金涌의 후], 영천이[대구], 함안조, 달성서, 동래정
	여	11	벽진이[성주, 李彦英의 후], 의성김[안동 지례, 金是榲의 후], 선성이, 순천박[朴而章의 후, 고령], 광산김, 안동권, 함안조, 완산이, 전의이, 창녕조[曺好益의 후, 영천], 인천이
16세	남	5	진양정[상주, 정경세 후], 여주이[李迨 후], 밀양손[孫起陽의 후, 孫肇漢의 딸] , 밀양박[朴壽春의 후], 의성김[안동 금계, 金誠一의 후]
	여	9	고성이[안동 법흥], 함양박, 의성김[안동 지례, 金是榲의 후], 밀양손[孫起陽의 후, 孫肇漢의 아들], 의성김, 의성김[안동 임하, 金涌의 후], 밀양박[朴翊의 후], 선성이, 밀양손[孫起陽의 후, 孫肇漢의 후]

9~16세에 걸쳐 혼인 성씨를 확인할 수 있는 인물은 67명이다. 9~11세까지는 옥천전씨, 인천채씨, 달성서씨, 영천이씨 등 주로 대구의 사족과 혼인했다. 대구 지역 사족과의 관계망 형성을 통해 지역에서의 기반을 구축했던 셈이다. 12세부터는 예안이씨를 비롯해 의성김씨, 풍산김씨, 고성이씨 등 안동 지역 사족과 혼인했으며, 영천의 오천정씨, 성주의 벽진이씨, 경주의 경주이씨 등과도 혼인했다. 혼인 대상이 경상도 전역으로 확대되었다.

12세부터 안동 지역과의 혼인이 이루어진 데는 11세 최경함의 노력이 컸다. 최경함 대에 안동 지역으로 혼맥을 넓힐 수 있던 데는 최경함이 영천이씨를 배우자로 맞이한 것도 하나의 이유였다. 그는 목사 이정기李廷機의 딸을 아내로 맞이했는데, 이정기는 참판 이민환李民寏의 아들로 승지를 역임한 경정敬亭 이민성李民宬에게 입양되었다. 영천이씨는 대대로 사환이 이어졌을 뿐만 아니라 의성의 대표 사족 중의 하나로 안동 지역 사족과도 빈번한 혼인이 이루어졌다. 이에 더해 12세 최수학이 광양현감과 사헌부 감찰을 역임하면서 옻골 최씨의 위상이 높아졌고, 이는 명망 있는 집안과 혼인하기에 유리한 조건이 되었다.

최경함은 안동 풍산 우릉의 예안이씨를 며느리로 맞이했다. 예안이씨의 아버지는 호군 이지표李地標이고, 외조부는 부사를 역임한 풍산김씨의 김시리金時离였다. 최경함은 사위가 9명이었는데, 그중 일곱째 사위 김서린金瑞麟은 안동의 풍산 오미동에 세거하는 풍산김씨로, 서애 류성룡의 문인인 학호鶴湖 김봉조金奉祖(1572~1630년)의 현손이었다. 예안이씨와 혼인한 것이 계기가 되어 인근 마을의 풍산김씨와도 혼인이 이루어진 것 같고, 향후 하회의 풍산류씨와도 혼인이 이루어지게 되었다.

한편 최경함의 첫째 사위는 김세흠金世欽으로, 안동에 거주하는 의성김씨 김태기金泰基의 아들이었다. 그의 재종조再從祖는 숭정처사로 불리는 김시온金是榲(1598~1669년)이었다. 의성김씨는 퇴계학파 내의 학봉계[김성일계]를 주도하던 성씨 중 하나였다. 김태기는 갈암 이현일(1627~1704년)과 고산 이유장(1625~1701년) 등 영남학파의 주요 인물과 교유했다. 김세흠은 이현일 문인으로, 1687년(숙종 13년)에 문과에 급제해 사헌부지평, 홍문관수찬 등의 청요직을 역임했다. 13세 최인석도 학봉 김성일의 현손녀를 아내로 맞이해, 경추최씨는 의성김씨와 중첩 혼인이 이루어졌다.

이는 의성김씨의 여러 인사와 교유하는 계기가 되기도 했다. 이를테면 최흥원은 김강한金江漢(1719~1779년)과 교유했는데[18], 그는 약봉 김극일의 6세손으로, 어머니는 퇴계 이황의 중형인 이해李瀣의 후손이었다. 김강한은 이현일 문인인 제산 김성탁에게 배웠으며, 이후 김성탁의 아들인 김낙행을 스승으로 모셨다. 김강한은 당시 영남의 최고 학자로 언급되던

18) 1753년 5월 23일, 1752년 2월 14일, 1757년 5월 9일, 1758년 8월 29일.

대산大山 이상정李象靖(1711~1781년)과 교유했다. 경주최씨는 의성김씨와의 혼인으로 의성김씨의 관계망 속에 편입될 수 있었다.

14세 최흥원은 증조부에 이어 안동의 명망 있는 가문과 혼인하려고 노력했다. 12~13세가 의성김씨와 중첩 혼인을 했다면 14~15세는 안동 지역에서 의성김씨와 쌍벽을 이루는 하회의 풍산류씨와 거듭 혼인했다. 최흥원의 매부는 하회의 류성복柳聖復이었다. 그는 류항柳沆의 아들로, 류성룡의 후손이었다. 종매부는 류응춘柳應春으로, 류운룡의 후손이었다.19)

최흥원은 류운룡의 후손인 류영柳泳의 딸을 며느리로 맞이했다. 1743년 1월 18일, 류영이 최흥원 집안과 혼인할 뜻이 있다고 편지로 알려왔고, 2월 10일과 3월 7일에 최흥원과 가까운 사이인 하회의 '류호이柳浩而'라는 자가 류영이 경주최씨와 혼인할 뜻이 확고하다고 알려주었다.20) 4월 30일, 양쪽 집안에서 최종적으로 혼인하기로 결정했다.21)

> 낮에 하상河上 류영柳泳씨 집 심부름꾼이 왔다. 곧 사주단자를 들고 온 심부름꾼인데, 편리함을 좇아서 온 김에 아울러 의양단자를 청했으니, 이것은 실례 중에서도 또 실례이다. 그러나 저쪽에서 이미 시속의 간편함을 따르고자 하는데 하필 나 혼자만 무리들과 달리 고고하게 굴 수 있겠는가?22)

위의 사례는 시속에 따른 혼례의 변화 과정을 확인할 수 있는 내용으로, 최흥원이 사주단자와 의양단자를 주자, 풍산류씨는 혼인 날짜를 10월 13일로 정했다.23) 최흥원의 아들 주진周鎭(1724~1763년)의 혼사가 거론

19) 『豊山柳氏世譜』(풍산류씨족보편찬위원회, 1985).
20) 1743년 2월 10일, 3월 7일.
21) 1743년 4월 30일.
22) 1743년 8월 18일.

된 이후 9개월 만에 혼례를 치른 것이다.

1750년에도 경주최씨와 풍산류씨의 혼사가 있었고[24], 다음 해에 류연柳演이 또 옻골 최씨와 혼인할 의사를 내비쳤다.[25] 18세기에 옻골의 경주최씨는 의성김씨, 풍산류씨와 혼반이 형성되었는데, 이는 옻골 최씨가 영남 최고의 가격家格을 유지하고 있음을 입증하는 것이다.

한편 밀양에 사는 최흥원의 처남 손진민孫鎭民은 딸을 최흥원의 조카와 맺어주려고 했다.[26]

> 장모께 작별을 고하고 개천价川[손진민]과 손을 맞잡고 대문 밖으로 나와 작별했는데, 개천이 또 조카를 시켜 다시 나를 문 안으로 맞아들이게 해 말하기를 "여식의 혼사는 반드시 둘째 아우 집으로 결정해 결단코 다른 뜻이 없다는 뜻으로써 돌아가 말하여 주게" 했다. 내가 대답하기를 "우리 두 집안이 말을 하지 않았다면 그만이겠으나 이미 말을 꺼냈다면 일이 아주 중대하게 되었습니다"라고 하니, 개천이 말하기를 "나의 뜻은 아주 확고하네" 했다(1741년 9월 28일).

> 밤이 깊은 뒤에 손 개천이 또 혼담을 꺼냈는데, 말의 뜻이 아주 굳건했다. 나도 생각해보니 부탁을 물리치기가 어려웠으므로 돌아가서 둘째 아우와 의논해 보겠다는 뜻으로 대답했다(1743년 2월 5일).

> 밤에 손 개천이 여식의 혼사에 대해 말했는데, 둘째 조카와 혼인을 시키기로 굳게 정하고 가을이 되기를 기다리겠다고 했다(1744년 4월 16일).

23) 1743년 10월 16일.
24) 1750년 3월 21일, 4월 8일, 4월 9일.
25) 1751년 9월 4일, 1752년 1월 16일.
26) 1741년 9월 27일, 1741년 9월 28일, 1743년 2월 5일, 1744년 4월 16일.

일직손씨는 딸을 최흥원 집에 시집보내려고 몇 년에 걸쳐 정성을 들였다. 결국 손진민의 누이[14세 최흥원의 부인]를 비롯해 그의 딸[15세 최상진崔尙鎭의 부인]과 손녀[15세 최화진崔華鎭의 부인]가 옻골로 시집왔다. 경주최씨는 안동권으로 혼인을 집중하면서도 영남 우도까지 혼반을 형성했다.

경주최씨는 혼인한 성씨들과 어떻게 교유했을까? 일기에는 13~14세와 혼인한 성씨와의 일상적인 교류 내용이 잘 드러난다. 최흥원의 아버지 최정석은 대구 원북院北의 함안조씨와 혼인했다. 최흥원과 형제들은 원북의 외증조부모, 외조부모 등의 제사에 참석하기도 하고, 안부차 혹은 오가는 길에 원북을 방문하기도 했으며, 외가 쪽 사촌들도 최흥원 집에 자주 놀러왔다. 제수용품을 주고받거나 쌀, 숭어, 환약, 전복 등의 음식과 약 등 생활용품도 나누었으며, 이항복의 『백사집白沙集』을 비롯해 책을 빌리기도 했다.[27] 최흥원은 외가가 가난해 제전祭田을 나누어 주었으며, 외할아버지 기일에는 매번 제수를 챙겨 보냈다고 했다.[28]

최흥원의 처가는 밀양 죽서竹西[죽원竹院]였다. 그는 일직손씨와 혼인했는데, 장인은 경상좌도수군절도사를 역임한 손명대孫命大이었다. 일기에는 처남 손진민, 손진방 형제가 자주 나온다. 손진민은 1730년(영조 6년) 무과에 급제해 개천현감, 진도군수, 병마절도사, 오위도총부부총관 등을 역임했다. 일기에는 '손 개천', '손 진도'로 언급되기도 한다. 두 집안 사이에 편지가 자주 오고 갔을 뿐만 아니라 물품도 자주 주고받았다. 처가에서는 인삼 1돈, 환약 5알을 주거나 기장 두 말, 수박 다섯 개, 참외 열몇 개 등을 한꺼번에 주기도 했다.[29] 최흥원 역시 처가에 생활용품을 비

27) 1739년 4월 초5일, 1751년 3월 5일 외.

28) 『국역백불암선생언행록』 제1권 「연보」.

29) 741년 7월 8일, 1742년 2월 5일.

롯해 돈도 여러 번 보냈다.

막내 제수씨 친정인 경주 하곡霞谷, 현풍[현재 달성군]에 사는 곽정郭珽에게 시집간 사촌 누이와 곽씨 조카들, 종수씨從嫂氏의 친정인 인동 오산吳山의 인동장씨와도 교류가 있었다. 하곡의 사장 어른에게는 『성리대전性理大全』 25책을 빌려주거나[30] 친정어머니가 아프다고 인삼과 약을 보내기도 했다. 하지만 외가와 처가에 비해 물품의 교류는 적었고, 안부를 비롯한 연락을 주고받는 내용이 주를 이루었다.

1740년 8월 22~23일에는 경주최씨와 혼인관계를 맺은 여러 성씨가 옻골에 모여 함께 시간을 보냈다. 석전石田, 하회, 순흥, 지례知禮, 의령에서 손님이 왔는데, 석전의 광주이씨, 하회의 풍산류씨, 지례의 의성김씨 등은 옻골 최씨와 혼인이 이루어진 성씨였다. 그들은 하룻밤을 함께 머물다가 다음 날 석전의 세 친구, 하회의 여섯 손님, 순흥 파전波田의 사촌아재 김씨, 안동 지례의 김생金生은 돌아가고, 류희연柳希淵[이름은 성복]과 손계심孫季心은 계속 머물렀다.[31]

이들은 혼인관계망을 통해 서로 책을 빌려주고 공부하다가 의문 나는 점에 대해 질의하거나 함께 토론하기도 했다.

> 상만尙萬이 하상河上[하회]에서 돌아왔는데, 『서애집西厓集』 9권과 『징비록懲毖錄』 1권을 빌려왔다.[32]

> 상만을 하상에 보내면서 『예의보유禮儀補遺』 3책을 매형[류성복]에게 빌려주었다.[33]

30) 1733년 7월 13일.
31) 1740년 8월 23일.
32) 1741년 6월 초9일.

하상 심부름꾼이 돌아가는 길에 류성복에게 『근사록近思錄』 4책을 보냈는데, 묻고 배우기를 바란다는 뜻으로 마지막 권의 표지 안쪽에 써서 주었다.[34]

둘째 아우가 …… 김탁이金濯而[김강한의 자字]의 사칠이기론四七理氣論에 대한 의혹이 갑자기 풀렸다고 한다.[35]

최흥원은 사돈집과 물품을 주고받으면서 경제적인 교류도 했지만 수시로 책을 빌리거나 빌려주기도 했으며, 공부하는 가운데 모르는 것이 있으면 질의하는 등 지적 정보도 공유했다. 그러한 과정을 통해 사돈집끼리는 비슷한 학문적 성향을 갖게 되었다. 혼인을 매개로 집단지성이 형성되기도 했던 것이다.

5 · 이상정과의 교유와 퇴계학파의 주류에 편입되다

대구에는 경상감영이 설치된 이후 중앙 권력의 영향력이 경상도의 다른 고을보다 더 강했다. 대구는 고을의 규모에 비해 사족세가 상대적으로 약하고, 중앙 권력의 영향력은 상대적으로 강했다. 앞서 언급했듯이 17세기 중후반부터 옥천전씨, 능성구씨, 인천채씨, 영천이씨 등 서인 가문이 등장했는데, 그들은 집권세력 혹은 지방관과 교유, 결탁하는 가운데 입지를 강화했다.[36]

33) 1743년 1월 12일.
34) 1748년 1월 2일.
35) 1746년 5월 23일.

그러한 지역적 분위기 속에서 옻골 최씨는 어떻게 정치적·학문적 입지를 확립해갔을까? 옻골의 입향조 최동집의 아버지 최계는 무과로 출사하던 가풍을 문인 가풍으로 바꾸려고 했으며, 그러한 노력은 최동집으로 이어졌다. 최동집은 미수 허목과 함께 한강 정구 문하에 출입하는 가운데 학문을 익히고[37] 그들을 배향하던 연경서원研經書院이 화재로 소실되자 중건에 앞장섰다. 부인동 향약의 실천에 힘을 기울였으며, 이를 위해 농연정사聾淵精舍를 지었다. 증손자 최수학은 1691년에 무과에 급제해 사헌부 감찰, 광양현감 등을 역임했다.

최흥원 대에 이르러 가풍 확립과 문풍 진작을 위한 노력이 빛을 발하게 되었다. 최흥원은 「부인동 동약」을 만들고, 선조의 문집을 정리하고, 사당과 재실인 보본당報本堂을 건립해 최동집을 불천위로 모시기 위해 노력했다.[38] 그리고 성실하게 학문을 연마하는 가운데 대외적으로는 당대 영남학파의 핵심 인물들과 교유했다. 이를 통해 퇴계학파로의 정체성을 분명히 했다.

사진 3 보본당報本堂

최흥원은 30대에 이현일 문인인 병곡屛谷 권구權榘(1672~1749년)와

36) 신주엽, 『17~18세기 대구 지역 서인계 사족의 활동 — 옥천전씨를 중심으로』(경북대학교 석사학위논문, 2018), 15~16쪽.

37) 정구는 최동집의 처이모부였다(최언돈 외, 『옻골의 인물과 유적』, 백불암연구소, 2016, 300쪽).

38) 『국역백불암선생언행록』 권1 「世系 年譜」.

제산霽山 김성탁金聖鐸(1684~1747년)을 방문했는데, 이는 최흥원이 퇴계학파로서의 정체성을 확립하는 매우 상징적인 의미를 가졌다. 〈표 2〉에서도 알 수 있듯이 옻골 최씨와 혼인한 적이 있던 대구의 옥천전씨, 인천채씨 등도 이미 서인으로 전향했고, 최흥원의 조부 최수학은 모함을 받아 전라도 운봉으로 귀양 가는 등[39] 지역사회에서 남인 성향의 사족에 대한 탄압과 회유가 있었다.

그러한 상황에서 1740년에 최흥원은 안동의 지곡에 살던 병곡 권구를 찾아뵈었다. 권구는 처조부이자 스승인 이현일과 그의 아들 이재의 학문적 영향을 받았다. 어사 박문수는 권구의 학문이 깊고 행동이 독실해 이재와 함께 관직에 천거했다. 그런데 1728년(영조 4년)에 권구는 이인좌의 난에 휘말려 한양으로 압송되어 영조의 친국을 받았다. 솔직하고 조리 있게 진술해 곧 석방되었으나 이후 권구는 바깥출입을 삼가며 더욱 학문에만 침잠했다.

최흥원은 같은 해 12월에 전라도 광양에 유배 중이던 김성탁을 만나러 일부러 먼 길을 갔다. 김성탁은 1735년(영조 11년)에 문과에 급제한 후 사간원정언, 홍문관수찬 등을 역임했다. 1737년에 이현일의 신원소伸寃疏를 올렸다는 이유로 제주의 정의旌義와 전라도 광양 등지에 유배되었다. 권구와 김성탁은 지역에서 학문적으로 명망 있는 인물이었지만 노론정권하에서 이현일의 문인이라는 이유로 혹은 이현일의 신원 활동을 한 이유로 어려운 상황에 처해 있었다. 최흥원이 그들을 방문한 것은 퇴계학파로서 정치적·학문적 입장을 분명히 하겠다는 의지가 반영된 것으로 판단된다.

최흥원이 30대부터 80대에 생을 마감할 때까지 교유한 학자 중 대표

39) 최언돈 외, 「통훈대부호군 경주최공(수학) 묘갈명」, 『옻골의 행장과 비문』(백불암연구소, 2017), 94~97쪽.

적인 인물로는 치재恥齋 조선적曺善迪(1697~1756년), 강와剛窩 임필대任必大(1709~1771년), 대산 이상정, 소산小山 이광정李光靖(1714~1789년), 눌은訥隱 이광정李光庭(1674~1756년), 난곡蘭谷 김강한金江漢(1719~1779년), 후산后山 이종수李宗洙(1722~1797년) 등을 언급할 수 있다.

그중 최흥원이 30대에 가깝게 지낸 인물은 조선적이었다. 그는 영천지역에서 활동한 문인으로, 학문의 이치를 깊이 연구해 사림이 그를 종사宗師로 여겼다고 한다. 두 사람은 서로 방문해 공부했고[40], 최흥원은 아들을 조선적에게 보내 학문을 익히도록 했다.[41]

최흥원은 40대 초반에 이상정을 만나게 되었는데, 그와의 교유는 옻골 최씨가 영남학파의 주류로 편입되는 결정적 계기가 되었다. 조선중후반기 영남학파는 분파와 통합 과정을 거쳤다. 16세기에는 크게 퇴계학파와 남명학파로 나누어졌으며, 퇴계학파는 퇴계 이황의 고제인 월천 조목, 서애 류성룡, 학봉 김성일, 한강 정구 등을 중심으로 분파되었다. 그중 학봉계는 김성일에서 장흥효張興孝→이현일로 이어졌다. 이현일은 17세기 후반 영남의 여러 분파를 통합했으며[42], 이는 다시 밀암密庵 이재李栽→이상정으로 계승되었다. 이상정은 학문과 강학 활동을 통해 이현일에 이어 18세기의 영남학파를 다시 한번 결집시켰다.[43] 이상정은 18세기 영남학파의 대표적 인물 중의 하나라고 할 수 있다.

『백불암문집』에는 397건의 편지가 실려 있으며, 그중 이상정과 주고받은 편지가 53건으로 가장 많은 양을 차지한다.[44] 최흥원의 연보에 의

40) 1748년 1월 16일.

41) 1737년 1월 20일.

42) 김학수金鶴洙, 『17세기 嶺南學派 연구』(한국학중앙연구원 박사학위논문, 2007), 380쪽.

43) 김명자, 「대산 이상정(1711~1781)의 학문공동체 형성과 확대 — 『대산일기大山日記』를 중심으로」(『조선시대사학보』 69, 2014), 205쪽.

44) 慶州崔氏漆溪派宗中, 『百弗庵先生文集』, 1999.

하면, 1746년 9월에 최흥원이 안동의 풍산 오미동에서 처음으로 이상정을 만났다고 한다.45) 일기에는 1746년 9월 22일에 최흥원이 이상정 집을 방문해 이상정의 아버지와 아우는 보았지만 이상정을 만나지 못해 서운했다는 내용이 나온다. 이로 미루어 최흥원이 40대 초반에 이상정과 그의 아우 이광정을 만났음을 알 수 있다.

1748년 1월 13일에 이상정이 최흥원을 방문해 열흘 정도 머물다 1월 22일에 돌아갔다. 최흥원은 이상정과 함께 강학하고 싶었는데, 그가 자신을 방문해 머물겠다고 해 매우 기뻐했으며, 그때 마음속에 담아 두었던 많은 내용을 함께 토론했다. 두 사람은 부인사와 동화사를 비롯해 최동집의 흔적이 남아 있는 농연 등을 둘러보았다. 이후에도 서로 방문하거나 편지로 심心, 의義, 가례家禮 등에 대해 의견을 나누었다.46)

최흥원은 영남의 명망 있는 인사들과 교유했을 뿐만 아니라 영남의 인재들이 최흥원에게 와서 배움을 청하기도 했다. 최흥원은 이상정, 박손경朴孫慶(1713~1782년)과 더불어 '영남삼로嶺南三老'로 칭송될 만큼 학문적으로 인정받았다.47) 이상정은 아들 이완李埦을 최흥원에게 보내 수학하도록 했다.48) 최흥원의 문인록인 「급문록及門錄」에는 문인 122명의 성명, 출생 간지干支, 본관, 거주지, 간단한 이력 등이 기재되어 있다. 이를 지역과 성관별로 분류하면 다음과 같다.49)

45) 『국역백불암선생언행록』 권1 「世系 年譜」.
46) 이상정과의 교유에 대해서는 이재철李在喆의 「百弗庵 崔興遠의 時代와 그의 現實對應」(『퇴계학과 유교문화』 29, 2001)을 참고할 수 있다.
47) 『국역백불암선생언행록』 권2 「묘지명」.

표 3 최흥원 문인의 지역과 성관

지역	합계	성관	인원	지역	합계	성관	인원	지역	합계	성관	인원
대구	44	경주최	33	칠곡	13	벽진이	7	의성	5	안동김	4
		순천박	3			광주이	3			광산김	1
		함안조	3			동래정	3	선산	3	의성김	2
		문화유	1	밀양	8	밀양박	2			연안이	1
		인천채	1			밀양손	2	상주	2	의령남	1
		일직손	1			일직손	2			진주정	1
		팔거도	1			동양신	1	고령	2	현풍곽	2
		현풍곽	1			벽진이	1	영천	2	창녕조	2
안동	21	한산이	7	경주	7	오천정	6	하양	2	청도김	2
		의성김	5			경주최	1	현풍	2	현풍곽	2
		선성이	3	단성	6	안동권	3	성주	1	현풍곽	1
		풍산류	3			순천박	2	예천	1	함양박	1
		고성이	2			팔거도	1	한양	1	풍양조	1
		광산김	1	거창	1	파평윤	1	미상	1	경주최	1

최흥원의 문인은 영남 16개 지역의 121명이고, 한양 1명이었다. 지역적으로는 대구, 안동, 칠곡, 밀양, 경주 순이었다. 성씨별로는 가족과 친척을 포함한 경주최씨가 35명으로 월등히 많고, 다음으로는 한산이씨와 벽진이씨가 7명, 오천정씨가 6명, 의성김씨 5명 순이었다. 최흥원이 영남에서 명망 있는 학자의 위치에 있었음을 알 수 있다.

최흥원은 평생 구축한 관계망을 후손에게 물려주었다. 그는 아들 주진에게 조선적, 이상정, 소산 이광정, 성호 이익, 눌은 이광정 등에게 나아가 배우도록 했다. 조카 항진恒鎭, 사진思鎭, 상진尙鎭 및 족제 흥벽興璧, 손자 식湜도 이상정 문하에서 종학하도록 했다.[50] 이와 더불어 증손자 최효술崔孝述이 이상정의 고제인 입재立齋 정종로鄭宗魯의 문인이자 외손자가 됨으로써 경주최씨는 퇴계학파의 주류가 되는 동시에 퇴계학파로서의 정체성이 더욱 확고해졌다.

6 근기 남인과의 교유와 『반계수록磻溪隨錄』 간행에 참여하다

1770년에 영조의 명으로 경상감영에서 『반계수록』을 간행했다. 그때 교정은 최흥원이 맡았다. 그는 선대를 이어 영남 남인의 주류에 속하는 가문과의 혼인에 정성을 기울였으며, 지역의 명망 있는 학자들과의 교유에도 노력을 아끼지 않았다. 학문적으로도 인정받아 그에게 배우러 오는 문인이 영남 전역에 걸쳐 있었다. 근기 남인과의 교유를 위해 아들과 조카들을 한양과 경기도에 보내기도 했다. 최흥원이 『반계수록』 간행에 참여하게 된 것은 그러한 노력의 결과물이었다.

『반계수록』은 반계 류형원柳馨遠(1622~1673년)이 통치 제도에 관한 개혁안을 중심으로 저술한 26권 13책 분량의 책이다. 이 책은 류형원이 관직 생활을 단념하고 전북 부안군 우반동에 은거하면서 1652년(효종 2년)부터 집필하기 시작해 1670년까지 20여 년에 걸쳐 연구한 결과물이다.

48) 『大山先生實紀』 卷1 「年譜」; 『大山日記』.

49) 『국역백불암선생언행록』 권7. 「及門錄」 표 작성 시 최언돈의 앞의 학위논문을 참고했다.

50) 『국역백불암선생언행록』 권1 「世系 年譜」.

류형원은 이 책을 마무리한 후 3년 만에 사망해 이 책에 담은 뜻을 제대로 세상에 펼쳐 보지 못했다.

류형원의 저작을 세상에 알리고 정책에 반영시키고자 노력한 인물은 류형원의 사돈이자 학문을 매개로 교유한 만학당晩學堂 배상유裵尙瑜(1622~1686년)였다. 그는 류형원과의 토론을 통해 『반계수록』의 완성에 직간접적으로 영향을 끼쳤다. 1678년(숙종 4년)에 배상유는 『반계수록』에 반영된 개혁안의 실시를 촉구하는 상소를 올렸지만 현실에 반영되지 않았다.51)

배상유는 『반계수록』을 여러 부 필사해 당시 남인의 거두인 윤휴尹鑴와 재야 남인의 수장 격인 이현일 등에게 보내 책의 간행과 류형원의 개혁안을 정책에 반영해줄 것을 제안했다. 윤휴와 이현일은 『반계수록』의 내용에 대해서는 높이 평가했지만 그것을 정책에 반영하기 위한 활동에는 소극적이었다.

> 류장柳丈의 『반계수록』과 배공근裵公瑾의 편지를 보내주시어 매우 감사합니다. 13책冊을 절반도 읽지 못해 저도 모르게 책을 덮고 눈물을 흘리며 비로소 세상에 그런 위대한 사나이가 있었음을 믿게 되었습니다. 애석하게도 초야에 묻혀 끝내 죽을 때까지 이름을 드러내지 못했으니, 참으로 슬프고 한탄스럽습니다. …… 편篇의 끝에 이름을 걸게 하는 것이라면 현일은 적임자가 아니고, 책이 널리 전파되게 하는 것이라면 현일은 그렇게 할 만한 재력이 없습니다.52)

위의 편지는 이현일이 배상유에게 보낸 것으로, 『반계수록』의 간행에

51) 숙종 4년 무오(1678) 6월 20일(기축). 1694년 노사효盧思孝 등도 『반계수록』에 반영된 개혁안의 실시를 촉구하는 상소를 올렸다.

52) 『국역갈암집』 권10 書 「배공근裵公瑾 상유尙瑜에게 답함」.

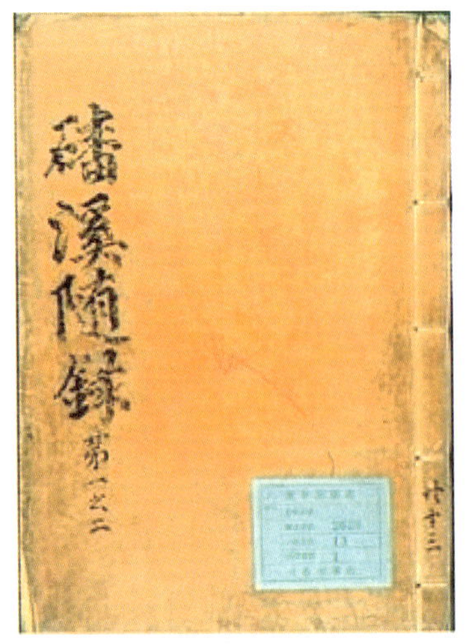

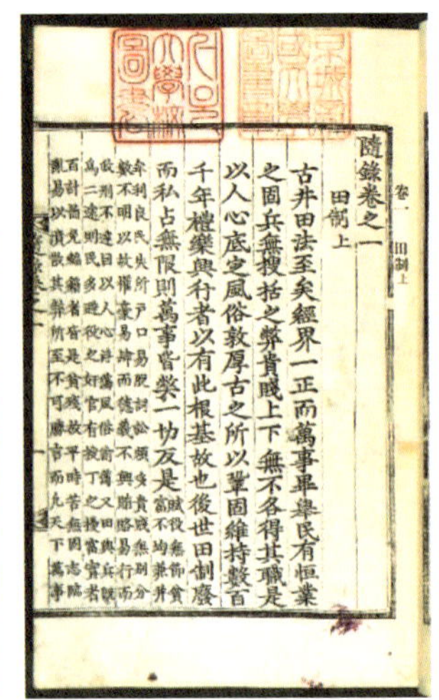

隨錄卷之一

田制上

古井田法至矣經界一正而萬事畢擧民有恒業
之固兵無搜括之弊貴賤上下無不各得其職是
以人心底定風俗敦厚古之所以鞏固維持數百
千年禮樂興行者以有此根基故也後世田制廢
而私占無限則萬事皆弊一切反是

사진 4 『반계수록』, 서울대학교 규장각 제공

관여할 형편이 안 된다는 내용이다. 남인이 중앙 정계에서 몰락하고 배상유 또한 세상을 떠나자 『반계수록』은 더 이상 주목받지 못했다. 겨우 몇 부만 필사되어 후손과 몇몇 사람에게만 전해졌을 뿐이다.

1741년(영조 17년)에 양득중梁得中이 영조에게 토지 겸병의 폐해를 논하면서 그것을 시정하기 위해 『반계수록』의 내용을 실행에 옮길 것을 상소했다. 그는 일찍이 스승 윤증尹拯의 집에서 『반계수록』을 보았는데 내용이 아주 훌륭하다는 것과 류형원의 후손들이 호남 부안과 경기 과천에 거주하고 있으니 거기서 책을 구해 보는 것이 좋을 것이라고 아뢰었다.[53]

이익의 『성호전집』에는 『반계수록』 서문이 실려 있다. 간행된 『반계수록』에는 그의 서문이 실려 있지 않지만 이익 역시 『반계수록』에 매우 큰 관심을 가졌음을 알 수 있다.[54] 류형원의 어머니는 이익의 종고모이고, 류형원의 스승 이원진李元鎭은 이익의 당숙이었다. 이익이 『반계수록』

53) 『영조실록』, 영조 17년 신유(1741년) 2월 23일(무오).

54) 『星湖全集』 卷50 「磻溪隨錄序」.

에 관심을 갖게 된 데는 혈연과 학연도 영향을 끼쳤을 것이다. 1750년(영조 26년)에는 좌참찬 권적權樀이 『반계수록』의 개혁안이야말로 "3대 이후 제일가는 국가 경영의 위대한 계획"이라면서 수록의 간행을 청했다.

결국 영조는 홍계희에게 류형원의 전기를 써 올리도록 명했고, 1769년 11월에 『반계수록』 3부를 간행해 바치도록 했으며, 1부는 남한산성으로 보내 판각하라고 했다.[55] 그러나 남한산성에서 판각되지는 않았던 것 같다. 『반계수록』은 다음 해 왕명으로 경상감영에서 목판본으로 간행되었다. 『반계수록』이 저술된 지 100여 년 후에 공식 간행된 것이다.

영조는 『반계수록』 간행 시 도내의 명유名儒에게 교정하게 했는데, 감사 이미李瀰는 지역 사족의 의견을 수렴해 최흥원에게 교정을 맡겼다.[56] 교정 기간은 1월부터 3월 중순까지였으며, 교정 장소는 두 군데였다. 처음에는 최흥원의 집에서 교정을 봤다. 감영에서는 2월 30일부터 여러 날에 걸쳐 아전 신창권申昌權을 보내 『반계수록』 교정본 것을 받아 오라고 하자, 최흥원은 교정에 아쉬움이 있지만 3월 2일에 교정본 것을 주었다.[57] 3월 6일에 감사가 최흥원에게 『반계수록』 13책을 동화사에서 다시 교정해달라고 요청했다. 그래서 3월 중순까지 동화사에서 교정을 하게 되었다.[58]

감사가 최흥원에게 교정을 맡긴 이유는 다음과 같다.[59] 첫째, 최흥원은 당시 대구 지역 최고의 학자였다. 〈표 3〉에서 알 수 있듯이 최흥원의 문인록에는 122명의 문인이 등재되어 있다. 그중 대구 출신이 44명으로

55) 『영조실록』, 영조 45년 기축(1769년) 11월 11일(기축).

56) 『국역백불암선생언행록』 제1권 「世系, 年譜」.

57) 1770년 2월 30일.

58) 1770년 3월 10일.

59) 1783년에 경상감사 이병모李秉模가 최흥원이 교정에 수고가 많았다고 아뢰자 정조는 최흥원에게 『사서언해』 각각 한 질을 하사했다(『국역백불암문집』 권2 書 「與李方伯秉模」).

가장 많다. 감사는 최흥원 개인에 대한 신뢰뿐만 아니라 대구 지역에서 학문적 소양이 높은 인물들이 최흥원과 교유하고 있었기 때문에 그가 교정 작업을 하기에 가장 적합하다고 판단했을 것이다. 최흥원이 국가에서 간행하는 서적의 교정 작업을 주도한 것은 그가 대구 지역 최고 학자임을 공식적으로 인정받는 것이었다.

『역중일기』에는 교정 작업에 참여한 인물이 나온다. 최흥건崔興建, 최흥벽崔興璧(1739~?), 최흥부崔興溥(1720~1796년), 최우진崔宇鎭(1740~1794년), 최사진崔思鎭 등 집안 식구들과 남석로南碩老(1729~1774년),[60] 이종악李宗岳(1726~1773년)[61] 등이었다. 남석로는 영양남씨로, 대구 입석立石 출신이다. 1754년(영조 30년)에 문과에 급제해 만경현령, 봉상시주부 등을 지냈다. 그는 사도세자가 뒤주에 갇히는 것에 반대하다가 영조의 노여움을 사게 되어 관직을 그만두고 낙향했다. 이종악은 고성이씨로 안동 출신이며, 최흥원의 손녀사위 이종우李宗愚와 사촌 간이었다.

둘째, 최흥원은 일찍부터 『반계수록』에 대한 관심과 이해가 있었다. 그는 1748년에 대구 관아에서 『반계수록』을 처음으로 구해봤다. 같은 해 11월 28일에 아들 주진을 보내 대구부사를 뵙게 하고 빌려온 『반계수록』을 돌려주었다.[62] 한번 훑어보려고 한 지가 오래되었는데, 그때 다행히 뜻한 대로 구할 수 있었다고 언급하였다.[63]

1752년에 최흥원은 『반계수록』을 베끼기로 마음먹었다. 그는 공책 10여 권을 준비해 원근의 친지들에게 『반계수록』을 조금씩 베껴주길 부탁했다.[64] 3월 2일에 조춘경趙春慶 형제에게 편지를 써서 『반계수록』 2

60) 1770년 2월 30일, 3월 1일.

61) 1770년 2월 4일, 3월 1일. 이종악의 호는 허주虛舟고, 안동 법흥동에 위치한 임청각臨淸閣의 종손이었다.

62) 1748년 11월 28일.

63) 1748년 8월 26일.

책을 보내 베끼도록 했다. 8월 6일에는 '이수재李秀才'라는 자가 아랫마을 일족 어른 댁에 와서 머물면서 최흥원을 찾아오자 그에게 『반계수록』을 베끼라고 했다. 열흘 만에 1책을 베껴 오자, 최흥원은 그를 매우 단아하고 명석하며 재주가 있는 사람이라고 칭찬했다. 1753년 1월 27에는 수령에게 빌린 『반계수록』을 돌려주었고, 같은 해 윤4월 21일에는 승려 여관呂寬에게 『수록隨錄』 13책을 꾸며 꿰매도록 했다.

최흥원이 필사본 『반계수록』을 갖게 되자 주변에서는 그의 책에 관심을 보였다. 하동부사가 최흥원에게 『반계수록』 13책을 빌려서 베낄 수 있도록 부탁하자 최흥원은 그것을 허락했다.[65] 1765년 5월 4일에는 하양 수령에게도 『반계수록』을 빌려주었다.[66] 이러한 상황으로 미루어 『반계수록』은 18세기 조야의 지식인이 관심을 가진 책이었음을 알 수 있다.

최흥원이 『반계수록』에 매우 큰 관심을 갖고 베낀 것은 마을을 안정적으로 운영하려는 그의 태도와 밀접한 관련이 있던 것으로 판단된다. 당시 최흥원의 경제적 기반은 거주지인 옻골과 30여 리 떨어진 부인동에 있었다. 그는 옻골과 부인동을 경영하는 가운데 농촌과 농민의 실정에 대해 누구보다 밝았으며, 그들의 안정적 생활을 위해 여러 시도를 했다.

> 달성은 면화 산지로 모든 세역稅役이 면綿에서 나왔으나 오직 부인동은 수전水田이 많아 면화 재배에 부적당하므로 추수의 태반이 세역의 비용으로 충당되어 농민이 큰 피해를 입고 있다.[67]

64) 임신년(1752년, 영조 28) 2월 19일.

65) 1764년 8월 22일.

66) 1761년 6월 20일.

67) 오세창 외, 『영남향약자료집성』, 영남대학교출판부, 1986(정진영, 『조선시대향촌사회사』, 한길사, 1998, 383쪽에서 재인용).

당시 부인동민은 세역으로 어려운 처지에 있었다. 선공고와 휼빈고의 설치는 그러한 현실과 무관하지 않았을 것이다. 최흥원은 옻골과 부인동을 중심으로 여러 조직과 규약을 만들고 이의 실천을 통해 마을을 안정시키고자 했다. 그것이 『반계수록』에 대한 관심으로 이어졌다고 할 수 있다.

최흥원이 『반계수록』에 대한 정보를 접하게 된 계기는 문화류씨가 어머니 함안조씨의 진외가였기 때문일 것이다. 최흥원의 어머니 함안조씨는 한양의 소론 명문이던 평창이씨와 혼인이 잦았고, 어머니의 외가인 평창이씨는 류형원의 문화류씨와 빈번하게 혼인했다. 문화류씨는 최흥원 어머니의 진외가가 되고 류형원의 아들은 최흥원에게 조카뻘이 되었다. 최흥원의 아들은 한양에 가서 류형원의 후손을 만나기도 했다. 그런 계기로 최흥원은 『반계수록』에 대한 정보를 일찍 접했을 것이다.

셋째, 최흥원은 교정 작업을 맡기 이전에 이미 류형원 집안 및 근기 남인과 교류가 있었다. 1739년 8월 21일 일기에는 최흥원이 한양의 도저동에 사는 류형원의 증손 류명위柳明渭에게 편지를 부친 사실이 나온다.[68] 1758년에 최흥원은 류명위가 보낸 편지와 책력을 받았다.[69] 최흥원이 공식적으로는 감사의 권유로 『반계수록』 교정 작업을 했지만 사적으로는 류명위의 거듭된 부탁이 있었다.[70] 최흥원은 교정 작업을 하면서 경전 등 여러 서적의 중요한 곳만 교정하면서 식견 없음을 매우 괴로워했으며, 류명위의 간곡한 요청을 저버린 듯해 안타까운 심정을 드러냈다.[71]

최흥원은 류형원 집안뿐만 아니라 성호 이익, 순암 안정복 등 근기 남

68) 1739년 8월 21일에 류명위가 1783년(정조 7년)에 경상감사 조시준趙時俊의 협조를 받아 류형원과 관련된 전기 자료와 『군현제郡縣制』를 보유補遺로 편집해 추각했다(『磻溪隨錄 磻溪隨錄補遺跋』).

69) 1758년 12월 17일.

70) 1770년 1월 16일.

71) 1770년 3월 1일.

인과의 교류도 있었다. 1751년 3월에 최흥원의 아들 주진이 이익을 방문했다. 1763년(영조 39년)에 최흥원은 조카 항진을 시켜 이익에게 5대조의 묘갈문을 받으려고 했는데, 항진의 부모가 잇달아 병들어 멀리 보낼 수 없다고 했다.[72] 1762년에 단성丹城에 사는 안정덕安鼎德이라는 자가 최흥원을 방문했는데, 그는 안정복의 사촌 아우였다. 그는 옻골 최씨와 인척인 진양晉陽 정육鄭堉이 최흥원의 셋째 아우에게 보낸 편지를 가져왔다.[73]

안정복이 지은 최흥원의 묘지명을 보면, 1784년 봄에 최흥원은 세자익위사의 좌익찬으로 천거되고, 본인은 우익찬을 맡게 되었다고 했다. 그때 최흥원이 병으로 부임하지 못해 두 사람이 만나지는 못했지만 안정복은 평일에 그를 사모한 정이 있었다고 했다. 최흥원의 조카 화진이 이광정이 쓴 행장과 최흥원의 문인과 아들 및 조카들이 기록한 유사遺事를 가지고 가서 안정복에게 최흥원의 묘지명을 부탁했다. 안정복은 최흥원을 사모한 정이 오래되었으므로 그의 부탁을 거절할 수 없어 묘지명을 작성한다고 했다.[74]

이처럼 최흥원은 대구 지역의 최고 학자로, 당대의 뛰어난 학자와 학문적으로 혹은 사적으로 교유하고 후학도 양성했다. 또한 류형원 집안을 비롯해 이익, 안정복 등 근기 남인 혹은 실학적 성향의 인물들과도 교유했다. 최흥원이 『반계수록』을 교정하게 된 것은 근기 남인과 영남 남인과의 결합의 산물이자 상징적인 사업으로 평가할 수 있으며, 이는 옻골 최씨의 향촌 기반 제고로 이어졌다.

72) 1763년 2월 28일.

73) 1762년 11월 16일.

74) 최언돈·최기척, 『옻골의 행장과 비문』(백불암연구소, 2017), 146~161쪽.

7 최흥원이 형성한 관계망의 의미를 톺아보다

이상으로 『역중일기』를 통해 옻골 최씨와 최흥원의 혼인관계망, 최흥원이 학문적으로 교유한 인물과 『반계수록』의 교정 작업 과정 등에 대해 살펴보았다. 최흥원이 형성한 관계망의 내용과 그것이 가진 의미를 정리하면 다음과 같다.

우선, 혼인관계망을 살펴보았다. 경주최씨 9세 최동집이 대구 옻골에 정착한 이후 11세까지는 옥천전씨, 인천채씨, 달성서씨, 영천이씨 등 주로 대구 사족과 혼인했다. 12세부터 예안이씨, 의성김씨, 풍산김씨, 고성이씨 등 안동 지역과의 혼인이 이루어졌고, 영천의 오천정씨, 성주의 벽진이씨, 경주의 경주이씨 등 영남의 여러 지역으로도 혼인관계망이 확대되었다. 14세 최흥원은 증조부에 이어 안동의 명망 있는 가문과 중첩 혼인했다. 12~13세가 의성김씨와 중첩 혼인을 했다면, 14~15세는 조선 후기 안동 지역에서 의성김씨와 쌍벽을 이루는 하회의 풍산류씨와 거듭 혼인했다. 이로써 옻골 최씨는 영남 지역 최고의 혼반을 형성했다. 혼인관계망은 지적 정보를 공유하고 집단지성을 형성하는 데 기여했다.

둘째, 지역의 명망 있는 학자와의 교류를 통해 퇴계학파의 주류로 편입됨과 동시에 퇴계학파로서의 정체성을 확립하는 과정을 확인했다. 최흥원이 30대에 이현일의 문인인 권구와 김성탁을 방문했는데, 노론정권하에서 영남 남인의 수장 격인 이현일 문하생들과 교유한 것은 최흥원이 퇴계학파로의 정체성을 확립하겠다는 의지가 반영된 것이었다. 최흥원이 교유한 학자로는 조선적, 임필대, 이상정, 이광정, 김강한, 이종수 등을 언급할 수 있다. 40대 초반에 영남의 대표적 학자 중 하나인 이상정을 만나 평생지기로 교유했다. 이는 옻골 최씨가 영남학파의 주류로 편입되는 결정적 계기가 되었다.

최흥원은 후학 양성에도 힘을 쏟았다. 그의 문인록인 「급문록」에 등재된 문인은 122명이다. 대구, 안동, 칠곡, 밀양, 경주 등 16개 지역의 121명과 한양 1명으로 영남의 여러 지역에 걸쳐 있었다. 최흥원은 평생 구축한 인적 관계망을 후손에게 물려주었다. 그는 아들 주진에게 조선적, 이상정, 소산 이광정, 성호 이익, 눌은 이광정 등에게 나아가 배우도록 했고, 조카 항진, 사진, 상진, 족제 흥벽, 손자 식도 이상정 문하에서 종학하게 했다. 증손자 최효술이 이상정의 고제인 정종로의 문인이자 외손자가 됨으로써 경주최씨는 퇴계학파의 주류로 확고한 위치를 갖게 되었다.

셋째, 최흥원의 『반계수록』의 교정 작업은 근기 남인과 영남 남인의 결합의 산물이자 상징적인 사업으로 평가할 수 있다. 최흥원은 대구 지역의 최고 학자로, 당대의 뛰어난 학자들과 학문적으로 혹은 사적으로 교유했고 후학도 양성했다. 또한 류형원 집안을 비롯해 이익, 안정복 등 근기 남인 혹은 실학적 성향의 인물과도 교유했다. 그러한 결과물이 『반계수록』의 교정으로 드러났다.

최흥원이 평생에 걸쳐 형성한 관계망이 가진 의미는, 문중 계승 차원에서는 선조에 이어 옻골 최씨의 문인 가풍을 완성한 점에서 찾을 수 있다. 대외적으로는 서인 혹은 노론정권의 대구 지역 사족에 대한 서인화, 노론화 의도에 편승하지 않고 영남 남인이자 퇴계학파로서의 정체성을 더욱 분명히 한 점에서 찾을 수 있다. 그는 영남의 명문가와의 혼인관계망을 강화하고, 학문적 역량을 축적했으며, 영남 및 근기의 남인 학자들과의 교류 등을 통해 옻골 최씨의 향촌 기반 강화에 기여했다.

참고 문헌

『大山日記』(필사본, 한국국학진흥원 소장)

『曆中日記』(필사본, 한국국학진흥원 소장)

『국역역중일기』(미간행)

『百弗庵先生文集』(慶州崔氏漆溪派宗中, 1999)

『국역백불암선생문집』(경주최씨칠계파종중, 2002)

『국역백불암선생언행록』(경주최씨칠계파종중, 2002)

『國譯大山先生實紀』(한국국학진흥원, 2012)

『국역갈암집』(민족문화추진회, 2000)

『星湖全集』(이익)

『磻溪隨錄』(류형원)

『국역반계수록』(북한과학원 번역, 여강출판사, 1959)

『台洞先生實記』(경주최씨태동공파 편역, 족문사, 1996)

『慶州崔氏臺巖公派譜』(丁卯譜)

『豊山柳氏世譜』 1~4(풍산류씨세보편찬위원회, 1985)

『영남향약자료집성』(오세창 외, 영남대학교출판부, 1986)

김선경, 「16세기 성주 지역 사족의 교유 공간과 감성」, 『역사연구』 24, 2013.

김정운, 「17세기 예안 사족 金坽의 교유 양상」, 『조선시대사학보』 70, 2014.

김명자, 「대산(大山) 이상정(李象靖)(1711~1781)의 학문공동체 형성과 그 확대」, 『대산일기(大山日記)』를 중심으로」, 『조선시대사학보』 69, 2014.

_____, 「순조 재위기(1800~1834) 하회 풍산류씨의 현실 대응과 관계망 변화」, 『국학연구』 29, 2016.

金鶴洙, 『17세기 嶺南學派 연구』, 한국학중앙연구원 박사학위논문, 2007.

신주엽, 『17~18세기 대구 지역 서인계 사족의 활동 – 옥천전씨를 중심으로』, 경북대학교석사학위논문, 2018.

오용원, 「崔興遠의 『曆中日記』를 통해 본 영남선비의 일상」, 『大東漢文學』 45, 2015.

李在喆, 「百弗庵 崔興遠의 時代와 그의 現實對應」, 『퇴계학과 유교문화』 29, 2001.

전경목, 「『미암일기』를 통해 본 16세기 양반관료의 사회관계망 연구 – 해배 직후시기를 중심으로」, 『조선시대사학보』 73, 2015.

정진영, 조선시대향촌사회사, 한길사, 1998.

_____, 「부자들의 빈곤 2 – 18세기 중반 영남 한 향촌 양반지주가의 경제생활」, 『大丘史學』 129, 2017.

崔彦惇, 『百弗庵 崔興遠의 夫仁洞 및 漆溪[옻골] 經營 規範 硏究』, 영남대학교박사학위논문, 2010.

최언돈 외, 『옻골의 인물과 유적』, 백불암연구소, 2016.

_____, 『옻골의 행장과 비문』, 백불암연구소, 2017.

2장

백불암 최흥원의 성리학적 사유와 실천

장윤수

1 백불암 최흥원, 그는 누구인가?

낙동강은 영남문화권 형성에서 중요한 역할을 한다. 이 강은 영남의 중앙부를 관통하면서 본류의 전후와 좌우에서 흘러내리는 여러 물줄기를 합류시켜 한 '도道'로서의 통일성과 일체감을 가져다주며, 특색 있는 문화권을 형성하고 있다.[1] 따라서 낙동강은 영남인에게 '우리 강'이라는 의식을 갖게 하는데, 영남문화는 낙동강을 기준으로 해 '좌도'와 '우도'로 나뉜다.

주지하다시피 퇴계 이황이 거처한 안동을 중심으로 한 북부 지역을 일러 '영남좌도'라고 하고, 남명 조식이 생활한 서부 경남 지역을 '영남우도'라고 한다. 낙동강을 중심으로 한 '좌도'와 '우도' 지역의 학문적 연원과 특징에 대해서는 그동안 학계에서 충분한 연구 성과를 축적했다. 그렇지만 좌도와 우도의 '간間' 지역인 '대구 지역'의 학풍에 대해서는 크게 주목해오지 않았다. 바로 그러한 점에서 18세기 대구 지역을 대표하는 학자

1) 이수건, 『영남학파의 형성과 전개』, 일조각, 1995, 17쪽 참조.

백불암 최흥원에 대한 연구 의의는 크다.

백불암 가문은 파조로 설정된 최단의 3세손인 최맹연崔孟淵(세종 때 인물로 추정된다) 이후 600년 가까이 대구에서 세거해왔다.[2] 백불암은 1705년(숙종 31년) 2월 15일에 대구 원북리院北里 외가에서 태어나 1786년(정조 10년) 8월 22일에 졸했다. 본관은 경주, 자는 태초太初 또는 여호汝浩, 호는 백불암이었다. 학행으로 천거되어 참봉, 장악원주부 등에 제수되었으나 관직에 나아가지 않았으며, 죽은 뒤 효행으로 정문이 세워지고 좌승지에 추증되었다. 백불암은 어릴 때부터 성리학 연구에 골몰하며 그 가르침을 직접 생활 속에서 구현하고자 애쓴 성리학이자 실천적 사상가였다. 그는 정전법井田法을 시행해 보려고 선공고라는 제도를 마련한 뒤 일정한 면적의 전답을 동민들로 하여금 공동 경작하게 하고 휼빈고와 여씨향약을 실천해 동민의 구황救荒 및 풍속 순화에 힘쓰기도 했다.

안정복(1712~1792년)은 백불암을 '영남삼로'[3]의 하나로 꼽았으며, 채제공蔡濟恭(1720~1799년)은 '칠계어른漆溪丈'이라 칭하기도 했다.[4] 그리고 정조는 백불암의 학문과 덕행을 인정해 백불암 생전에 『사서』 한 질을 하사하기까지 했다.[5]

2) 최언돈, 「百弗庵 崔興遠의 夫仁洞 및 漆溪[옻골] 經營 規範 연구」, 영남대학교대학원한국학과 박사학위논문, 2010, 22쪽 참조.

3) 여기서 말하는 '영남삼로'는 백불암과 대산 이상정, 남야 박손경을 가리킨다.

4) 『百弗庵言行錄』 卷5, 「雜記」 참조.

5) 『百弗庵集』 卷2, '書': 「與李方伯秉模」(癸卯) 참조. 백불암이 사서를 하사받은 것은 1783년(정조 7년), 백불암 79세 때의 일이었다. 정조의 교지에 따라 경상도에서 『사서대전四書大全』과 『언해諺解』를 인쇄해 백불암에게 하사했다(『百弗庵言行錄』 卷1, 「年譜」 참조). 백불암의 '문집'은 그의 사후 30년 만인 1815년에 처음 간행되었다. 내용은 '원집原集' 4책 8권과 '언행록言行錄' 3책 7권을 합해 7책 15권으로 구성되었다. 이후 1990년에 '원집' 4책을 2책으로 합편해 『百弗庵先生文集』이라 하고, '언행록' 3책을 2책으로 합편해 『百弗庵先生言行錄』이라 해 대보사大譜社에서 영인본으로 간행되었다. 이 글에서 인용하는 백불암의 『문집』과 『언행록』의 출전은 모두 1990년에 간행된 영인본에 의거한다.

그러나 당대의 그러한 평가와 대접에도 불구하고 한국철학사와 성리학사에서 그의 명성이 실제보다 미흡한 것은 무엇 때문일까? 가장 중요한 이유로, 그가 남긴 문집의 분량이 충분하지 못하고 더욱이 남아 있는 것이라 해도 '성리설'에 대한 언급이 거의 없는 점을 들 수 있다.6) 백불암은 평소 자신이 문장에 능하지 못하다 해 저술을 하지 않았고, 또한 주해하는 글을 쓰지 않았다. 그는 평소 "세상 사람들은 조금 아는 바가 있으면 자기 말을 기록해 후세에 남기고자 하나, 그것은 스스로를 속이는 동시에 남을 속이는 일에 가깝다"(『百弗庵言行錄』 卷2, 「「墓誌銘」」)라고 했다.

백불암 가문은 특히 숭조崇祖와 보종保宗의 전통으로 유명했는데, 기록을 통해 선조의 행적을 충실하게 전했다. 대암臺巖 최동집(1586~1661년) 이후 주손胄孫인 백불암과 지헌止軒 최효술(1786~1870년)을 비롯해 수많은 후손이 문집을 남겼으며, 그들은 강렬한 가학적 정체감을 형성했다. 이 가문은 대구 지역의 지식인 사회와 밀접한 연관을 맺고 이 지역의 특색 있는 학문적 성격을 분명하게 드러냈다.

2 백불암 최흥원의 성리 사상의 연원

백불암의 학문적 계파를 따질 때 사승師承 관계를 말하기가 어렵다. 물론 그에게도 스승이 있었겠지만 후세에 이름이 전해질만한 학자로부터 직접 사제의 인연을 맺은 흔적이 없으며, 또한 백불암 스스로가 말했듯이 그의 학문이 자득自得의 공功이 크기 때문이기도 하다.7) 그러나 또한 분

6) "[백불암은] 입언立言하거나 저론著論하는 일이 많지 않았고, 다만 '일기'와 친구들과 왕래한 '서신' 몇 권이 있을 뿐이다"(『百弗庵言行錄』 卷3, 「實記」). 그런 연유로 오늘날 출간된 '한국철학사' 혹은 '한국사상사' 류의 책에서 백불암에 대한 소개와 평가는 거의 찾아보기 어렵다.

명한 사실은 그가 퇴계 이황을 존숭했다는 점이다. 그는 퇴계의 학문을 따르고자 노력했으며, 무엇보다도 당대 최고의 퇴계학 적전자嫡傳者로 평가받으며 '소퇴계小退溪'라 불린 대산 이상정과 '긴밀한' 교유 관계를 맺었다. 그러한 점들로부터 유추해볼 때 그를 퇴계학파의 학자로 평가해도 큰 무리는 없을 것이다.

우선 백불암을 퇴계학파의 학자로 평가할 만한 몇 가지 구체적 정황을 그의 『문집』과 『언행록』을 통해 살펴보자.

백불암은 아들 주진에게 『퇴계집』을 보내주었다.[8] 그리고 33세(1737년) 때 『성리대전性理大全』을 읽었으며, 그때 아들에게 편지를 보내 말하기를, "『성리대전』은 안동 지방에서 산 것인데, 이것은 월천 조목 생이 읽었던 것이고, 퇴계 선생이 제목을 쓴 것이니 매우 귀중히 여길 만하다"(『百弗庵言行錄』 卷1, 「年譜」)고 했다. 그리고 36세(1740년) 때 상처한 후 안동의 하회마을을 방문해 서애 류성룡, 겸암謙庵 류운룡柳雲龍이 공부하던 겸암, 옥연 두 정자에서 노닐었다.[9] 42세(1746년) 때는 도산서원의 상덕사尙德祠를 참배했다. 그리고 농암 이현보의 유적인 애일당愛日堂을 방문하고, 다시 도산서원 암서헌巖栖軒에 가서 여러 명사와 더불어 교유했다. 그는 당시의 일을 일기에 기록하기를, "매번 (퇴계 선생의) 『문집』을 읽을 때면 진실로 느낀 점이 많았는데 이제야 남은 발자취를 완상玩賞해보니 더욱 고산경행高山景行에 대한 생각이 절실하구나"라고 했다.[10] 그리고 이튿날 퇴계의 옛 집을 방문하고 퇴계의 묘소에 참배했다. 그런 후 안동 오미동에서 이상정을 처음 만나게 되었다.[11] 이외에도 백불암의 저술

7) 『百弗庵言行錄』 卷1, 「年譜」 참조.

8) 『百弗庵集』 卷6, '書': 「「答兒」」 참조.

9) 『百弗庵言行錄』 卷1, '年譜」 참조.

10) 『百弗庵言行錄』 卷1, 「年譜」 참조.

11) 『百弗庵言行錄』 卷1, 「年譜」 참조.

여러 곳에서 퇴계와 그의 제자들 말이 자주 인용된다. 겸암 류운룡, 서애 류성룡, 학봉 김성일 등이 대표적인 사례이다.12)

이러한 점들로 미루어볼 때 백불암이 직접 퇴계학파와 사제의 인연을 맺지는 못했다 할지라도 퇴계학파 학자로 부르기에 큰 문제가 없을 것이다. 그러나 무엇보다도 백불암을 퇴계학파와 관련시키게 되는 결정적 요인은 이상정과의 관계이다. 이상정은 퇴계 이후 경당敬堂 장흥효(1564~1633년), 갈암 이현일, 밀암密庵 이재(1657~1730년)로 이어지는 영남학파의 '도통道統'을 계승한 중추적 인물로 평가받는다. 백불암은 42세 때 이상정을 처음 만난 이래 40여 년을 그와 지우知友, 사우師友, 외우畏友의 긴밀한 관계를 유지했다.13) 즉 백불암의 사상을 이해하는 데서 '이상정'이라는 요소는 반드시 고려되어야 할 조건인 것이다. 백불암의 '연보'에서 이상정과 그의 동생 소산 이광정에 관한 기록을 가장 자주 접할 수 있다.14) 그리고 백불암은 아들과 여러 명의 조카를 이상정 문하에 보냈으며, 심지어는 제자들까지 이상정의 지도를 받게 했다.

이상정을 아끼고 존경한 백불암의 마음의 절정은 그가 이상정의 부음을 듣고 취한 행동에서 잘 나타난다. 백불암은 77세(1781)되던 해의 12월에 친구의 부음을 받고 자리를 정하고 곡하며 3개월 동안 소복素服을 입고

12)『百弗庵集』 卷7, '雜著':「奉先立議」(下) 참조.

13) 대표적 사례가 바로 두 사람 '문집'에 실려 있는 서로에게 보내는 서신이다. 즉『대산집』에는 이상정이 최흥원에게 보낸 편지가 40편이 실려 있으며, 또한『백불암집』에는 최흥원이 이상정에게 보낸 편지가 무려 53편이나 실려 있다. 이것은 두 사람 모두 문집에 실려 있는 편지 중에서 가장 많은 분량을 차지하는 것으로, 서로를 얼마나 소중히 여겼는지를 단적으로 보여준다.

14) 몇 가지 사례를 확인해보면 다음과 같다. "44세[1748년] 때 대산이 찾아와『소학』과『대학』을 강론했다"; "46세[1750년] 때 소산이 내방해, 문내 자제들을 불러 강의를 듣게 했다"; "49세[1753년] 때 소산이 내방했다."; "50세[1754년] 때 대산이 찾아왔다."; "51세[1755년] 때 대산이 찾아왔다."; "52세[1756년] 때는 백불암이 대산을 방문했다. 이때 '일기'에 이르기를, '대산과 함께 심에 관해 논하고 의에 대해 강론하니 해가 기우는 것도 몰랐다'고 했다"(『百弗庵言行錄』 卷1,「年譜」 참조).

띠를 띠었으며, 제문祭文을 지어 애도했다.[15] 그러한 마음은 백불암의 일방적인 마음이 아니라 백불암을 대하는 이상정의 마음 또한 마찬가지였다. 이상정 또한 아들 완埦(혹은 완琓)을 백불암에게 보내 종학從學하게 했다.[16] 또한 『동유록同遊錄』에서 백불암을 높이 평가했으며[17], 백불암을 가리켜 "근본에 마음을 쓴다"[18], "도道에 맛을 들였다"[19]고 했다.

그러한 일들을 살펴볼 때 백불암과 이상정은 지우知友이자 또한 사우師友로서 서로를 존중하고 공경하며 학문을 함께 연찬한 동료였음을 알 수 있다. 그리고 백불암은 이상정이라는 퇴계학파의 적전자를 통해 퇴계학의 이론적 정수를 꿰뚫게 되며, 또한 퇴계학맥의 일원으로 당당히 등장할 수 있게 되었다.

3　백불암 최흥원의 성리학적 사유

1) 독서록의 특징

전통 유학자의 사상을 제대로 이해하기 위한 기본 자료 중의 하나가 바로 '독서록'이다. 즉 어떤 책을 어떤 순서와 어떤 방법으로 읽었는지를 면밀하게 검토해보면 사상적 특징을 간취하는 데 많은 도움을 얻을 수 있다. 백불암의 경우도 마찬가지이다. 백불암의 독서록에서는 우선 성리서性理書가 대단히 중요한 비중을 차지한다. 그중에서도 그는 특히 『심경心經』과 『소학小學』을 강조했다.

15) 『百弗庵言行錄』 卷1, 「年譜」 참조.
16) 『百弗庵言行錄』 卷7, 「及門錄」 참조.
17) 『百弗庵集』 卷3, '書': 「「答李景文」」 참조.
18) 『百弗庵集』 卷3, '書': 「「答李景文」」 참조.
19) 『百弗庵集』 卷3, '書': 「「答李景文」」(辛未) 참조.

백불암은 16세 무렵에 마을 훈장에게 수학했는데, 가르치는 바가 모두 과거를 준비하기 위한 것이어서 대단히 실망했다고 한다.[20] 18세(1722년) 때 생원초시生員初試에 합격하기도 했으나[21] 이후 25세(1729년) 때 포산시苞山試에서 돌아온 후로는 일절 과거에 응시하지 않았다.[22] 이후 백불암의 관심은 주로 실천 수양의 학문으로서의 성리학 공부에 있었으며, 따라서 독서 또한 주로 그와 관련된 유가 경전과 성리서에 집약되었다.

백불암은 "『심경』, 『근사록』, 『독서록』, 『성학십도』 등의 책을 좋아해 매일 새벽과 밤에 잠자지 않을 때는 옷을 입고 두건을 바로 쓰고, 입으로는 암송하며 마음으로 생각해 성현들이 말한 본래의 뜻을 터득하고자 애썼는데 나이가 들수록 더욱 게을리 하지 않았다"(『百弗庵言行錄』 卷4, 「學問」)고 하며, 또한 "『이정전서二程全書』를 보고 반복해서 음미했다"(『百弗庵言行錄』 卷4, 「學問」)고 했다. 그리고 『주자대전朱子大全』을 평해, "이 책은 과연 땅이 육상의 모든 존재를 감싸고 바다가 해저의 모든 존재를 포괄하듯 없는 것이 없다. 옛날에 보고 궁구하다 의심스럽게 여겼던 것과 생각하다 의심스럽게 여겼던 것을 모두 이 책을 통해 바르게 고침을 받을 수 있었다. …… 다만, 아직 한 번도 대강이나마 전체적으로 이해하지 못했으니 그것이 한스러울 따름이다"(『百弗庵言行錄』 卷4, 「學問」)고 했다.

그러나 무엇보다도 그가 강조하고 귀하게 여긴 책은 『소학』과 『심경』이라고 할 수 있다. 이것은 곧 그의 학문적 관심과 관련이 있으며, 또한 실천 수양적 측면을 강조한 한국의 초기 성리학의 특징을 그대로 계승하고 있는 점에서 주목할 만하다.

20) 『百弗庵言行錄』 卷1, 「年譜」 참조.
21) 앞의 책.
22) 앞의 책..

백불암은 학문하는 차례를 논해 말하기를, "옛사람들이 학문을 함에서 『소학』으로부터 먼저 함양성취涵養成就했으며, 그런 다음 격물치지格物致知에서부터 시작하는 『대학』 공부를 했다. 그러나 요즘 사람들은 그러한 『소학』 공부는 하지 않고, 다만 격물치지를 먼저 해 망망탕탕茫茫蕩蕩하기만 하고 실제로 의거할 바가 없다. 경敬 한 글자는 우리가 깊이 연구하고 본받아야 할 바이다"(『百弗庵言行錄』 卷3, '「言行總錄」')라고 했다. 즉 학문이 『소학』으로부터 시작되어야 함을 강조했다.

그리고 『소학』 못지않게 『심경』을 강조했다. 그는 아들(최주진崔周鎭)이 『심경』을 보고 베끼는 것을 매우 기쁘게 여겼으며[23] 또한 늘그막의 공부로 이 책보다 더 긴요한 것이 없다고 했다.[24] 그리고 70세 되던 해 『심경』을 강론해 말하기를, "퇴계 선생은 『심경』을 부모처럼 아끼고 신명神明처럼 공경하라고 했으니, 이 말은 진실로 거짓됨이 없다. 마음에 근심 있는 자가 이 책을 읽으면 마음을 다스리는 데 유익할 뿐만 아니라 '마음의' 병을 다스리는 데도 도움이 된다"(『百弗庵言行錄』 卷1, 「年譜」)고 했다.

백불암의 독서록을 통해 몇 가지 사실을 알 수 있다. 우선 『소학』을 강조하는 것에서 그의 학문이 비근卑近한 데서 고원高遠한 데로 나아가는 하학이상달下學而上達의 방법론을 택하고 있다는 점, 그리고 '사서'와 각종 성리서의 깊은 뜻에 천착한 점을 통해서는 그가 추구한 학문이 세상 영리榮利를 위한 학문이 아니라 인의仁義의 학문이었음을 알 수 있다. 한편 『심경』을 강조한 점으로부터는 성리학의 이론적 부분보다는 실천 수양적 측면을 중시한 사실을 짐작할 수 있다.

그리고 백불암이 쓴 『역중일기』[25]를 살펴보면 구체적 독서 기록이

23) 『百弗庵集』 卷6, '書': 「答兒」(辛未) 참조.

24) 『百弗庵集』 卷3, '書': 「答李景文」(辛未) 참조.

25) 『역중일기』는 최흥원이 쓴 일기이다. 일기 원본은 『역상일기曆上日記』로 최흥원이 책력 위

나타난다. 당시 백불암의 자택은 거의 도서관에 가까울 만큼 많은 도서를 보유하고 있었던 것처럼 보인다. 백불암은 그것들을 이웃과 지인에게 빌려주기도 하고 또한 소장하지 못한 책을 빌려 읽기도 했는데, 그러한 구체적인 기록이 일기 곳곳에 나타난다. 『역중일기』에 따르면 백불암이 후손과 제자에게 강의한 것은 주로 사서와 삼경 같은 유가의 기본경전이었고, 스스로 연찬하고 사색한 것은 성리학 서책이 많았다. 특히 퇴계 관련 서책을 중시했는데, 관아에 『주자서절요』, 『이학통록理學通錄』, 『도산언행록陶山言行錄』 등의 책을 인행해 줄 것을 간청하기도 했고[26], 친구와 더불어 『퇴계집退溪集』을 강론하기도 했다.[27] 또한 부중府中의 관아에 『퇴계집』과 『학봉집鶴峯集』을 빌려 주기도 했다.[28] 그러한 기록을 통해 우리는 다음과 같은 사실을 확인할 수 있다. 즉 백불암이 자제의 강학과 수학의 기본 교재로는 '사서삼경' 같은 유가의 기본 경전을 강조했으며, 학문의 자기 연찬과 심성 수양 공부에서는 성리학 서책을 중시했다는 점이다.

『역중일기』의 독서 기록을 통해 백불암이 퇴계학의 전통을 굳건히 지키려 했음도 충분히 확인할 수 있다. 그렇지만 백불암은 당시 안동을 중심으로 한 경북 북부 지역의 배타적 학문 분위기와는 상당한 차이를 보여준다. 그는 어떤 사람과 더불어 율곡 이이의 이기논변理氣論辯과 우암尤庵 송시열宋時烈의 예송禮訟에 대해 토론한 사실을 호오好惡의 평가 없이 기록해 놓기도 했으며[29], 심지어 누군가 『율곡집栗谷集』을 보여주면서 "오늘에야 비로소 이 분의 재주가 높다는 것을 알았네"[30]라고 하는 말조차 별

에다 직접 쓴 것인데, 50권 필사본이 경주최씨칠계파종중에 전해지고 있다.

26) 『曆中日記』, 乙丑年, 1745년 1월 21일 참조.

27) 『曆中日記』, 丙寅年, 1746년 4월 21일 참조.

28) 『曆中日記』, 丙寅年, 1746년 7월 12일, 8월 26일 참조.

29) 『曆中日記』, 丙寅年, 1746년 7월 8일 참조.

30) 『曆中日記』, 丁丑年, 1757년 2월 11일.

다른 비판 없이 『일기』에 그대로 수록해두었다. 그렇지만 그러한 점들을 백불암 본인의 개방적 학풍으로까지 해석할 수 있는지에 대해서는 향후 좀 더 면밀한 검토가 필요하다.

2) '이理' 우선의 상호보완적 이기론理氣論

조선시대 성리 사상과 관련해 오늘날 학계의 주목을 받는 부분은 이기론理氣論과 심성론心性論에 관한 이론적 내용이다. 그렇기 때문에 이론적 부분, 특히 이기론에 대한 글이 많지 않은 학자에 대해서는 인색하게 평가하는 경향이 강하다. 그런데 일반적으로 대구 지역의 성리학자의 경우 이기론의 논변이 많지 않다. 이 점은 백불암 또한 마찬가지다. 백불암의 성리 사상에서 이기론은 『문집』을 통해서는 거의 찾아볼 수 없으며, 다만 『언행록』에서 박정락朴鼎洛, 최화진崔華鎭, 최흥동崔興東, 최흥벽崔興璧 등의 제자들이 약간 부분을 기록해 놓았을 따름이다. 그러한 몇 가지 자료를 중심으로 그의 이기론을 재구성해보면 '이선기후론理氣先後論'과 '이기동정론理氣動靜論' 부분에서 특징적인 발언을 확인할 수 있다.

백불암은 22세(1726년) 때 신계新溪 이석李晳이 『태극도太極圖』, 『통서通書』, 『서명西銘』 등의 책을 읽어볼 것을 권하자 손수 베껴 쓰고 문을 닫아걸고 오로지 연구에만 전념한 적이 있다. 그는 후일 다른 사람에게 자기의 공부에 대해 이렇게 피력한 적이 있다.

> 내가 처음 공부하면서 의심이 나고 어려운 곳에 부딪치면 다른 사람에게 질문하고 싶었으나 이윽고 깊이 연구하고 완미玩味를 오래도록 하게 되면 문리文理가 저절로 통해지는 것을 깨닫게 되었다. 이로부터 스스로 생각해서 이루고자 했고, 오히려 다른 사람의 지시를 받을까 그것이 두려웠다"[31]

이 말을 통해 백불암 사상의 자득지미自得之味를 충분히 짐작할 수 있다.

먼저 이기선후론과 이기동정론을 주장하는 그의 이기론을 살펴보자.

이와 기의 선후관계에 대해 [백불암 선생께] 질문했더니 답하기를 "주자가 가로되, '본래 선, 후를 말할 수 없다. 그러나 소종래所從來를 미루어 본다면 먼저 이가 있었다고 해야 할 것이다. 그렇지만 또한 '기'와 별도로 이가 있는 것이 아니라 기 가운데 '이'가 존재하며, 기가 없으면 이도 붙어 있을 곳이 없다'라고 했으니, 이 한 조목을 마땅히 침잠해 음미해야 할 것이다"라고 했다. 또 "이는 행위가 없고 기는 행위가 있다는 말은 어떤 것입니까?"라고 질문했더니, 답하기를 "일찍이 대산 이상정을 만났더니 가로되, '이는 활물活物이다. 비록 기를 타고 동하고 정하지만 그것이 발휘되는 오묘함은 곧 지극히 신묘한 작용일 따름이니, 행함이 없으면서도 행하고 주재主宰하지 않으면서도 주재한다'라고 하니, 이것이 정확한 의견이다"라 했다(『百弗庵言行錄』 卷4, 「講辨」: 「朴鼎洛」).[32]

그는 또한 천지만물의 모든 변화가 이의 오묘한 작용임을 강조해 이렇게 말한다.

"이가 기를 떠나지 못한다고 하니, 까마득한 하늘 텅 빈 곳 어디에 이가 붙어 있겠습니까? 기물器物이나 용구用具 같은 것에 이르러서는 그 자체가 사람이 만든 물품인데 또한 천리天理가 있겠습니까?"라고 [백불암 선생께] 질문했다. 답하기를 "천지는 허虛를 덕德으로 삼으니 지극히 선善한 것은 허虛이고, 지상의

31) 『百弗庵言行錄』 卷1, 「年譜」 참조.

32) 이 글에서 인용하는 『대암집』, 『백불암언행록』, 『백불암집』, 『지헌집』의 원문의 번역은 모두 경주최씨칠계파종중에서 간행한 국역문집을 참고했다. 다만 의미가 분명하게 전달되지 않거나 문맥이 부자연스런 일부 문장의 경우에는 필자가 고쳐 번역했다.

것은 모두 천기天氣일 따름이다. 천지 사이에 만물을 덮고 실으며 오기五氣가 순조롭게 펴지고 사계절이 교대로 운행되는 모든 것이 이의 오묘한 작용이다. 사람이 그 가운데 있으면서 기를 호흡함이 물고기가 물에서 물을 삼키고 뱉는 것과 같으니, 어찌 까마득한 하늘에 기가 이지러짐이 있어서 이가 붙을 곳이 없다고 할 수 있겠는가? 기물, 용구 등과 같은 사물도 조화에 참여하고 돕는 한 부분이니, 만약 이치에 합당함이 이와 같지 않다면 사람이 어찌 만들어낼 수 있겠는가"라고 하고, 또 말하시기를 "반드시 기물과 용구가 각각 적의適宜함을 알아야 비로소 '이'자의 의미를 알게 될 것이다"라고 했다(『百弗庵言行錄』 卷4, 「講辨」: 「朴鼎洛」).

그리고 백불암은 만물의 동일성은 이의 개념으로 설명하고, 차별성은 기의 개념으로 설명했다.

"사물에 대한 이의 관계를 냇물에 비친 달로 비유함이 있습니다. 그러나 모든 냇물에 비친 달은 다 같은 달인데 인성人性에는 같지 않음이 있으니 왜 그러합니까?"라고 [백불암 선생께] 질문했더니, 답하기를 "이가 어찌 같지 않은 적이 있었던가? 다만 기에 차이가 있을 따름이다. 선유先儒는 냇물에 비친 달의 비유가 여전히 부족하다고 생각했다. 그러나 이제 또한 달빛으로 비유하자면, 맑은 냇물과 흐린 냇물에 따라 비치는 바가 같지 아니하니, 다만 물로 인해 그러한 것이다. 그러므로 물이 흐린 것을 맑게 하면 달빛이 저절로 완전하게 되니, 사람이 극기복례克己復禮하면 이가 저절로 완전해지는 것과 같다"라고 했다(『百弗庵言行錄』 卷4, 「講辨」: 「崔興東」).

이러한 인용문만 보면, 백불암이 주장하는 이기론을 '이체기용론理體氣用論'으로 이해해도 좋을 듯하다. 그러나 백불암은 '이기'를 '이체기용'

의 관계로 일방적으로 고정할 수 없다고 보고, 이 또한 체와 용의 양면성을 갖고 있으며, 당연히 기도 체와 용의 양 측면을 갖는다고 보았다.

> 체와 용은 동일한 근원이다. 어떤 사람들은 주자가 '이는 체이고 상象은 용이다'라고 한 뜻풀이를 바꾸어서 '이는 체이고 기는 용'이라고 한다. 그러나 이와 기는 서로 좇아 체가 되고 서로 의지해 용이 되니, 곧 주자가 '상은 용'이라고 했을 때의 상도 또한 이로써 말한 것이니, 만상萬象의 이치가 이미 충막沖漠한 가운데 갖추어져 있기 때문이다(『百弗庵言行錄』 卷4, 「講辨」: 「崔興璧」).

> "사람이 모두 한 가지 기를 받고 태어났는데, 기질氣質에 서로 같지 않은 점이 있는 것은 왜 그렇습니까?"라고 [백불암 선생께] 질문했더니, 답하기를 "기가 이미 음양으로 나뉘게 되면 기에 청淸, 탁濁, 강剛, 유柔의 구분이 없을 수 없고, 음양이 오행으로 나뉘면 생生, 극克, 왕旺, 쇠衰의 차이가 없을 수 없다. 대개 사람의 천품天稟에 목木의 기가 적으면 자애로움이 부족하고, 금金의 기가 적으면 강단剛斷이 부족하다. 이로 미루어 본다면 기질에서 다양한 차이가 있는 것이 어찌 의심스럽겠는가?"라고 했다(『百弗庵言行錄』 卷4, 「講辨」: 「崔興璧」).

'이에도 체, 용이 있다'는 백불암의 이론은 상당히 특색 있는 주장인데, 그러한 주장은 사실 퇴계의 입론에서도 확인할 수 있다.

주자는 일찍이 인간은 본질적으로 이가 기를 통해 실현된 것이지만 현실에서는 기의 특수성에 의해 제한될 수밖에 없으며, 양자 사이의 괴리는 기가 이를 실현하는 본래 모습으로의 복귀를 통해 해결되어야 한다고 보았다. 즉 이가 본령이고 주재이나 기의 특수성에 의해 제한될 수밖에 없으므로 이를 잘 극복해야 한다는 것이다.[33] 그런데 이가 기의 제한을 극복

33) 정도원, 『퇴계 이황과 16세기 유학』, 문사철출판사, 2011, 188쪽 참조.

하고 본모습을 회복하기 위해서는 단순히 소극적인 조리條理 정도의 의미만으로는 부족하다.

퇴계는 이도 스스로 움직일 수 있는 능력을 가진다고 말함으로써 주자의 이론과는 상당한 차이를 드러내게 되었다. 그는 이의 능력을 강조하기 위해 이에 적극적으로 운동적 능력까지 부여했다. 그렇지만 주자가 이미 '이는 활동 능력이 없다'고 말한 바 있기 때문에 그것에 위배되지 않으면서도 이의 운동성을 주장할 수 있는 방안이 있어야 했다.[34] 퇴계가 강조한 이의 체용론은 바로 그러한 배경에서 생겨났다. 퇴계는 이를 체와 용으로 나누어 앞서의 문제를 해결하고자 했다. 그는 이(태극)에 체와 용이 있어 체의 면으로는 무작위無作爲하지만 용의 면으로는 동, 정 등의 작위성을 갖는다고 주장한다.[35] 바로 그러한 논리로 퇴계는 이(태극)의 동을 말하면서도 그것이 '이-무작위'의 전제와 상충되지 않는다고 확신한 듯하다.

한마디로, 백불암의 이기론은 퇴계 이황과 대산 이상정의 이 위주의 입장을 확고히 견지하면서도 이와 기의 관계를 상호보합相互補合 관계로 이해한 합리적인 이론이었다고 할 수 있다.

3) '경외敬畏'의 의미를 강조하는 경론敬論

대구 지역의 성리학은 성리학적 논변을 기준으로 할 때 대표로 내세울 만한 인물이 적기는 하지만 다른 지역에 비해 성리학적 실천성이 빼어나다. 유학은 이론과 실천의 합일을 목표로 하는데, 대구 지역의 성리학과 백불암 가문의 성리학은 이론적 측면보다는 실천 수양의 측면에서 특히 부각되는 점이 많다.

우선 백불암의 독서록을 살펴보면 성리서가 대단히 큰 중요한 비중을

34) 안종수, 『한국철학사상의 이해』(개정판), 소강출판사, 2011, 243~247쪽 참조.
35) 윤사순, 『退溪哲學의 研究』, 고려대학교출판부, 1980, 227쪽 참조.

차지하는데, 그중에서도 특히 『심경』과 『소학』이 강조된다. 이 점은 백불암의 후손에게서도 동일하게 드러난다. 백불암의 조카이자 문인이기도 한 칠실漆室 최화진崔華鎭도 『소학』과 『심경』을 늘 가까이 두었다. 그리고 김희주金熙周, 이병운李秉運과 함께 '영하삼걸嶺下三傑'로 일컬어진 백불암의 손자 최식崔湜 또한 천연두를 피해 멀리 우거할 때도 『심경』 등 몇 가지 책을 갖고 갔다. 최식의 아들이자 백불암의 증손인 지헌 또한 평생 『소학』과 『심경』을 소중히 여겼다. 그러한 사실을 통해 백불암 가문의 학자들이 지속적으로 『소학』과 『심경』을 중시했음을 알 수 있다.

『소학』과 『심경』은 모두 실천 수양을 강조하는 서책인데, 공통점은 경敬의 공부법이 강조된다는 사실이다. 경은 학문과 생활 전반에 걸쳐 유학이 강조하는 실천 윤리의 개념이다. 경은 특히 성리학이 발전한 조선시대에 이르러 학문과 생활 전반에 걸친 실천 정신으로 강조되었다.[36] 무엇보다도 퇴계와 그 후학에게서 경은 실천 수양의 공부법일 뿐만 아니라 학파적 표지標識를 구성하는 중요한 요소이기도 했다. 그런데 백불암 가문에서도 경이 크게 강조되었다. 우선 백불암의 제자들은 스승의 학문을 평해, "학문이 경을 터전으로 이치를 궁구해 평이한 가운데서 오묘한 요체要諦를 터득했다"(『百弗庵言行錄』 卷4, '學問': 「崔鼎鎭」)라고 했다. 즉 백불암 학문의 시초와 근간이 경임을 말해준다. 어떤 제자가 "한 마디 말이 평생토록 애송할 만한 것이 있습니까?"라고 질문하자 "『단서丹書』에서 말하기를, '경이 나태함을 이기는 자는 길吉하고, 나태함이 경을 이기는 자는 흉凶하다'고 했으니, 공부의 진퇴進退와 기미幾微는 오로지 경과 나태함의 사이에 있다"(『百弗庵言行錄』 卷4, '存省': 「崔宇鎭」)고 대답했으며, 또한 "마음은 만사의 근간根幹이 되고 경은 한 마음의 주인이 되니, 마음이 아니면 만사

36) 김종문, 장윤수, 『한국전통철학사상』, 소강출판사, 1996, 159~60쪽 참조.

를 관리할 수 없고 경이 아니면 한 마음을 주재主宰할 수 없다"(『百弗庵言行錄』 卷4, '存省': 「李經祿」)라고 했다. 이처럼 백불암은 지나칠 정도로 경을 강조하고 평생토록 지경持敬의 삶을 살고자 했다.

일찍이 퇴계는 주자의 이론에 따라 경의 의미를 규정하는 요소로 네 개의 조목을 말했다. 주자가 말하는 네 개의 조목이란 정이程頤(1033~1107년)의 '주일무적主一無適'과 '정제엄숙整齊嚴肅'설과 사량좌謝良佐(1050~1103년)가 말한 '상성성常惺惺'설 그리고 윤돈尹焞(1071~1142년)의 '기심수렴불용일물其心收斂不容一物'설이 바로 그것이다. 그런데 백불암은 경의 의미로서 '경외敬畏(외경畏敬)'의 의미를 강조했다.

선유先儒들이 경을 말한 것이 일정하지 않은데 오직 '외畏'자가 그 의미에 가깝다는 학설이 사람들을 가장 쉽게 깨우치게 한다. 깊은 못에 이르거나 얇은 얼음을 건널 때는 마음이 두렵고 조심스러워져서 다른 어떤 사물도 엿볼 수가 없으니, 그런 경지에서라면 '경' 자의 의미를 제대로 인식할 수 있을 것이다(『百弗庵言行錄』 卷4, '存省': 「曺翰邦」).

그런데 백불암의 후손인 지헌 최효술 또한 경의 의미를 '경외(외경)'로 풀이했다. 그는 본인의 평생 이력이 '구懼'자 한 글자에 있다며 심지어 두려워하다는 '구懼'자로 편액을 만들어 당호堂號로 삼으려고도 했다.

일을 처리하고 물건을 다룰 때는 늘 두려워하고 조심하는 마음씨를 스스로 가졌으며, 일찍이 말하기를 "나는 평생 이력을 모두 두려워할 '구'자 한 글자를 좇아 지내왔으니, '구'자로서 내 집에 편액을 만들어 달고자 했다"고 했다(『止軒集』 卷15, '附錄': 「行狀」).

그래서 대산의 현손인 이돈우李敦禹(1807~1884년)는 지헌의 삶을 평하며 "평생토록 편하게 앉은 적이 적었으며, 때로 혹 기운이 줄어 몸이 피곤하면 비록 베개를 의지해 잠시 눈을 붙였다가 깨어나긴 하지만 엄숙하고 경외하는 뜻이 늘 한가로이 있을 때도 드러났다"(『止軒集』 卷15, '附錄': 「行狀」)고 했다.

그런데 '경'자의 의미를 '두려워하다'는 뜻으로 해석한 것은 주자에게서도 찾아볼 수 있다. 주자는 경을 "성문聖門의 강령이며 존양存養에서 가장 긴요한 방법이다"(『朱子語類』 卷12)라고 했다. 주자에 의해 경은 가장 보편적인 수양 방법론이 되었다. 주자는 정이를 비롯한 앞 시대 학자들의 경 이론을 수렴시키거나 그와는 별도로 '두려움'의 의미를 강조했다.

경에는 어떤 의미가 있는가? 다만 '외畏'자와 비슷하다고 할 수 있는데, 이것은 홀로 올연히 앉아서 귀가 있어도 듣지 않고 눈이 있어도 보지 않으며 온전하게 일을 살피지 않는 것을 말하는 것이 아니다. 단지 몸과 마음을 모으고 순일純一하게 정돈해 함부로 방종하지 않도록 하는 것이 바로 경을 보는 것이다(『朱子語類』 卷12).

경이란 만사를 그냥 내버려두는 것을 말하는 것이 아니다. [마음을] 오로지 한 가지로 해 삼가고 두려워하며 제 멋대로 방종하지 않는 것이다(『朱子語類』 卷12).

중국 고전에서 사용된 경이라는 글자는 그 자체로 이미 '경신敬愼'과 '경근敬謹'의 뜻을 지니며, 향후 '경덕敬德'의 뜻까지 포괄하게 되는 도덕적 개념으로 발전한다. 그래서 퇴계 또한 『진성학십도차進聖學十圖箚』에서 경에 대해 언급하며 "외경을 일상의 삶에서 떨어지지 않게 하면 중화위육

中和位育의 공功을 이룰 수 있다"(『退溪集』 卷7, '箚': 「進聖學十圖箚」)고 했다.

그런데 조금 색다른 주장이기는 하지만 그러한 사유방식에서 우리는 성리학의 '종교적' 의미를 연상할 수 있다. 주자와 퇴계는 이理의 형이상학을 지지하면서도 종교적 초월성을 지닌 천天의 관념을 완전히 버리지는 않았다. 다만 그들에게서 종교적 초월성은 신앙의 확신으로서가 아니라 일종의 '종교적 감수성'에 머물렀다고 할 수 있다.[37] 특히 퇴계는 중국의 신유학자들에 의해 종교적 성격이 퇴색되고 형이상학적 원리성의 의미가 강화된 이 개념에 '능동성'을 부여했다. 그는 이의 능동성의 의미를 원리적·이법적 측면에서 주로 이해했지만 만년에 이르러 고봉高峯 기대승奇大升의 지적을 받고 『대학강의大學講義』를 비롯한 고전을 다시 확인한 결과 '이' 개념의 초월성과 실재성의 측면을 확신하게 된 것이었다. 그리하여 이에 이르러 퇴계학의 중심 개념인 경은 단순히 마음을 집중한다는 소극적 의미를 넘어 '경천敬天'의 의미로까지 지평을 확장해나갔다.[38] 경을 '외경畏敬'의 의미로 해석하는 백불암 가문의 전통 또한 바로 그러한 맥락에서 해석해 볼 수 있다.

4 백불암 최흥원의 실천 수양론

1) 실천적 예론: 효제孝悌의 실천과 인인애隣人愛

백불암은 '선善'의 의미에 대해 말하기를, "선이라는 글자의 진정한

37) 찰스 푸, 「朱子學 계승자로서의 退溪哲學의 독창성」, 『퇴계학연구논총』 제9권, 경북대학교 퇴계연구소, 1997, 112쪽 참조.

38) 졸고, 「퇴계철학에서 理의 능동성 이론과 그 연원」, 『퇴계학과 유교문화』 51호, 경북대학교 퇴계연구소, 2012, 25~26쪽 참조.

뜻을 근래에 알게 되었는데, 무릇 사물을 지극히 좋은데 이르게 하는 것을 반드시 '선'이라고 일컫는다"(『百弗庵言行錄』 卷4, 「講辨」)고 했다. 즉 선의 의미를 추상적인 것이 아니라 지극히 실천적인 것으로 해석했다. 그래서 그는 "요순의 도道는 효제일 따름이다. 『논어』에서 '효'에 대해 물은 곳이 한두 곳이 아닌데, 요즘 배우는 사람들은 형체와 그림자가 없는 도리를 말하며, 봉양奉養에 대해서는 말하지 않으니 대단히 개탄스러운 일이다"(『百弗庵言行錄』 卷2, 「「墓誌銘」」)고 했다.

그래서 후인들은 말하기를, "선생의 학문은 처음 근원이 효도에 있었다"(『百弗庵言行錄』 卷4, 「學問」)고 했다. 백불암은 부친의 병환 중 대변大便을 맛보아가며 탕제湯劑를 조절한 효자였으며[39], 사後 3년만인 정조13년(1789년) 6월에 국가에서 효행을 기려 정문을 명命하기까지 했다. 백불암의 효제지도孝悌之道의 실천은 부모에게만 국한되는 것이 아니라 형제를 비롯한 일가친척에게까지 골고루 미쳤다. 나이가 들어 성가成家한 후에도 동생들과 더불어 상대하기를 즐거워하며 경서를 토론하고 의리를 강구했다. 그리고 날마다 여러 아우와 어머니를 곁에 모시고서 즐거움을 다했으며, 간혹 예禮에 의심나는 것은 서로 변론해 진수進修하는 공부가 대단히 돈독했다.[40]

백불암의 효행 사례는 『역중일기』에서 분명하게 확인된다. 기미년(1739년)의 몇 가지 기록을 인용해보자.

> 어머니께서 가슴과 배가 막혀 때때로 아파하시니 치료를 늦출 수가 없다. 그렇지만 설날은 감영 약국에서 약을 짓는 것이 매우 어려울 것 같아 어쩔 수 없이 다음날로 미루게 되니 심히 고민스럽구나(『역중일기』, 기미년, 1739년 1月 1

39) 『百弗庵言行錄』 卷1, 「年譜」 참조.

40) 『百弗庵言行錄』 卷1, 「年譜」 참조.

日).

어머니께서 병환으로 한결같이 대변이 건조해 식후에 또 약 1첩을 드리고 아울러 뜸을 떴는데 애가 타고 심히 애가 타는구나(『역중일기』, 기미년, 1739년 1월 4일).

어머니 건강은 다행히 더 심하지는 않으나 가슴과 배 사이에 아픈 증세가 여전하니 애가 다고 애가 단다(『역중일기』, 기미년, 1739년 2월 6일).

어머니께서 평안치 않으시고 눈병이 여전하시니 애가 타고 애가 탄다(『역중일기』, 기미년, 1739년 5月 21日).

어머니 병환이 더하지 않으니 지극히 다행스럽고도 지극히 다행스럽다(『역중일기』, 기미년, 1739년 12월 26일).

백불암은 성인이 된 후 거의 평생 일기를 썼다. 그가 처음 책력을 모은 것은 정미년(1727년)이지만 정사년(1737년)부터 본격적으로 매일 기록했다. 그런데 1737년부터 모친이 작고한 1765년까지의 일기에서 거의 매일 어머니 병환을 염려하고 구체적으로 어떻게 병구완을 했는지가 소상하게 기록되어 있다. 위에서 인용한 일기는 그중 일부이다. 부친의 병환 중 대변을 맛보아가며 탕제를 조절했다는 일화[41]는 위 기록을 통해 꾸민 이야기가 아님을 알 수 있다. 그것은 바로 정성을 다해 효를 실천한 백불암의 생활 자체였다. 그러한 삶은 후손에게도 그대로 이어졌다.

백불암은 다른 사람들과 더불어 고서古書에 대해 논쟁을 벌일 때 자기

41) 『百弗庵言行錄』 卷1, 「年譜」: 十一年乙卯, 7月 條 참조.

견해를 먼저 내세우지 않고 상대가 다 말하기를 기다린 이후 자기 뜻을 밝혔다.[42] 그리고 다른 사람이 질문하면 반드시 얼마동안 신중히 생각하고 나서 대답했다.[43] 그러한 태도는 대산과 더불어 예설禮說을 강론할 때 더욱 그러했으니, 그는 비록 아는 것이더라도 스스로 "이미 안다"고 말하지 않았으며, 그리고 알지 못하는 것은 곧 바로 "알지 못한다"고 말했다.[44] 그러한 예화에서 타인을 대하는 백불암의 인품과 도량을 충분히 짐작할 수 있다.

백불암의 서신에서 가장 많이 찾아볼 수 있는 것이 바로 예론이다. 그가 비록 논쟁적인 사람이 아니었더라도 유독 예에 관해서는 자기 의견을 비교적 소상하게 밝히고 또한 타인의 견해를 반박하기까지 했다. 그것은 그가 살아간 시대적 배경이 '예학적 성리학의 시대' 말미였다는 점 그리고 예의 본질이 '실천'에 있기 때문에 실천적·윤리적 성리학의 세계관을 강하게 지녔던 백불암의 관심을 끌게 되었다는 점에서 이유를 찾을 수 있다. 그런데 문제는, 당시의 예론의 상당수가 실천적 지반을 상실하고 그야말로 예의 형식이 인간의 실질을 구속하는 본말전도의 상황에 이른 것이었다.

그렇다면 백불암의 경우는 어떠했을까? 그는 어머니 장지를 정하는 과정에서 마을 사람들과 송사가 일어나자 "사람을 상傷하게 하면서까지 그 땅에 장례를 치르는 것은 [돌아가신 분을] 편하게 모시는 도리가 아니다"(『百弗庵言行錄』 卷1, 「年譜」)라면서 처음 정한 장지를 버리고 다른 곳에 묘소를 정했다. 이 예화는 백불암이 무엇보다도 인간을 소중히 여긴 인도주의적 사상가였음을 웅변적으로 말해주며, 또한 그의 예론이 이론만을 위한 이론이 아니라 진정 남을 배려하며 더불어 살아가는 지혜에 바탕한

42) 『百弗庵言行錄』 卷4, 「講辨」 참조.
43) 『百弗庵言行錄』 卷4, 「講辨」 참조.
44) 『百弗庵言行錄』 卷4, 「訓學」 참조.

실천적 예론이었음을 알려준다.

2) 유가적 이상사회 건설을 위한 향약 시행

백불암 가문의 효제와 친친애의 실천은 향촌사회로 확장되었는데, 향약(동약洞約)의 시행이 바로 그것이었다. 주지하다시피 향약은 1076년에 중국 섬서성의 학자 여대균呂大鈞, 대충大忠, 대방大防, 대림大臨 4형제가 향약을 조직하고 규약을 기술한 것이 시초였다. 원래 『향약』 1권, 『향의鄕儀』 1권으로 책을 이루었으나 후일 주희가 이를 수정해 『주자증손여씨향약朱子增損呂氏鄕約』을 완성했는데, 주된 강목은 '좋은 일은 서로 권장한다德業相勸', '잘못은 서로 고쳐준다過失相規', '사람을 사귈 때는 서로 예의를 지킨다禮俗相交', '어려움을 당하면 서로 돕는다患難相恤'는 것으로 유가적 이상사회 건설을 꿈꾸는 향촌사회의 실천 규약이었다.

백불암 가문을 대상으로 한 선행 연구에서 가장 초기적인 연구는 '부인동夫仁洞동약'에 대한 역사학계의 성과물이었다. 백불암은 효제를 중심으로 한 궁행실천躬行實踐의 삶을 살아간 학자였는데, 그는 그러한 삶을 향촌사회에도 실현하고자 애썼다. 백불암이 구체화하고 이후 100년이 넘도록 실시되어온 '부인동동약'은 다음 두 가지 점에서 의의가 있다. 우선, 조선조에 시행된 대부분의 향약이 조목만 전해질 뿐 실제 시행 기록이 자세하지 않은 데 반해 '부인동동약'은 선공고와 휼빈고 제도라는 구체적 제도와 결부되어 실제로 시행된 기록이 풍부하다. 다음으로 '부인동동약'은 백불암 당대뿐만 아니라 후손이 이어가며 100년이 넘도록 시행했기 때문에 연구사적 의의가 크다.[45] '부인동동약'은 시행 당시 이미 향약의 좋은 사례로 지목되며 지방관으로부터 칭찬받고 부세 감면조치를 받기도 했으

45) 정진영, 「조선후기 향약의 一 硏究: 夫仁洞 洞約을 중심으로」(『민족문화논총』 2, 3합집, 영남대학교민족문화연구소, 1982)에 관련 논의가 자세히 수록되어 있다.

며, 심지어는 사창법社倉法의 시행에 대해 조정에서 임금과 신하가 논의하는 과정에서 좋은 사례로 언급되기도 했다.46)

그런데 역사학계의 연구 중에는 동계와 동약을 사족의 촌락 지배 장치로 보고, 따라서 동계의 근본 목적이 이소능장以少凌長, 계급능이階級凌夷, 이천능귀以賤凌貴에 대한 보다 적극적인 대응, 즉 상하 신분질서의 확립에 있다고 보기도 한다. 그리고 그러한 시각에서 볼 때 동계와 동약에 대한 동민들의 저항 또한 결국 사족의 촌락 지배가 해체되어 가는 과정으로 해석될 수 있다.47) '부인동동약'도 그러한 관점에서 바라볼 수 있다. 실제로 백불암 사후 그의 손자 최식에 의해 동약이 운영되면서 공전公田에 대한 분쟁이 일어나고, 그로 인한 갈등이 결국 소송으로까지 이어지게 되었다. 그렇지만 우리는 여기서 백불암 가문이 주체가 되어 시행한 향약(동약)의 의의를 유가적 도덕사회 건설이라는 본래 의미에서 해석해보고자 한다. 그리고 한 걸음 더 나아가 그러한 치용致用의 학문 경향이 대구와 주변 지역의 특색 있는 학풍으로 보고자 한다.

처음 향약을 실행한 여씨 4형제는 모두 관중關中(섬서성) 출신이고, 이 지역 출신의 저명한 학자인 장재張載(1020~1077년)의 제자들이었다. 그런데 당시 중국의 지식인들은 관중 지역 학자들은 실용과 실천의 학문에 치중하고 있는 것으로 여겼는데, 이 점은 장재가 이정에게 보낸 답신에서 잘 드러난다.

> 당신[이정]들이 내게 말하기를, "관중의 선비들은 학문을 하면 정치에 이르게 되고, 정치를 논하면 예악과 병형兵刑의 학學에 이르게 되나니 무릇 선학이라고 할 만하다"라고 했다. 진실로 그러한 것 같다. 관중의 선비들은 뜻은 크되 명예

46) 『朝鮮王朝實錄』, 正祖 48卷, 22年(1798年 戊吾) 6月 3日(乙未) 첫 번째 기사 참조.
47) 정진영, 『조선시대 향촌사회사』, 한길사, 1988, 381쪽, 399쪽 참조.

를 위하지 않으며 또한 학문을 하되 실용을 귀하게 여긴다(『二程粹言』 卷1, 「論學篇」).

즉 낙양 출신의 이정은 장재를 비롯한 관중 지역 학자들이 실용과 실천의 학문에 치중한다고 평가했던 것이다. 그러한 전통으로 인해 장재는 '이학理學'에 비해 보다 현실적이고 실천적인 경향을 갖는 '기학氣學'에 주목했으며, 장재의 제자인 여씨 형제 또한 농촌사회의 실천적 자치 규약인 향약을 만들어 보급했던 것이다. 그런데 대구와 인근 지역 유학자 상당수가 장재의 기학에 관심을 두고[48] 여씨 형제의 향약을 지역 사회에 실현하고자 애썼다. 그러한 사실들을 통해 우리는 관중의 실학적 경향이 대구 지역 유학의 특색과 상당 부분 일치한다는 점을 의미 있게 살펴볼 수 있다. 주목되는 몇 가지 사례를 확인해보자.

향약 시행과 관련해 고령 지역의 유학자 김수옹金守雍(1513~1559년)이 우선 주목된다. 그는 『소학』을 읽으며 쇄소응대灑掃應對의 가르침으로 향촌사회의 질서를 유지하려고 했으며, '남전여씨향약지의藍田呂氏鄕約之義'라는 10여조의 향약을 제정해 상호부조를 통해 향풍鄕風을 쇄신하고자 했다.[49] 그리고 그러한 향약의 전통은 조선후기 이 지역의 유학자 오경정吳慶鼎에게서도 확인된다. 그는 죽유竹牖 오운吳澐(1540~1617년)의 후손으로 1822년에 '매촌동약梅村洞約'을 제정해 동민의 경제적 안정을 도모했다. 특히 이 동약에는 부세의 공동 납부와 환난에 대한 상호부조가 자세하게 기록되어 있어 실용성에 바탕한 이 지역의 실천 정신이 구체적으로

48) 졸고, 「조선 중기 고령유학의 특징: 회통성, 개방성, 실천성을 중심으로 하여」, 『동양사회사상』 18집, 2008, 190~194쪽 참조.
49) 정우락, 「江岸學을 통해 본 고령유학과 그 특징」, 『고령문화사대계』2(사상편), 대가야박물관, 경북대퇴계연구소, 2008, 233~234쪽 참조.

드러나 있다. '매촌동약'은 이전의 향약에 비해 교화와 관련한 내용은 소략해지고 일상생활에 직접 도움을 주는 방향으로 개선된 내용을 포함하고 있다.50)

그런데 '부인동동약'은 백불암이 처음 설립한 것은 아니었다. 백불암의 5대조인 최동집도 "부인동민51)과 더불어 계를 만들어 규약을 세우고 그들에게 효제충신孝悌忠信을 가르쳐 수백 년이 지나도록 순후한 풍속이 남아 있었다."52) 즉 부인동의 부재지주였던 백불암은 동민과 상의해 전해 내려오던 동계를 중수한 것이었다. 이것은 단순한 옛 규칙의 복구만이 아니라 선공고와 휼빈고를 설치해 선공고에서는 전세를 대납했고, 휼빈고를 통해서는 땅이 없는 사람에게 토지를 지급하는 등 한층 더 발전된 동약이었다.53) 백불암이 주도한 '부인동동약' 또한 '여씨향약'을 기초로 했지만 시대적 요구를 담아낸 흔적이 뚜렷하다. 백불암이 남긴 『역중일기』에는 처음 동약을 시행하던 장면이 생생하게 기록되어 있다.

> 일찍이 아침을 먹고 동사洞舍에 나와서 동네사람들로 하여금 동서로 나누어 뜰 밑에 앉게 했다. 먼저 서기를 정해 '남전여씨향약藍田呂氏鄕約'을 베끼게 한 후 이를 대략 수정해 동약으로 삼았다. 일가 사람 최경순崔慶淳을 동약직洞約直으로 세우고 하인 중 배자운裵自雲을 동약소洞約所 이정里正으로 삼았으며 박신특朴信特을 동약소 전곡典穀으로 임명했다. 그런 후에 약조約條를 언문諺文으로 해석하게 해 하인들에게 내용을 설명해주고 '옛것을 개혁하고 새것을 따르라革舊從新'는 뜻을 거듭 깨우쳐주니 마을사람들이 모두 엎드려 들은 후에 "감히 시키는

50) 우인수, 「고령 매촌동약의 특징과 동민의 결속」, 『고령문화사대계』 1(역사편), 대가야박물관, 경북대퇴계연구소, 2008, 49쪽 참조.

51) 백불암 시대에는 '부인동夫仁洞'이라고 했다.

52) 『臺巖集』 卷4, 附錄: 「家狀」.

53) 정진영, 『조선시대 향촌사회사』, 456쪽 참조.

대로 하겠습니다"라고 대답했다. 날이 저물게 되어 행사를 마쳤는데, 서기는 박봉래朴鳳來이다(『역중일기』, 기미년, 1739년 2월 26일).

최소한 100년 넘게 유지되어온 백불암 가문의 동약을 조선 후기의 역사 발전 단계나 사회경제사적 변천 과정에서 고찰할 때 계층 갈등이나 충돌이 크게 주목될 수밖에 없다. 하지만 향약의 시행을 단순히 계층 갈등의 틀로만 해석해서는 곤란하다. 근대적 의식을 갖고 적서嫡庶의 신분 차별이나 남녀 차별 같은 문제를 재단하게 될 때 그러한 비판에서 자유로울 수 있는 전통 사상은 거의 없다. 백불암 가문의 향약 시행 이면에 적어도 유가적 도덕사회 건설이라는 이념이 작동하고 있음을 고려해야 한다. 백불암의 『역중일기』는 수시로 규약을 맺은 동민의 도덕적 문제를 거론하고 있다.

약정[부인동 향약의 직책]으로 있는 이초행李楚行이 찾아와 만나보았다. 그가 이전에 서숙庶叔을 욕보인 일이 있어 매우 나무라고 돌려보냈다(『역중일기』, 정사년, 1737년 윤9월 25일).

이정 배자운이 동네 안에 효자, 열녀 및 불효한 사람과 화목하지 못한 사람 명단을 각각 기록해 만들어서 올렸다. 이들을 동약에 따라 상과 벌을 주고 이어서 동약 여덟 조를 읽고 난 뒤에 술을 돌리고 행사를 마쳤다(『역중일기』, 신유년, 1741년 9월 9일).

식사 후에 강회를 여니 동네사람 임봉래林鳳來의 외숙모가 진정서를 올리고 그의 조카 김만갑金萬甲의 불효하고 불순한 죄를 고했다. 이것은 윤리강상倫理綱常에 관계되는 것인지라 사유를 갖추어 관청에 보고하고 아울러 동약책洞約冊을 함께 바쳤다(『역중일기』, 경오년, 1750년 10월 14일).

백불암은 특히 동약의 집행을 맡은 집사들의 모범된 처신을 바랐다. 그는 다른 사람 앞에 서는 그들이 무엇보다 수신이 되어야 한다고 보았으며, 그러한 바탕 위에서 다른 사람을 통솔할 수 있기를 바랐다.

> 부인동약 이정 박세룡朴世龍이 부랑하고 패악함으로 이금세李今世로 바꾸고 그로 하여금 동약을 살피도록 하고 [다른 사람과] 더불어 휼빈고를 설치하는 일을 시켰다. 그런데 그 위의 자리에는 내 몸을 바르게 해 이끌어 거느릴 사람이 없으니 어찌할까, 어찌할까?(『역중일기』, 기축년, 1769년 윤5월 15일).

백불암의 그러한 생각을 증손인 지헌 최효술이 계승했다. 일찍이 어사 박규수가 지헌을 칭찬하는 글을 임금께 올렸는데, "유학 최효술은 일찍이 과거공부를 포기하고 경학을 공부했는데, 신기하거나 특이한 의론議論은 없으나 독실하게 실천한 행적은 있습니다. 그의 증조부 고 익찬翊贊 흥원은 향촌에 살면서 향약을 만들어 실행한 경륜이 있었으며, 효술은 선대의 기업을 이어받고 지켰으며 옛 규범을 따라 잘 행했기에 촌민이 많이 의지했습니다"(『止軒集』 卷15, 附錄: 「行狀」)라고 했다. 한마디로 지헌의 학문적 이론은 특이한 점이 없으나 행실에서는 독실하게 실천한 바가 있다는 것이다. 지헌도 백불암과 마찬가지로 향약 설정의 근본 의도를 '도덕적 교화'에 두었다.

지헌 당시에도 부인동에 선악을 기록한 장부와 상벌을 가리는 규정이 있었는데, 어느 동유사洞有司가 찾아와 착한 일을 기록한 장부에 등재된 두 사람과 악한 장부에 기록된 한 사람을 적절하게 처리해 달라고 하니, 지헌이 말하기를 "착한 일을 한 두 사람에게는 술과 고기를 주어 선행을 드러내는 뜻을 보이라. 그리고 악한 일을 한 사람은 당연히 처벌해야 하지만 착한 두 사람의 이야기를 듣고 반드시 스스로 부끄러워해 뉘우치게 될 것이니 [별도로 벌을 주지 말아라]. 만일 그러고도 끝내 고치지 않는다면 뒤에 처벌해도 늦지 않을 것이다"(『止軒集』 卷15, 附錄: 「行狀」)고 했다. 이 일화는 지헌이 의도하는 향약(동약)의 궁극적 의도가 악인을 계도해 선으로 이끌며 유가적 이상사회를 이루는 데 있음을 여실히 보여준다.

백불암의 『역중일기』에는 소를 잡고 잔치를 하며 마을사람 모두가 더불어 즐기는 장면이 나온다.

> 동네 어른과 젊은이가 모두 모여 강의를 하고 마친 후 선공고 곡물을 정리했다. 그러고 나서 관청에 부탁해 소 한 마리를 잡고 하루 잔치를 베풀었으며 또 얼마간의 술과 음식이 있어 동네사람 모두가 마음껏 취하고 배부르게 되니 이것이 바로 '동약의 효과洞約之效'구나(『역중일기』, 을해년, 1755년 11월 9일).

여기서 백불암은 온 마을사람과 더불어 잔치를 하며 즐기면서 그것이야말로 동약을 함께하는 효과라고 만족스러워 하고 있다. 이는 백불암이 진심으로 의도하는 향약(동약)의 목적이 어디 있는지를 분명하게 보여준다.

5 백불암 최흥원의 주요 문인

18세기 중엽에 대구 지역은 백불암의 학문적 영향력이 크게 미친 곳이었다. 당시 대구 지역 대부분의 학자가 백불암의 직간접적 제자였다. 여기서는 그러한 인물 중 일정한 학문적 성과와 현실 속에서 뚜렷한 문제의식을 보여준 인물을 중심으로 그들의 사상과 실천지향적 삶을 분석해보고

자 한다.[54)]

1) 조덕신曺德臣(1722~1791년)

본관은 창녕, 자는 직부直夫, 호는 둔암遯庵 혹은 일사정一絲亭이다. 영천에 거주했다. 그는 지산芝山 조호익曺好益의 후손으로 일찍이 이광정, 임필대任必大 등과 어울려 팔공산 절에서 강론하기도 했다. 백불암이 조덕신에게 보낸 글 1편이 『백불암집』에 실려 있는데, 그것은 백불암이 당시 산에 있던 조덕신에게 안부를 전하고 공부를 격려하기 위해 보낸 것이었다.[55)]

6권 3책으로 이루어진 문집 『둔암집』이 남아 있다. 그중 「선후천설先後天說」과 「대역통지大易通旨」, 「혼고시천역변混古始天易辨」은 『주역』에 대해 논한 것이며, 「사물설四勿說」은 『논어』에 나오는 '사물잠四勿箴'에 대한 해석이다. 그리고 「사칠문답四七問答」은 이상정과 사단칠정에 관해 문답한 것이고, 「지자설智字說」은 인의예지 중 '지'에 대해 풀이한 것이다. 그리고 「독서차록讀書箚錄」은 『주역』, 『서전』, 『논어』, 『맹자』, 『대학』, 『중용』 등의 주요 구절을 해석한 것이다.[56)] 조덕신은 백불암의 제자 중

54) 최흥원의 '급문록及門錄'에는 모두 123명의 문인이 등재되어 있다. 거주지별로 살펴보면, 최흥원의 주 활동 무대인 대구 부인동이 35명으로 가장 많고, 안동 21명, 칠곡 13명, 기타 대구 지역 12명, 밀양 8명 등이었다(『百弗庵言行錄』 卷7, 「及門錄」). 이를 통해 알 수 있는 사실은, 그의 문인 대부분이 부인동과 인근 대구, 칠곡에서 급문했다는 점이다. 안동 지역이 특히 많은 것은 최흥원의 외우였던 대산 이상정의 자질子姪들이 급문했기 때문이다. 최흥원의 문인 중에는 부자, 형제, 숙질이 함께 급문하는 경우가 많았으며, 특히 최흥원 본인의 일가친척이 많았다. 그런데 123명의 제자 중 문집을 남긴 자가 무려 48명이었음에 반해 문과 급제자가 9명, 무과 급제자가 3명에 지나지 않으며 이들 또한 하위직에 그쳤던 사실이 이채롭다. 이것은 영남남인이 홀대받던 시대적 배경이 주된 원인이겠지만 최흥원 자신이 과거를 위한 공부에 비판적이었고 또한 그러한 영향이 제자에게까지 전해진 결과로도 보인다(『百弗庵言行錄』 卷7, 「及門錄」 참조).

55) 『百弗庵集』 卷4, '書': 「答曺直夫」 참조.

56) 조덕신의 성리학적 사유를 짐작할 수 있는 저작은 주로 『둔암집遯庵集』의 '잡저'에 실려

비교적 순수 사변적 논의에 밝았던 학자였다.

2) 이경록李經祿(1736~1804년)

본관은 벽진, 자는 중수仲綏, 호는 파강巴江이다. 그는 완석정浣石亭 이언영李彦英의 후손으로 백불암의 제자이자 사위이기도 했다. 그의 아들인 이도李鍍와 이섭李鈔 또한 외조부인 백불암의 문인으로 올라 있으며, 특히 이도는 백불암의 임종을 지키며 「고종일기考終日記」를 쓰기도 했다. 이경록은 평생 칠곡에서 학문 연구와 후학 양성에 힘썼다.

정종로鄭宗魯가 찬한 「묘지명」에 따르면, 어릴 때부터 풍완중후豐完重厚하고 힘이 있어 처음에는 제대로 교육시키지 못할 것 같았으나 백불암의 사위가 되면서 배움에 힘썼다고 한다. 그리고 부모에게 극진히 효도했으며 형제와 우애가 돈독했는데, 자질子姪을 가르칠 때 오직 효제의 도리로써 우선을 삼았으며 다음에 학문에 힘쓰게 했다고 한다. 그러한 점은 바로 장인이자 스승인 백불암의 근본 가르침과도 상통하는 것이었다.

6권 3책으로 된 『파강집巴江集』이 있는데, 비교적 성리학적인 논술이 풍부하다. 「답정사앙答鄭士仰」에서는 성리학적 입장에서 귀신의 이치를 밝히고 있다. 즉 귀신설에 대해 황당무계함을 비판하고 성리학적 입장에서 귀신의 이치를 밝혀 제사에서의 귀신의 흠격歆格을 논하고 있다.[57] 그리고 「증변최사교심시기변조增辨崔士敎心是氣辨條」에서는 심心을 단지 기氣라고 하는 최사교崔士敎[최흥학崔興學]의 주장을 반론해하면서 심은 이와 기가 합쳐진 것이고, 성性과 정情이 통합된 것임을 논증하고 있다. 그리고 심이 몸의 주인이며 만사를 관리하는 것이라고 논리적으로 변론했다.[58]

있는데, 그중 「先後天說」, 「智字說」, 「四勿說」, 「四七問答」, 「大易通旨」, 「混古始天易辨」은 卷4, '잡저'에 실려 있고, 「讀書箚錄」은 卷5, '잡저'에 수록되어 있다.

57) 『巴江集』 卷1, '書': 「答鄭士仰」 참조.

그리고 「우변이기조又辨理氣條」에서는 이와 기 그리고 형이상과 형이하의 관계에 대해 논하고 있다. 즉 "화化의 뜻이 신묘해 헤아리기 어렵다"는 주장에 대한 반론으로, 화는 기의 화로서 형이하이며, 신묘불측神妙不測은 이로서 형이상임을 밝히고 있다.59)

이경록의 문집인 『파강집』에는 백불암에게 보낸 편지가 총 5편 수록되어 있으며, 또한 이상정에게 보낸 편지가 1편 수록되어 있다.60) 『백불암문집』에는 백불암이 이경록에게 보낸 서신 총22편이 수록되어 있다.61) 그리고 이경록은 백불암의 제문을 무려 3편이나 쓰기도 했다.62) 그러한 점을 살펴볼 때 이경록이 백불암의 문인 중에서도 대단히 비중 있는 인물이었음을 짐작할 수 있다.

백불암은 이경록이 자질구레한 예절일망정 용감하게 고쳤다는 편지를 받고 자신도 모르게 공경심이 일어난다고 극찬하며63) 또한 이경록이 "비로소 제의祭儀의 정미精微함을 믿게 되었다"고 한 것을 강조해, 순舜임금의 학문도 여기서 말미암아 이르지 않을 것이 없다고 했다.64) 그리고 백불암은 외손이자 이경록의 아들인 재현再賢[이도李鍍의 아명兒名]의 관례冠禮에 대해 비상한 관심을 표명하며, 가례家禮의 「관의장冠儀章」의 글을 거듭거듭 해석해서 외우고 익히도록 할 것을 당부하기도 했다.65) 그리고 백불암 본인이 근래 들어 제사의 지극히 오묘하고 지극히 은미하면서도 참으로 절실하고 명백함을 깨닫게 되었다고 말하고 있다.66) 그리고 상주喪

58) 『巴江集』 卷3, '雜著': 「增辨崔士敎心是氣辨條」 参조.
59) 『巴江集』 卷3, '雜著': 「又辨理氣條」 参조.
60) 『巴江集』 卷1, '書' 参조.
61) 『百弗庵集』 卷4, '書' 参조.
62) 『巴江集』 卷4, '祭文' 参조.
63) 『百弗庵集』 卷4, '書', 「答李仲綏」(壬辰年) 参조.
64) 『百弗庵集』 卷4, '書', 「答李仲綏」(甲吾年) 参조.
65) 『百弗庵集』 卷4, '書', 「與李仲綏」(乙未年) 参조.

主로 하여금 예서禮書를 읽게 해 정성을 지극히 하도록 하라고 말하고 있다.[67] 당시의 시대 사조가 '예학'이었던 만큼 백불암이 제자들에게 가장 강조한 가르침 또한 예에 관한 것이었다. 그러나 백불암은 예의 세미한 절차나 절목보다는 본래의 정신과 의의를 강조했다.

그리고 백불암은 『논어』를 일과로 정해 읽으면서 조금이라도 게으르고 나태함이 없게 할 것을 강조했으며[68] 또한 사서를 일과로 정해 읽어 기필코 암송할 수 있도록 하고, 아울러 『주서절요』와 『연평답문延平答問』을 참고해 잠자리에서 생각하고 풀어내 활연히 터득하도록 마음 쓰기를 권유했다.[69] 이를 통해 우리는 백불암이 제자들에게 사서를 강조했으며, 특히 정주이학 계열의 학자의 저작 중에서도 퇴계학파가 강조한 저작을 체계적으로 읽으라고 권유한 사실을 알 수 있다.

3) 이동항李東沆(1736~1804년)

본관은 광주廣州, 자는 성재聖哉, 호는 지암遲菴이다. 6권 3책으로 된 『지암집』이 남아 있다. 그는 칠곡[칠계]에 거주했다.

문집 중 눈여겨 볼만한 것으로는 다음 것이 있다. 우선 소疏 중 「청한강여헌양선생승무소請寒岡旅軒兩先生陞廡疏」는 그의 학문적 연원을 고찰할 수 있는 중요한 자료이다. 그는 이 글에서 정구와 장현광이 선현의 정맥正脈을 이어받아 지난 시절의 성인을 계승하고, 후학을 개도開導한 공이 컸음을 찬양하며, 그들을 문묘에 승무陞廡시킬 것을 소청하고 있다.[70] 이 글을 통해 볼 때, 18세기 당시 성리학계에 강한 영향을 끼친 학자가 바로

66) 『百弗庵集』 卷4, '書', 「答李仲綏」(戊戌年) 참조.
67) 『百弗庵集』 卷4, '書', 「與李仲綏」(辛丑年) 참조.
68) 『百弗庵集』 卷4, '書', 「與李仲綏」(乙未年) 참조.
69) 『百弗庵集』 卷4, '書', 「答李仲綏」(庚子年) 참조.
70) 『遲菴集』 卷3, '疏': 「請寒岡旅軒兩先生陞廡疏」 참조.

정구와 장현광이었음을 알 수 있다. 양인의 학풍을 미루어볼 때 당시 대구 지역 성리학계의 분위기가 외적으로는 시대 분위기로 인해 퇴계 학풍을 존숭했지만 내적으로는 나름의 독특한 색채를 띠고 있었음을 짐작할 수 있다.

이동항의 글 중 또한 특기할 만한 것으로 「답안정첨答安靜瞻」이 있다.71) 그는 이 글에서 나름의 독서법을 밝히고 있다. 즉 『논어』와 『시경』을 먼저 읽은 다음 장자莊子, 사마천司馬遷, 좌씨左氏, 한유韓愈, 유종원柳宗元 등의 글을 읽어야 문장 수업이 제대로 된다고 하고, 글을 짓는 데서는 사화詞華보다는 의리 정신이 중요함을 강조하고 있다. 여기서 특이한 것으로는 무엇보다도 장자의 글을 거론하고 있는 점이다. 『장자』는 당시 퇴계의 후학들에 의해 강하게 비판받으며 유자가 읽어서는 안 될 책으로 평가받고 있었다. 그런데 비록 『논어』와 『시경』 같은 유가류 서책을 먼저 읽으라고 권하기는 하지만 『장자』 또한 독서할 내용에 당당히 올려놓은 것은 분명 특기할 만하다. 이것은 분명 남명의 학풍을 연상하게 한다. 비록 시대적 배경이 남명학을 공식적으로 언급할 분위기는 아니었지만 분명 이 지역에 은근하게 지속적으로 남명학풍의 영향이 존재한 사실의 방증이 아닐까 한다.

그리고 그는 여행기에 능해 각종 기록물을 남겼는데, 「방장유록方丈遊錄」, 「해산록海山錄」, 「풍악총론楓嶽總論」, 「유속리산기遊俗離山記」, 「삼동산수기三洞山水記」 등이 사례이다.72) 이것은 당시 지식인 사회의 풍속도와 실천지향적인 그의 삶을 살펴보기에 좋은 자료이다. 그것 또한 「유두류록游頭流錄」을 지은 남명의 학풍을 연상케 한다. 특히 백불암 문하의

71) 『遲菴集』 卷3, '書': 「答安靜瞻」 참조.

72) 『지암집』 권3 '잡저'에 「방장유록」, 권4 '잡저'에 「해산록」, 「풍악총론」, 권5 '기'에 「유속리산기」, 「삼동산수기」가 실려 있다.

제자들이 그러한 여행기를 종종 남기고 있는 점을 유의해볼 필요가 있다. 이경록의 경우도 남해안 일대를 유람하면서 그곳의 승경勝景과 여정旅情을 기행문 형식으로 상세히 기록한 「남행록南行錄」이라는 글을 남긴 바 있다.

4) 최흥립崔興岦(1736~1809년)

본관은 경주, 자는 산보山甫, 호는 천옹喘翁이며, 백불암의 족제族弟이다. 3권 1책으로 된 『천옹집』이 있다.

문집 중 특기할 만한 것으로는, 시 중 「성학십도聖學十圖」가 있다.[73] 이것은 퇴계의 『성학십도』의 이치를 읊은 것인데, 특히 제6도 '심통성정도心統性情圖'에 관해서는 상중하 3편으로 나누어 강조함으로써 '성학십도'의 중심이 '심통성정도'임을 분명히 하고 있다. 그리고 '잡저' 중 첫 편의 글인 「중용차기中庸箚記」는 『중용』의 성性과 도道 및 인심人心 등의 개념에 대해 자기의 철학적 견해를 밝힌 수준 높은 글이다.[74] 그는 학문 연마에서 특히 경敬 공부에 힘썼으며, 마음의 수양을 강조했다.

5) 이동급李東汲(1738~1811년)

본관은 광주廣州, 자는 진여進汝, 호는 만각재晩覺齋이다. 이동항의 아우이며, 백불암과 이상정 모두에게서 배웠고, 정종로鄭宗魯 등과 친분 관계를 맺었다. 6권 3책으로 된 『만각재집』이 있다.

이동급의 문집에서는 특히 성리학설과 관련한 이론적 연구를 많이 찾아볼 수 있다. 잡저의 「하락설河洛說」은 하도河圖와 낙서洛書에 대해 해설한 것으로, 그 수리數理를 선유의 학설을 참고해 자기 견해를 역설한 철학

73) 『喘翁集』 卷1, '詩': 「聖學十圖」 참조.

74) 『喘翁集』 卷2, '雜著': 「中庸箚記」 참조.

론이다.[75] 그리고 「무극태극설無極太極說」은 태극의 맨 처음 상태인 무극과 우주만물이 생긴 근원이라고 보는 본체인 태극에 대한 설명이다. 태극은 이가 기의 주가 되고 세상만물이 생기는 본원이 되는 것이다. 그러므로 사람들이 온갖 강물에 비치는 달이 다만 하늘에 떠 있는 달 하나뿐이라는 이치를 터득하게 되면 천지인 삼재三才에 참여해 천지의 화육化育을 도울 수 있다고 주장하고 있다.[76] 「척사문답斥邪問答」은 천주교리를 문답식으로 열거하고 비판한 것이다. 신라 이후 고려 때까지 불교가 성행한 과정과 조선에 들어오면서 유교가 성행하다가 점차 퇴폐함에 따라 천주교가 침입하게 되었음을 지적하고, 유학을 적극적으로 다시 진흥시킬 것을 강조하고 있다.[77] 그리고 「향약절목鄕約節目」은 성주 지방 향약으로, 지방자치제의 덕화德化 및 상호협조 등의 활성화를 추진하고 있다.[78]

6) 정위鄭煒(1740~1811년)

본관은 청주, 자는 휘조輝祖, 호는 지애芝厓이며, 정구의 후손으로서 주로 성주에 거주했다. 7권 4책으로 된 『지애집』이 있다. 문집의 서문은 퇴계학의 적통을 이은 것으로 평가받는 안동 지역의 학자 유치명柳致明이 썼다.

정위는 퇴계의 이기호발설理氣互發說을 지지했고, 예학을 깊이 연구했다. 그래서 스승 이상정이 『주자가례』 중 어려운 낱말을 골라 주석을 달다가 마치지 못한 『가례휘통家禮彙通』을 마무리해 간행하기도 했다.[79] 별지別紙와 문목問目은 경전에 대한 질의와 예설禮說, 이기설에 관한 문답

75) 『晩覺齋集』 卷3, '雜著': 「河洛說」 참조.
76) 『晩覺齋集』 卷3, '雜著': 「無極太極說」 참조.
77) 『晩覺齋集』 卷3, '雜著': 「斥邪問答」 참조.
78) 『晩覺齋集』 卷3, '雜著': 「鄕約節目」 참조.
79) 『晩覺齋集』 卷4, '序': 「家禮彙通」 참조.

으로 되어 있다. '잡저' 중 「독유이제군규장각강의讀柳李諸君奎章閣講義」는 규장각에서 강의한 내용을 읽고 소감을 적은 것으로, 사단칠정과 이기설의 강의 중 자기 의견과 맞지 않은 점을 지적하고 보충했는데, 퇴계의 이기호발설을 근거로 해 설명하고 있다.[80] 「심경발휘고이心經發揮考異」는 선조인 한강 정구가 지은 『심경발휘心經發揮』의 내용 중 자기의 의사와 다른 부분을 골라 해석하고 선유들의 말을 인용해 자기 해석의 방증 자료로 삼고 있다.[81] 이 책은 『심경』 연구에 귀중한 자료이다. 그리고 『백불암문집』에는 정위가 지은 제문이 한 편 실려 있다.

7) 박광석朴光錫(1764~1845년)

본관은 순천, 자는 중익仲翼, 호는 노포老圃이며, 대구 출신이다. 아버지인 박성수朴聖洙 또한 백불암의 문인이었다. 박광석은 백불암의 제자 중 보기 드물게 과거시험을 통해 관직에 등용해 오랫동안 정치에 직접 참여했다. 1795년에 문과에 병과로 급제해, 이후 남포현감藍浦縣監, 부교리副校理, 동부승지, 호조참의, 안변부사安邊府使, 한성부우윤漢城府右尹, 부총관동지의금부경연특진관副摠管同知義禁府經筵特進官 등을 역임했다. 그는 남포현감으로 있을 때 선세船稅가 과중해 백성이 곤경에 빠져 있음을 알고 조정에 건의해 시정토록 했다. 그리고 안변부사로 있을 때도 송사를 공정하게 처리하는 등 선정을 베풀었다.

3권 3책으로 된 『노포집』이 있다. 그중 1819년(순조 19, 기묘년)에 올린 '소疏'는 천주교 신봉의 묵인을 주장했다가 관직이 추탈된 채제공蔡濟恭(1720~1799년)의 신원을 주장하는 내용이며[82] 1822년(순조 22년, 임

80) 『晩覺齋集』 卷4, '雜著': 「讀柳李諸君奎章閣講義」 참조.

81) 『晩覺齋集』 卷4, '雜著': 「心經發揮考異」 참조.

82) 『老圃集』 卷1, '疏': 「玉堂再召在途乞遞仍請伸理蔡相國疏」 참조.

오년)에 올린 '소'는 당시 삼정三政의 문란을 지적하고 시정책을 건의한 것이었다.[83] 또한 조선漕船에 대한 개선책을 건의한 상소문에서는, 선박을 수리할 때 선주船主들이 해송海松을 허가한 수량 이상으로 남벌해 배를 건조하는 데 사용하지 않고 다른 곳에 팔아 이익을 취하고, 낡은 배를 수리해 취항시키기 때문에 사고가 빈발하니, 배를 수리하거나 새로 만들 때 감독을 철저히 하고 기한 내에 파손되는 배의 선주를 조사해 엄벌에 처해야 한다고 주장하고 있다.[84] 그러한 부분에서 박광석의 철저한 현실의식을 읽어낼 수 있다. 그는 정치에 참여해 막연한 성리학적·도학적 명분 정치에만 가담한 것이 아니라 구체적으로 관내 백성의 삶의 현장을 정확하게 파악해 국가와 백성을 위한 정치를 펼쳤다. 백성의 선세船稅를 감해주자는 상소는 곧 위민정치의 일환이고, 선주들의 남벌을 처벌하자고 주장한 것은 국가를 위한 정치였다. 그러한 관료 생활은 곧 남명의 문하생들이 선조와 광해군 시대에 정치에 참여해 철저한 현실 참여 정치를 벌인 것을 연상케 하며, 대구권 성리학의 주요 인물인 정구의 정치를 비슷하게 연상시키기도 한다.

그는 스승 백불암이 죽자 묘표墓表를 짓기도 했고[85] 또한 스승의 작시爵諡를 요청하는 상소를 올리기도 했다.[86]

8) 최화진崔華鎭(1752~1813년)

본관은 경주, 호는 칠실漆室이며, 백불암의 동생인 흥건興建의 아들이다. 4권 2책으로 된 『칠실집』이 있다. 그는 백불암과 이상정을 모두 스승

83) 『老圃集』 卷1, '疏': 「壬吾承召乞遞附陳民瘼疏」 참조.
84) 『老圃集』 卷1, '疏': 「承牌請遞兼論漕船事宜疏」 참조.
85) 『百弗庵言行錄』 卷2, 「墓表」 참조.
86) 『老圃集』 卷1, '疏': 「百弗庵崔先生請贈疏」 참조.

으로 섬겼다. 특히 이상정은 최화진을 아껴서 본인이 지은 「경재잠집설敬齋箴集說」을 등사해 주기까지 했다. 한편 최화진은 정종로를 형으로 대했는데, 정종로 또한 그를 아껴 「숙야잠해夙夜箴解」를 지어주기까지 했다.

문집의 '서書'에는 정종로, 이경록과 주고받은 글이 비교적 많다. 특히 정종로에게 보낸 편지는 공부하는 도중 의문 나는 내용에 대해 질의한 것으로, 기질氣質의 편박偏駁과 관련된 존양성찰存養省察의 공부에서부터 내외교양內外敎養의 수양론에 이르기까지 다양한 문제에 대해 토론하고 있어 최화진의 학문 경향과 당시 성리학계의 학문적 성향을 이해하는 데 큰 도움을 준다. 족제族弟 상룡象龍과는 『대학』의 몇 대목을 두고 문목問目을 나누어 토론했고[87] 그 밖에도 몇 차례의 서신 왕래를 통해 이기성명理氣性命과 체용상수體用相隨 등에 대한 견해를 주고받기도 했다. 「만록謾錄」은 학문하는 틈틈이 선현의 말이나 스스로 다짐하는 말을 간결하게 기록해 둔 비망기備忘記이다.[88]

『백불암문집』에는 백불암이 최화진에게 보낸 편지가 총 12편 수록되어 있다.[89] 내용은 주로 집안일과 관련된 것이 많으며, 예와 관련한 구절도 많다. 최화진은 당시 효성으로 명성이 높았는데, 한 가지 주목할 것은 백불암이 최화진에게 보낸 편지에서 예의 형식성에 얽매여 몸을 상하게 하지 말 것을 당부하는 부분이다. 즉 예의 형식성보다는 실질을 강조한 의미 있는 대목이다.

87) 『漆室集』 卷2, '書': 「答族弟德容(象龍)問目, 與德容」 참조.

88) 『漆室集』 卷2, '書': 「謾錄」 참조.

89) 『百弗庵集』 卷6, '書' 참조.

6 맺음말

'대구'는 신라 이래 고려왕조에서 조선왕조로 교체될 당시까지도 지방 행정의 말단 체계인 '현縣'으로 존재했다. 그러나 조선 초기부터 경상도 중심부에 위치한 지리적 조건으로 인해 교통과 군사 요충지로 중요성이 점차 부각되면서 영역이 확대되기 시작했다. 마침내 1601년(선조 34년)에 경상감영이 자리 잡으면서부터 경상도의 행정, 사법, 군사 중심지 역할을 했으며, 이후 대구의 위상은 경상도의 중심 위치를 확고히 유지하게 되었다.90) 그런데 학문 방면에서는 그에 부응하는 명성을 쌓지 못했다. 대구 지역에 성리학적 학풍이 뚜렷하게 자리 잡게 된 것은 임진왜란이 계기가 되었다. 당시 대구 지역 사림에 의해 의병이 조직되고 임란 이후 이들을 중심으로 학파가 형성되고 지역 학계의 중심 역할을 하게 되었다.

그러한 분위기에서 한강 정구의 등장은 주목할 만하다. 퇴계학과 남명학의 학통을 모두 계승한 정구는 말년에 대구의 연경서원을 중심으로 제자를 양성했고, 그러한 연유로 대구 지역 학자들은 한강의 제자이거나 그와 관련된 인물이 많았다. 대구 지역을 대표하는 가문의 하나인 백불암 최흥원의 가문 또한 정구와 긴밀한 관련을 맺고 있었다. 최흥원의 5대조인 대암 최동집이 바로 한강의 문인이었다. 대암은 아버지(최계)의 명에 의해 형(최동률)과 함께 한강의 문하에 나아갔다. 대암은 초기에 유해兪諧에게 취학就學하기도 했는데, 유해 또한 한강의 문인이었다.91) 대암은 연경서원을 중건하고 퇴계의 위패를 제향하는 일에 적극 동참했다.92) 한강이 연

90) 대구, 경북역사연구회, 『역사 속의 대구, 대구사람들』, 도서출판 중심, 2001, 150~156쪽 참조.

91) 『臺巖集』 卷4, '附錄': 「家狀」.

92) 『臺巖集』 '序'(鄭宗魯).

경서원과 선사재仙查齋를 왕래하며 『소학』, 『대학』과 성리학의 주요 서책을 강학할 때 고을의 이름난 유생이 모두 모여 들었는데 대암 형제도 참석했다. 특히 대암은 참석자 중 가장 나이가 어린 측에 속했으나 강학 과정에서 모범적으로 수학한 사실이 강록講錄에 기록되어 있다.[93] 그러한 일은 모두 대암의 학문적 경향과 역량을 짐작케 하는 사례이다.

최계와 최동집 이후 후손들은 줄곧 퇴계를 존숭하고 그의 학문을 사숙私淑했으며, 대산 이상정과 정재 유치명을 비롯한 경북 북부 지역 퇴계학파의 주요 학자와 긴밀한 교류를 맺었다. 그중 가장 대표적인 학자가 바로 백불암 최흥원이었다. 백불암은 스스로 말했듯이 학문에서 자득의 공이 컸다. 그렇지만 분명한 사실은 그가 퇴계 이황을 존숭했으며, 퇴계학을 따르고자 노력했다는 것이다. 그리고 퇴계학의 적전자로 평가받던 이상정과의 '긴밀한' 관계 등을 통해 유추해 볼 때 그를 퇴계학파의 학자로 평가해도 큰 무리가 없을 것이다. 백불암과 대산의 관계는 대를 이어가며 계속되었다. 백불암은 아들과 손자를 대산 문하생으로 보내고, 대산 또한 아들을 백불암의 문인으로 보냈다. 그리고 백불암의 후손도 학문의 연원을 퇴계학에다 두었는데, 대표적인 경우가 백불암의 증손인 지헌 최효술이었다. 그의 학문은 증조부인 백불암과 외조부 입재立齋 정종로로부터 연원했다. 그런데 백불암과 입재의 학문 모두 퇴계학에 근원을 두고 있기 때문에[94] 결국 지헌의 학문 연원도 퇴계학에 있었다고 할 수 있다.

이처럼 백불암 가문의 학자들은 백불암 본인의 경우처럼 특별한 사승관계없이 개인적으로 퇴계학을 사숙한 경우도 있지만 후대에 이르러 직접 퇴계학파의 주요 학자들과 사제의 인연을 맺기도 했다. 그들은 대암 이후 9세손인 지헌에 이르기까지 200년이 넘는 기간 동안 수미일관하게 퇴계

93) 『臺巖集』 卷4, '附錄': 「家狀」.

94) 『止軒集』 卷14, '附錄': 墓表.

를 존숭하고 그의 학문을 계승하고자 노력했다.

그렇지만 백불암 가문의 가학적 전통은 퇴계 사후 일부 경북 북부 지역 학자가 보여준 폐쇄적인 '도통道統' 의식을 벗어나 실천 수양 위주의 건강한 학문 세계를 구축했다는 점에서 긍정적 의미를 갖는다. 특히 백불암 최흥원은 특별한 사승 관계가 없었기 때문에 오히려 한국 성리학이 부분적으로 지니고 있던 사상적 독선과 아집, 배타성과 협량狹量의 부정적 측면에 함몰되지 않고 초기 한국 성리학의 실천적·윤리적 특징을 그대로 간직할 수 있었다.

백불암이 말하는 도는 "비이卑邇한 데서 근본했기"95) 때문에 주로 실생활과 관련 있는 것을 중시했다. 그러므로 그는 효제지도의 실천에 주력하고 민중의 구휼에 애썼으며, 무엇보다도 인간에 대한 깊은 사랑을 지니고 있었다. 백불암의 그러한 삶은 후손에게 깊은 영향을 주었다. 후손의 경우 인간애뿐만 아니라 동물과 심지어는 식물에까지 인의 정신을 실천했다. 그들의 그러한 삶은 생명존중 의식으로 발전되어 백불암 가문의 가풍으로 전해지게 되었다.96)

또한 백불암의 사상은 그의 문인들에게도 큰 영향을 끼쳤는데, 제자들을 통해 대구권 성리학의 학풍을 형성하는 데 상당한 기여를 했다. 백불암의 대구권의 주요 제자의 학문적 특징과 경향을 요약해보면 다음과 같다.

95) 『百弗庵言行錄』 卷6, '祭文'(南漢朝) 참조.

96) 대표적인 경우가 백불암의 손자 최식과 증손자 최효술이다. 최식은 "생명을 좋아하는 마음이 미물에까지 미쳐 봄에는 닭이나 오리의 알 또는 팥과 콩의 이삭을 먹지 않았으며, 집에서 기른 개를 먹지 않았고 집에서 기른 소를 도살장으로 보내지 않았으며, 매를 피해서 날아온 꿩을 풀어주었다"(『止軒集』 卷14, '行錄': 「先考通德郎府君行錄」). 그리고 최효술은 "사물을 접할 때는 오직 인애를 근본으로 삼았기 때문에 일찍이 집에서 기른 짐승을 잡아서 사용한 적이 없었고, 또 집에서 기른 소를 도살장에 보내지 않았다. 그리고 동네 어귀에 못이 있었는데 큰 가뭄이 들어 사람들이 끌어 논에 대려고 하니, 그가 말하기를 '고기가 죽게 되었다. 안에 다시 작은 연못을 파서 물고기가 살도록 해라'라고 했다"(『止軒集』 卷15, '附錄': 「行狀」).

첫째, 외형적으로 퇴계학파와 직간접적으로 관련을 맺고 있었다. 이동급, 정위, 최화진 등은 백불암뿐만 아니라 이상정에게도 제자의 예를 갖추었다. 그들은 안동을 중심으로 한 경북 북부 지역과 상주(정종로)를 위시한 경북 중부 지역의 학자들과도 교유했고, 심지어 당시 정치적 주도 세력을 이루었던 기호남인(채제공, 이익 등)에까지 교유 관계를 확대했다. 즉 그들은 학문적 정체성을 퇴계학에서 찾았고, 그렇기 때문에 당시 퇴계학의 정통성을 인정받고 있던 경북 북부 지역의 학자들과의 교류에 힘썼지만 기타 지역의 학자들과도 별다른 갈등 없이 비교적 원만한 관계를 형성하고 있었다.

둘째, 한강 정구의 학풍과 인적 교류는 백불암 자신뿐만 아니라 그의 문인들에게도 여전히 영향을 끼쳤다. 백불암의 5대조인 최동집이 한강 정구의 문하생이고, 또한 백불암의 제자인 정위가 한강의 9세손이며, 또한 백불암의 문인 이동항, 한강 정구의 문묘 종사를 상소한 것이 대표적 사례이다.

셋째, 그들은 조정의 정치 현실에 대해서는 애써 관심을 갖지 않고자 했다. 이것은 당파싸움으로 인해 얼룩진 당시의 혼란한 시대적 배경과도 관련이 있다. 반면 지역사회의 현안이나 특히 성리학계의 사안에 대해서는 대단히 민감했다. 이것은 18세기 영남 지역의 재지사족이 보여준 일반적 특징이기도 하다.

넷째, 추상적·형이상학적 논쟁보다는 실제적 논의를 즐겼다. 백불암 제자들의 문집을 보면 특히 예에 관한 언급이 많다. 그런데 그들은 예를 언급한 글에서 스승과 마찬가지로 예의 형식적 측면이나 절차보다는 본래의 정신을 강조했다. 그리고 문집에는 독서법이나 실제 생활과 관련한 논의가 많이 등장한다. 백불암의 제자 중에서도 사변적 논의를 많이 한 학자들은 주로 백불암과 대산 이상정으로부터 모두 학문을 연찬한 경우이다.

그들은 사단칠정 등에 관한 사변적 논의를 진행하면서 백불암보다는 대산 이상정을 비롯한 안동권의 성리학자들과 주로 논변을 주고받았다. 조덕신, 이동급, 최화진이 대표적인 경우이다.

다섯째, 그들은 도가사상을 비롯한 비주류의 사상에 대해 비교적 포용적이었다. 백불암의 제자 중에는 각종 여행기를 쓴 이가 많았는데, 그러한 여행기에는 자연스럽게 도가의 학풍이 연상되는 요소가 많을 수밖에 없었다. 그런데 그러한 특징과 관련해 특히 남명의 학풍을 유의할 필요가 있다. 일찍이 퇴계 이황은 남명 조식의 학문적 태도를 비판하는 내용이 실린 「조남명유두류록발曺南冥遊頭流錄跋」이라는 글을 지은 바 있다.[97] 그것은 남명 조식이 지리산(두류산)을 유람하고 나서 지은 기행문 성격의 글인 「유두류록」[98]을 평한 것이었다. 퇴계는 이 글의 내용과 표현 및 취향이 문제가 될 수 있다고 보았다. 그래서 남명의 학풍이 "기이한 것을 숭상하고 이단의 사상을 좋아해尙奇好異" "중도의 요체를 지키기 어렵다難要以中道"고 평하며, 자칫 다른 이단의 길로 빠지지 않을까 우려했다. 그러한 배경과 맥락에서 볼 때 백불암의 대구권 제자들이 기행문을 많이 저술한 점은 충분히 주목해볼 만하다.

유교는 종교인가 아닌가? 이 물음에 대한 논쟁은 이미 학계에서 진부한 주제로 여겨질 만큼 수많은 논의를 거쳤지만 아직도 종교라는 입장과 종교가 아니라는 입장이 확연하게 갈라져 대립하고 있다. 종교에 대한 정의를 어떻게 하느냐에 따라 대답이 달라지겠지만 굳이 유교를 종교라 한다면 '도덕적 종교'라고 할 수 있을 것이다. 그렇다면 도덕적 종교가 지향하는 삶은 어떠한 삶인가? 그것은 바로 생활 세계와 밀접한 관련이 있다.

97)『退溪集』卷43, '跋':「書曺南冥遊頭流錄後」참조.
98)『南冥集』卷2, '雜著'에 수록됨.

백불암의 평생지기였던 대산 이상정은 일찍이 죽음을 앞두고 문하의 제자들에게 마지막 전하는 말로 "여러분이 착실하게 공부하기를 바랄 뿐이다. 유학의 일은 다만 평범한 것인데, 평범한 가운데 오묘한 이치가 있다"[99]라고 했다. 이 말에서 우리는 유교가 지향하는 이상적 삶의 면모를 짐작해볼 수 있다. 부모님을 기쁘게 해드리고, 형제와 우애 있게 지내며 이웃과 화목하게 살아가는 우리의 평범한 일상이 어떤 거대 이념보다 더 중요하다. 바로 그러한 측면에서 백불암 가문의 효제와 친친애의 삶은 유교의 이상을 실현하기 위해 노력한 가장 좋은 실천 사례이며, 또한 백불암의 『역중일기』는 그러한 삶을 구체적으로 소묘한 범본적範本的 기록물이라고 할 수 있다.

참고 문헌

1. 원전 자료

『孟子』, 『孝經』

『二程粹言』, 『朱子語類』

『樂齋年譜』, 『樂齋日記』, 『南冥集』, 『老圃集』, 『大山集』, 『臺巖集』, 『遯庵集』, 『晩覺齋集』, 『慕堂日記』, 『慕堂集』, 『百弗庵集』, 『百弗庵言行錄』, 『樊巖集』, 『曆中日記』, 『永慕堂通講諸子錄』, 『遲菴集』, 『芝厓集』, 『止軒集』, 『喘翁集』, 『漆室集』, 『退溪集』, 『巴江集』, 『寒岡集』, 『寒岡年譜』

『慶北鄕校資料集成』(I), (II), (III), 경산: 영남대학교민족문화연구소 편, 1992.

『嶺南文集解題』, 경산: 영남대학교민족문화연구소 편, 1988.

『光海君日記』, 『肅宗實錄』, 『英祖實錄』, 『正祖實錄』

『大邱邑誌』, 『大邱鄕校誌』, 『星州誌』, 『漆谷誌』

2. 연구 저서

김종문, 장윤수, 『한국전통철학사상』, 소강출판사, 1996.

99) 『樊巖集』 卷51, '墓碣銘': 「通政大夫禮曹參議大山李公」

안종수, 『한국철학사상의 이해』 개정판, 소강출판사, 2011.
유명종, 『조선후기 성리학』, 이문출판사, 1985.
윤사순, 『退溪哲學의 硏究』, 고려대학교출판부, 1980.
이병도, 『韓國儒學史略』, 아세아문화사, 1986.
이수건, 『嶺南學派의 形成과 展開』, 일조각, 1995.
정도원, 『퇴계 이황과 16세기 유학』, 문사철출판사, 2011.
정진영, 『朝鮮時代 鄕村社會史』, 한길사, 1998.
최영성, 『韓國儒學思想史Ⅳ』(朝鮮後期篇), 아세아문화사, 1995.
현상윤, 『朝鮮儒學史』, 현음사, 1982.

3. 연구 논문

김형수, 「17세기 초 대구사림의 형성과 분화」, 『역사교육논집』 36집, 역사교육학회, 2006.
우인수, 「고령 매촌동약의 특징과 동민의 결속」, 『고령문화사대계』 1(역사편), 대가야박물관, 경북대퇴계연구소, 2008.
이재철, 「백불암 최흥원의 시대와 그의 현실대응」, 『한국의 철학』 29집, 경북대학교퇴계연구소, 2001.
장윤수, 「백불암 최흥원 가문의 學風과 실천지향의 삶」, 『한국학논집』 58집, 계명대학교한국학연구원, 2015.
장윤수, 「백불암 최흥원과 18세기 대구 지역 성리학에 관한 연구」, 『철학연구』 90집, 대한철학회, 2004.
장윤수, 「조선 중기 고령유학의 특징: 회통성, 개방성, 실천성을 중심으로 하여」, 『동양사회사상』 18집, 2008.
장윤수, 「퇴계철학에서 理의 능동성 이론과 그 연원」, 『퇴계학과 유교문화』 51호, 경북대학교퇴계연구소, 2012.
장윤수, 「한강 정구와 조선 중기 대구권 성리학의 연계성에 관한 연구」, 『동양사회사상』 8집, 동양사회사상학회, 2003.
정우락, 「江岸學을 통해 본 고령유학과 그 특징」, 『고령문화사대계』 2(사상편), 대가야박물관, 경북대퇴계연구소, 2008.
정진영, 「백불암 최흥원의 학문과 향약」, 『한국의 철학』 29집, 경북대학교퇴계연구소, 2001.
정진영, 「조선후기 향약의 一 硏究: 夫仁洞 洞約을 중심으로」, 『민족문화논총』 2, 3합집, 영남대학교민족문화연구소, 1982.
찰스 푸, 「朱子學 계승자로서의 退溪哲學의 독창성」, 『퇴계학연구논총』 제9권, 경북대학교퇴계연구소, 1997.
최언돈, 「百弗庵 崔興遠의 夫仁洞 및 漆溪[옻골] 經營 規範 연구」, 영남대학교대학원 한국학과 박사학위논문, 2010.

3장

18세기 대구 사족 최흥원의 시세계와 내면

정환국

1 18세기 대구 산림 최흥원

이 글은 18세기의 대구 지역 산림山林이자 학자였던 최흥원의 심회를 읊은 시와 매일매일 기록한 일기를 통해 지금까지 알려지지 않은 그의 흔들리는 내면세계를 살펴보는 것을 목적으로 한다. 해당 자료는 그의 문집인 『백불암집』과 일기인 『역중일기』이다. 두 저작에 대한 연구가 그동안 없지 않았으나 백불암의 문학과 관련된 기존 연구1)에서 주목하지 않은 『역중일기』 안의 한시를 논의에 포함시켰다. 따라서 논의 대상의 중심은 『역중일기』이다. 이 일기에는 문집에 수록되지 않은 한시 작품이 들어있는가 하면, 그의 내면과 심리 상태 및 의식 세계를 짐작해 볼 수 있는 언급이 매우 풍부하게 들어 있다. 이를 통해 백불암의 문학 세계와 그의 내면

1) 현재까지 백불암의 문학에 대한 접근은 김주한, 「백불암 최흥원의 문학세계」, 『한민족어문학』 34집, 한민족어문학회, 1999; 김영숙, 「백불암 최흥원 詩의 道學文學的 양상과 특성」, 『퇴계학과 유교문화』 29집, 경북대학교퇴계학연구소, 2001; 박규홍, 「백불암 최흥원 시의 특질」, 『동아인문학』 36집, 동아인문학회, 2016 등이 있다.

을 보다 입체적으로 조명할 수 있으리라 기대된다.

이에 앞서 최흥원이 처했던 현실과 그의 학문적 위치를 정립할 필요가 있다. 이는 18세기에 대구 사족으로서 그가 어떤 사유 속에서 현실 세계와 조우했는지를 확인하기 위한 전제이기도 하다. 기실 18세기의 대구 사회와 산림 최흥원은 조선 후기 영남학의 지형에서 매우 독특한 위치에 있었던 것으로 판단된다. 이 시기에 대구는 조선에서 6번째로 인구가 많은 지역이었으며, 감영이 설치된 이래 영남의 행정 중심지인 동시에 상업 중심지였다.[2] 그런 한편 이 지역에서는 정구에서 장현광으로 이어지는 학풍이 진작되고 있었다. 이른바 낙중학洛中學이 그것이었다.[3] 특히 17세기에 접어들어 사족층이 본격적으로 형성되었다. 이 시기에 대구 지역은 풍부한 물산과 상업의 활성화로 학문적 분위기가 진작되고 있었던 셈이다. 하지만 한강과 장현광 이후 대구를 비롯한 낙중 지역의 학문은 침체기에 접어들었다.[4]

이런 흐름에서 18세기의 대구 지역과 최흥원의 존재는 상당히 흥미롭다. 그는 성리학자이면서도 가문과 지역을 위해 골몰한 산림학자였다는 점에서 이전의 정통 학자들과는 결을 달리했다. 그는 학문보다는 현실생활을 꾸리는 데 전력한 유형이었다. 그럼에도 그는 이상정과 박손경과 함께 '영남삼로'로 일컬어질 만큼[5] 이 시기 영남 지역을 대표하는 학자 중

2) 이유진, 「18세기 대구 호적을 통해 본 도시지역의 특징」, 『한국사론』 57집, 서울대학교사학과, 2011, 201쪽.

3) 대구와 성주 등지에서의 조선 중기의 학풍의 전개에 대해서는 장윤수·임종진, 「한강 정구와 조선중기 대구권 성리학의 연계성에 관한 연구」(『사회사상과 문화』 8집, 동양사회사상학회, 2003)를 비롯해 김학수, 「조선중기 한강학파의 등장과 전개 — 문인록을 중심으로」, 『한국학논집』 40집, 계명대학교한국학연구원, 2010; 홍원식, 「조선중기 낙중학과 정구의 '한강학'」, 『한국학논집』 48집, 계명대학교한국학연구원, 2012 등이 참조된다.

4) 이에 대해서는 홍원식, 「寒旅 이후 조선후기 낙중학의 전개」(『한국학논집』 58집, 계명대학교한국학연구원, 2015) 참조.

하나였다. 말하자면 안동에는 대산이, 예천에는 남야가, 대구에는 백불암이 당시 지역을 대표하고 있던 셈이다. 물론 이 시기 영남 사림계가 전반적으로 위축되어 있던 정황을 고려해야겠지만 어쨌든 대구 지역이 18세기에 이르러 행정과 상업의 중심지라는 이미지에서 학문 권역으로 거듭날 수 있던 데는 백불암의 영향력을 무시할 수 없었다.

하지만 그러한 결과는 단순히 백불암 개인의 역량에서만 비롯된 것으로 치부할 수는 없을 듯하다. 이미 대구 지역도 17세기 후반 이후 동성마을이 성립해 경주최씨뿐만 아니라 달성서씨, 인천채씨, 단양우씨, 남양홍씨 등 사족 공동체가 발전하고 있었기 때문이다.6)

다른 한편 최흥원은 영남의 다른 지역 학자들과는 달리 지역 공동체의 현실을 좌시하지 않고 향약을 체계적으로 운영하는 등 지역 주민의 생활개선에도 앞장섰다. 잘 알려져 있듯이 '부인동향약'을 실시하고 선공고와 휼빈고 등을 설치해 집안을 안정적으로 유지하는 한편 빈민을 구제했다. 사실 그런 사례는 이 시기 전후로도 영남 사림계에서 쉽게 찾아지지 않는 특별한 경우이다. 그는 단순히 은거하는 산림학자가 아니라 실천적 경제인이기도 했던 것이다. 그런 그는 학문 분야에서도 뚜렷한 족적을 남겨, 대구권 성리학의 계보의 맨 앞자리를 차지했다.7) 하지만 이처럼 가문과 지역 사회에 적극적으로 개입해 적지 않은 영향을 미쳤음에도 불구하고 자신은 물론 대외적인 현실 대응에서도 상당히 수세적인 자세를 취했던 것으로 보인다. 따라서 그는 출처 문제나 중앙 정계에 대한 시선 등에서는 가끔 애매하거나 불분명한 모습을 보이기도 했다.8)

5) 안정복이 쓴 그의 「묘지명」(『百弗菴集』 附錄 권4)에 나온다.

6) 대구 지역에서의 동성 마을의 형성과 사족층의 동향에 대해서는 김경란, 「조선후기 대구부 同姓 마을의 형성 시기에 대한 검토」(『사학연구』 123집, 한국사학회, 2016) 참조.

7) 최흥원을 기준으로 한 대구 지역 성리학의 계보에 대해서는 장윤수, 「백불암 최흥원과 18세기 대구 지역 성리학에 관한 연구」(『철학연구』 90집, 대한철학회, 2004) 참조.

결과적으로 그는 삶에서 부딪치는 많은 선택지 사이에서 적잖은 고민을 떠안고 있었던 셈이다. 물론 그러한 문제는 당시 영남 사인의 전반적 현실 인식 문제와도 관련된 사안이었을 것이다. 말하자면 이런 학문적 위상도 실제 생활에서 쉼 없이 고뇌하고 성찰한 결과였음을 환기할 필요가 있다. 바로 그러한 면모를 잘 살펴볼 수 있는 자료가 『역중일기이다.

2 최흥원 시문학의 구성과 『역중일기』 수록 한시

최흥원은 문학작품을 많이 남기지는 않았다. 대개 산림학자라면 학문을 일삼지 문예를 일삼지는 않으므로 충분히 예상되는 부분이다. 이를 감안하더라도 상대적으로 그가 남긴 문학작품은 적은 편이다. 가장 많은 분량을 차지하는 편지글도 대부분 주변 동료나 문도, 집안사람을 독려하거나 안부를 묻는 실생활의 연장선상에서 지어진 것이다. '백불암은 저술 활동을 거의 하지 않았다'고 한 한 문인의 술회에서도 이를 확인할 수 있다. 따라서 그는 창작자라기보다는 기록자적인 면모가 강했다.

그런 그의 문학을 살펴보는 데서는 다음 두 가지 사항이 고려되어야 할 것 같다. 현재 그의 문집은 두 종류가 전하는데, 각각 수록된 시문의 편수와 편제상에서 차이가 난다. 하나는 가장본家藏本으로, 원집原集 8권 4책과 『언행록』 7권 3책 총 15권 7책이며, 또 하나는 본집 14권과 부록 4권으로 구성된 총 18권 7책으로 국립중앙도서관(이하 국도본)과 장서각

8) 기존 연구에서는 최흥원은 출사를 포기하는 대신 향촌을 교화하는 데 진력했으며, 과거를 부정하면서도 정국의 동향과 출사에 대한 관심을 완전히 버리지는 않았다고 보고 있다(이재철, 「백불암 최흥원의 시대와 그의 현실 대응」, 『퇴계학과 유교문화』 29집, 경북대퇴계학연구소, 2001).

등에 소장되어 있다. 그중 장서각본은 본집 8권 4책만 남아 있다. 아울러 국도본은 부록에 이광정의 「행장」, 안정복의 「묘지명」, 정종로의 「묘갈명」 등을 실어 문집으로서의 형식을 보다 완전하게 갖추고 있다.[9] 한편 국도본은 간행 시점이 대략 1808년쯤으로 파악되며, 가장본은 1815년으로 추정된다. 따라서 애초 간행은 1808년 즈음에 이루어졌는데, 나중에 집안에서 이를 원집과 언행록 형태로 나누어 다시 간행한 것으로 추정된다. 그런데 두 본 사이의 차이는 특히 시문의 편제와 편수에 있다. 편의적 이해를 위해 두 본의 편차와 권별 수록 작품 수 등을 표로 제시해 둔다.

<table>
<tr><th colspan="3">국도본(1808년)</th><th colspan="3">가장본(1815년)</th></tr>
<tr><th>구분</th><th>권수</th><th>수록 내용</th><th>구분</th><th>권수</th><th>수록 내용</th></tr>
<tr><td rowspan="13">本集</td><td>권1</td><td>詩 58편 62수</td><td rowspan="8">文集</td><td>권1</td><td>詩 50편 50수</td></tr>
<tr><td>권2</td><td>書 37편</td><td>권2</td><td>狀 5편 書 58편</td></tr>
<tr><td>권3</td><td>書 33편</td><td>권3</td><td>書 64편</td></tr>
<tr><td>권4</td><td>書 52편</td><td>권4</td><td>書 85편</td></tr>
<tr><td>권5</td><td>書 57편</td><td>권5</td><td>書 66편</td></tr>
<tr><td>권6</td><td>書 17편</td><td>권6</td><td>書 124편</td></tr>
<tr><td>권7</td><td>書 75편</td><td>권7</td><td>雜著 19편</td></tr>
<tr><td>권8</td><td>書 51편</td><td>권8</td><td>箴名 3편 祝文·祭文 23편
碑碣·行狀 5편</td></tr>
<tr><td>권9</td><td>書 86편</td><td rowspan="5">言行錄</td><td>권1</td><td>世系之圖, 年譜</td></tr>
<tr><td>권10</td><td>書 58편</td><td>권2</td><td>行狀, 墓誌·墓碣銘, 墓表</td></tr>
<tr><td>권11</td><td>雜著 4편</td><td>권3</td><td>實記, 言行總錄</td></tr>
<tr><td>권12</td><td>雜著 9편</td><td>권4</td><td>類編</td></tr>
<tr><td>권13</td><td>雜著 9편 箴·銘 4편</td><td>권5</td><td>類編</td></tr>
</table>

9) 잡저 이후에 편재된 내용은 가장본의 경우 『언행록』으로 따로 묶었는데, 이 부분도 두 본 사이에는 일정한 차이가 있다.

		祝文·祭文 25편 碑碣·行狀 5편			
	권14	平居講話			
附錄	권1	世系圖		권6	考終日記, 輓詞, 祭文
	권2	年譜 上		권7	及門錄
	권3	年譜 下			
	권4	저자 行狀 및 墓誌			

먼저 한시의 경우 8편 12수가 국도본에 더 실려 있다. 그리고 서간문은 국도본이 466편, 가장본이 397편으로 약 70편의 차이가 난다. 아울러 잡저도 국도본의 편수가 더 많다. 기타 산문의 경우 서로 편수가 엇비슷하다. 결과적으로 시문의 경우 국도본에 더 많이 게재되어 있다. 반면 가장본에 실린 장계狀啓 5편은 저자가 만년에 장릉참봉莊陵參奉 등에 제수되었으나 사면해 달라고 이조에 올린 것으로, 국도본에는 아예 빠져 있다. 또한 가장본『언행록』권7에 실린「급문록」도 국도본에는 실려 있지 않다. 나머지 국도본 본집의 평거강화平居講話 및 부록편과 가장본『언행록』은 일정 부분 겹치면서 약간의 편차가 있는데, 결과적으로『언행록』의 내용이 자세한 편이다. 가장본은『언행록』등을 포함하고 있는바, 이로 볼 때 백불암을 보다 뚜렷하게 선양하기 위해 재편집한 결과물로 판단된다. 그런데 이 과정에서 시문편이 오히려 축소되기에 이르렀다. 표현이 적절할지는 모르겠지만 시문 중 좀 더 사적인 감회나 시의에 적절치 않다고 판단되는 작품을 의도적으로 제외시킨 결과가 아닌가 싶다. 그런 정황은 한시의 편차에서 일정 정도 확인할 수 있다.

한시의 편제와 편차는 좀 더 복잡하다. 일단 국도본에는 58편 62수가, 가장본에는 50편 50수가 수록되어 있다. 둘 사이에 8편의 편차가 존재한다. 먼저 가장본에는 없고 국도본에만 있는 시는「우음자조偶吟自嘲」,「묵자음默字吟」, 「이우지(천경)덕부풍후지기가호李佑之(天慶)德符豊厚志氣佳好……」, 「여임중휘(필대)제인공강사칠서與任重徽(必大)諸人共講四七書」, 「문송척(현익)애봉궤연이접성산聞宋戚(顯翼)哀奉几筵移接星山」, 「경차도산선생운敬次陶山先生韻」, 「화배내성(원명)和裵乃誠(遠明)」 등 7편이다. 반면 「족성절구足成絶句」는 가장본에만 실려 있다. 한편 국도본의 「송백음松栢吟」이란 시가 가장본에는 「동일음冬日吟」이라는 다른 제목으로 실리기도 했다. 또 「자구음自咎吟」 등 한 수가 더 들어 있는 것도 4편 정도 된다.[10]

한시와 관련된 문제는 또 있다. 바로 『역중일기』에도 약 15편 20수 정도가 추가로 실려 있기 때문이다. 특정한 날에 어떤 일이나 심정을 기록한 다음 관련된 일을 시로 적은 것이다. 그중 4편은 문집에 실려 있으며, 나머지 11편은 아예 실리지 않았다. 게다가 문집에 실린 4편의 경우도 수수首數에서 차이가 나는가 하면, 같은 작품이더라도 자구상의 출입이 적지 않다. 그런 점들은 결과적으로 백불암의 한시를 재구성해야 할 이유이기도 하다. 아무튼 지금까지 확인된 그의 한시 작품은 기존 두 문집 내에 편재된 58편에 『역중일기』에서 새로 확인된 11편 16수가 추가됨으로써 대략 69편 80여 수가 된다.

이를 취합해 볼 때, 현재 백불암의 문학작품은 한시 69편, 서간문 400여 편, 그리고 「유가야산록」 등 잡저 십 수 편 등이다. 기존에 알려진 것에 비해 양이 상당히 늘어나는 셈이다. 무엇보다 이 글에서 구체적으로 다루고자 하는 저자의 내면과 관련된 한시는 『역중일기』에 기록된 것이 주요 대상이다. 결국 문집에 수록되지 않는 시편은 백불암의 또 다른 면모를 살펴보기에 용이하다. 이로써 그의 한시가 도문학적 양상을 띤다는 기존의

10) 이 두 문집에서의 한시 편제상의 차이는 처음 김영숙(앞의 논문, 44쪽)에서 거론된 바 있다. 그런데 필자가 확인한 바로는 이와 같이 보다 복잡하다.

일방향적인 견해에 대한 의문을 제기할 수 있을 것이다. 우선 일기 안에 수록된 한시를 개괄하면 다음과 같다.

항목	수록 한시	비고(문집 소재 여부 등)
1	郭君若(正朝) 拜送 절구시(1수)	
2	곽군약 차운시(2수)	
3	立夫의 「詠梅二絶」 차운시(2수)	권1 「詠梅有感」 1수 수록
4	입부의 '달밤 매화'시 차운시(1수)	
5	李恒佐에게 준 절구시(1수)	원래 2수를 지었다고 하나 1수만 기록됨
6	星山 申氏 어른에게 준 화답시(1수)	
7	현풍 수령에게 준 절구시(1수)	
8	아내 산소에서 읊은 절구시(1수)	
9	孫斗天에게 준 절구시(1수)	
10	효자 呂大翊을 위한 輓詞(3수)	권1 「輓孝子大翊」 1수 수록. 원시 2수 외에 따로 '古風'이라는 1수가 더 있음.
11	養性에 관한 절구시(1수)	권1 「有感」으로 수록
12	快善禪師에게 준 절구시(2수)	
13	딸아이를 보고 지은 절구시(1수)	
14	李休文 화운시(1수)	권1 「宿北溪」로 수록
15	모친을 그리며 지은 절구시(1수)	

문집에 수록된 4편을 제외하면 대부분 다른 사람과 화답하거나 차운한 시가 아니면 가족에 대한 정을 그린 작품이다. 또 동료는 물론 선사禪師와의 우정을 표현한 시편도 있다. 말하자면 문집에 실린 것보다 좀 더 개인적인 심회를 드러낸 작품이 많다. 이 점이 흥미롭거니와 무엇보다 해당

작품의 창작의 전후 사정이 잘 드러나 있어 시 이해가 훨씬 더 용이하다는 특징이 있다. 아래는 그러한 사례 중의 하나이다.

새벽부터 가랑비가 내렸다.
짧은 절구를 읊었다.

집안 소식을 어떻게 알 수 있겠는가 　　庭音何可得
구름이 대암의 하늘을 잠갔으니 　　雲鎖臺巖天
문을 닫고 잠을 이루고서야 　　閉戶因成睡
혼이 날아가 어머님 앞에 있겠네 　　魂飛在母前
(신사년 2월 5일조)

신사년(1761년) 봄에 외지에 나와 있던 저자는 새벽부터 가랑비가 내려 객회에 사로잡혔다. 이때면 으레 집안 소식이 궁금해질 법한데, 그중에서도 떨어져 있는 모친 생각이 간절했던 모양이다. 이를 시로 표출했으니, 집안과 모친을 걱정하는 분위기가 여실하다. 일기에 수록된 시편들에는 대개 그러한 창작의 기저가 잘 나타나 있는 편이다.

한편 『역중일기』 내 한시 수록과 관련해 다른 현상도 발견된다. 즉 위에 거론한 한시 말고도 추가로 창작한 흔적이 다수 발견된다. 다음은 그런 몇 가지 사례이다.

흐리고 비가 내렸다. 어머니 환후는 다행히 달리 심해지지 않았다. 막내아우가 또 따로 거처하기로 별도로 약속해 어머니의 진지 시중은 오로지 어리고 사리에 어두운 며느리에게 맡기게 되었다. 그러한 심정은 함께 기거하자는 초심이 잘못되었을 뿐만 아니라 모두가 나의 박덕함 때문이다. 죽도록 면구스럽다. 어찌하면 좋겠는가. **마침내 사운四韻 절구 고풍古風을 읊어 여러 아우들에게 보여주고 '수구數咎' 두 글자를 크게 써서 자리 오른쪽에 붙였다**(신사년 2월 5일조).

맑음. 어머니 병환은 여전하고, 입부의 병도 한결같다. 아이 주진을 은해사恩海寺에 보냈다. 지묘 상가에 조문하기 위해 입암 할아버지를 모시고 함께 갔다. **길을 나설 때 입암 할아버지께서 운자를 주시기에 나도 화운해 『역중일록』에 기록한다**(무진년[1748년] 윤7월 16일조).

맑고 추웠다. 어머니 병환은 여전하고, 입부의 병도 한결같다. 자제 무리를 보니, 내가 얼굴을 내비치는 것을 좋아하지 않았다. 내가 그들에게 답답하고 걱정을 끼치는 사람이 되었기에 나도 스스로 경계할 만한 일이라고 알고 있었으나, 또한 그렇게 하지 않을 수 없는 사정이 있었으니, 그들에게도 반드시 스스로 반성해야 할 점이 있다. **절구 한 수를 읊어 보여주고 책력 첫머리에 기록해 둔다**(기사년[1749] 9월 23일조).

새벽에 맑다가 갑자기 흐리더니 종일 가랑비가 내렸다. **나예장羅豫章의 시를 읽고 느낀 점이 있어서 바로 차운해 성산 일족 어른에게 보냈다**(경오년[1750년] 4월 1일조).

모두 어떤 상황에서 시를 지었다고 하고, '일기에도 기록해둔다'는 언급까지 하고 있는데, 실제로 이들 시편은 남아 있지 않다. 현재로서는 창작한 정보만 있을 뿐이다. 그런 사례는 이외에도 그의 한시 작품이 더 존재했을 가능성을 확인시켜 준다.

이런 한시 수록 문제와 관련해 또 한 가지 확인해둘 부분이 있다. 즉 일기에는 자기 한시 외에도 남의 한시까지 수록한 경우가 있다. 기미년(1739년) 2월 20일조에 군약君若 곽정조郭正朝에게 화답한 시를 수록한 부분에는 자기 시를 적기에 앞서 군약이 편지로 붙여온 오언절구 2수를 옮겨 놓았다.

이처럼 『역중일기』에 수록된 한시는 문집에 실린 것에 비해 개인적 정감이나 감회가 강하다. 이들 시는 백불암의 내면을 보다 진솔하게 드러내는 역할을 하기에 문집에 실리기에는 좀 불편할 수 있는 작품이다. 아무튼 이제 『역중일기』 수록 한시를 추가하고 문집의 한시 작품을 종합하는 가운데 18세기의 대구 지역의 한 산림학자의 문학세계의 또 다른 면모도 천착해볼 여지가 생기는 셈이다.

아울러 『역중일기』는 일기인 만큼 백불암 개인의 심회가 여과 없이 노출되어 있다. 특정한 사건은 물론 사소한 일상에서 드러나는 그의 감정의 표출은 매우 빈번하다. 이 점 백불암 문학 창작의 기저로 추정된다. 따라서 일기 전반에 흐르는 감회 표출의 실상을 통해 또 그것을 그의 문학에 구현된 이미지와 연관시키면 일종의 '내면 기행' 또는 '개인 서사'의 면모가 드러날 것으로 기대된다.

3 시세계의 안과 밖

최흥원의 한시와 관련해서는 기왕에 "도학가로서 학자시學者詩의 한 전형"[11]을 보여주거나 도문학적 특성을 가진 것으로 파악하는 한편[12] 일반적 도학자의 시와는 달리 삶과 밀착된 특별한 힘을 갖고 있다[13]는

11) 김주한, 앞의 논문, 322쪽.
12) 김영숙, 앞의 논문.

식으로 다소 모호한 성격을 부여하기도 하는 등의 논의가 없지 않았다. 실제 그의 한시를 살펴볼 때 도학적 성격은 확실히 드러난다. 관련 주요 키워드만 뽑아 봐도, 물외物外, 천명, 무욕無欲, 송백松柏, 인민구휼, 오도吾道와 사문斯文, 안분安分, 성명性命 등으로, 이 점은 분명해 보인다.

그러나 백불암의 시편이 이쪽만 있는 것은 아니다. 그것의 맞은편이라고 할 수 있는 개인의 처신과 심회, 그리고 그런 저간의 사정이 담긴 시편도 눈에 띈다. 이를 논의의 편의를 위해 창자 시기 순으로 살펴보기로 하자. 다행히 국도본 문집에는 한시가 창작 시기 순으로 편재되어 있는데, 저자 나이 30~50대에 지은 작품이 많다. 바로 1740년 경, 즉 작자가 30대 어름에 지은 것으로 판단되는 「우음자조」라는 시가 먼저 눈에 띈다.

> 온갖 계획이 빈 형체로 남고 말았으니　　萬計歸虛形獨存
> 외려 길가에 버려진 미륵과 같아졌네　　反同彌勒道邊存
> 고승眞僧의 청법을 젊은 날 마쳤거늘　　眞僧聽法終年少
> 추한 자에게 날마다 능욕을 당하기만　　麤漢欺凌日夕存
> (『백불암집』 권1, 「우음자조」)

이 시를 짓게 된 연유가 있는 듯한데 분명치 않다. 누군가에게 욕을 당한 상황인 것만은 확실하다. 그런데 그것을 불교 쪽에 빗대어 표현하고 있다. '미륵'과 '진승眞僧'을 들먹이며 몰염치한 자에게 욕을 당하는 신세가 되었다며 한탄하고 있는 것이다. 기실 최흥원과 불교 또는 승려와의 교분은 떼려야 뗄 수 없는 관계였다. 주변의 동화사나 다른 사찰의 승려와 실제적인 이해관계 속에서 부단히 교류한 사실이 『역중일기』에 숱하게

13) 박규홍, 앞의 논문, 56쪽.

나오거니와[14] 본인도 과거 공부를 동화사에서 한 적도 있었다. 그는 불교 자체에 대해서는 비판적 시각을 견지했으나 한편으로는 현실적 이해관계와 맞물려 승려들과는 상당히 친밀한 관계를 유지하고 있었다. 그런 정황은 그의 인생 후반에 접어들어 보다 강화되었던 것 같다. 그로부터 10년 정도 뒤인 1753년의 일기에는 아래 같은 흥미로운 시가 기록되어 있다.

> 맑음. 어머니 환후 소식을 오늘은 듣지 못했으니, 또 문득 답답하고 걱정이 된다. 걱정에서 벗어나기 위해 거닐어 볼 요량으로 걸어서 절간 문밖을 나갔다가 발길을 돌려 내원內院에 들러 쾌선선사快善禪師를 찾아갔다. 그와 한나절 이야기를 나누면서 유가와 불가에 대해 논변했는데, 역시 흥취를 돋울 만했다. 중 해연海演, 해열海悅, 취우醉愚 등이 나를 뒤따랐다. 저물녘에 통숙 무리가 염불암念佛庵에서 왔다. 아이들이 시를 보내 왔기에 바로 차운해 쾌선에게 주었다.

가파르게 솟은 기이한 봉우리 하늘 닿을 듯　　削立奇峯上近天
오르려 해도 다리가 풀려 마음만 아득하네　　欲登脚軟意茫然
작은 지름길 따라 숲을 지나가니　　却從小徑穿林去
반갑게도 고승이 문밖에 나와 맞아 주네　　喜見高僧出拜前

산에 오래 거처하니 생각이 새로워져　　山居日久意思新
개울물 따라 손잡고 걸어 중을 찾았네　　沿溪携步訪山人

14) 사찰은 때론 자제의 강학 공간으로, 역병이 돌았을 때는 피접소로 이용되었다. 승려들과의 관계는 상호 물력을 제공하는 등 공생 관계였다. 따라서 당시 동화사, 부인사 등의 사찰과 승려는 가장 중요한 관계망 중의 하나였다. 이는 중앙의 유자가 승려와 학적 교유를 한 사례와는 성격이 다르다. 말하자면 현실의 필요에 따라 최흥원과 사찰은 상호 주고받는 관계였다. 그것이 당시 대구 지역 또는 지역사회의 일반적인 현상이었는지 아니면 최흥원 집안의 특징적 국면이었는지 하는 점은 좀 더 밝혀져야 할 듯하다. 아무튼 흥미로운 사항이 아닐 수 없다.

맑은 바람 내원의 높은 누각에 불어오는데 清風內院危樓上

유불을 담론하는 그대와 나 談釋論儒爾我身

(계유년[1753년] 8월 12일조)

이 시기 저자는 역병이 돌아 임시 피접소인 동화사로 피신했기에 모친과 떨어져 있었다. 그런 모친의 환후가 걱정되어 이러지도 저러지도 못하고 있던 때 그곳의 쾌선선사를 만났던 것이다. 그런데 그와 나눈 대화 주제가 유가와 불가의 이치였다. 흥취가 돋았다는 것을 보면 모종의 합일까지는 아니어도 제법 두 이치 사이에 어그러짐은 없었던 모양이다. 따라서 둘째 수의 마지막 구에서 두 이치를 담론하는 두 사람 모습은 그야말로 그림 같다. 백불암은 다른 어떤 승려보다도 쾌선과는 거의 동지 같은 각별한 사이로 지내고 있었다. 심지어 그를 통해 유가쪽을 경계하는 목소리까지 남기기도 했다.[15] 저자의 그런 모습은 1757년에 이루어진 해인사 유람에서도 거듭 확인되는데, 그곳에 은거했던 최치원을 떠올리며 묘한 심리적 일치감을 경험하기도 한다(『백불암집』 권1 「海印寺」조). 또한 여기서도 유기有機라는 대사를 만나 유불에 대한 담론을 이어갔다. 아무튼 백불암은 사찰과 승려에 대해 남다른 애정을 갖고 있었으며, 일정 정도 그것을 통해 자기 위안을 삼기도 했다.

다시 앞의 논의로 돌아가보자. 이 시기에 저자의 갈등은 계속되었던 모양이다.

15) 『국역 백불암선생언행록』 권5, 「류편類編·잡기」, 238쪽. "○산인 쾌선이 어느 날 찾아와 배알했는데, 선생이 꾸짖어 말씀하기를 '듣자니 대사가 한 중에게 어머니를 화장하도록 시켰다고 하니 그런 일이 있느냐? 석가들은 본래부터 화장하고 있으나 그 사람 어머니는 속가인인데 어찌 차마 남의 자식으로 하여금 화장하도록 가르쳐 다른 종교(즉 이단)로써 우리 법도를 어지럽히는가?'라고 했다. 그가 대답하기를 '노승의 부모는 모두 매장했으니 다시 변명하지 못하겠습니다'라고 했다. 선생이 뒤에 사람들에게 이르기를 '그의 말은 간단하면서도 요점이 있다고 일컬을 만하다. 대개 불교는 외도지만 용모와 사기辭氣를 한 번 보면 공부가 있는 사람임을 알 수 있다. 어찌해 우리 유가에는 이와 같은 사람이 없는가?'라고 했다."

1742년에 지은 「묵자음默字吟」은 심상치 않은 작품이다.

말을 내뱉으면 수치를 일으키기 쉽나니　出言易起羞
내가 입을 다물려는 이유라네　所以欲默默
입 다물면 또 무엇하겠는가마는　默默何所爲
외려 쓸데없이 욕을 받는 것보단 낫지　猶勝謾受辱
(『백불암집』 권1 「묵자음默字吟」(임술))

저간에 무슨 사정이 있었는지 확인되지는 않지만 뭔가 구설에 휘말렸던 모양이다. 그럴 바에야 아예 입을 다물고 살아가야겠다는, 어쩌면 상당히 극단적인 태도를 보이고 있다. 쓸데없이 욕을 먹는 것보다 낫다는 마지막 구는 저자의 당시 상황을 잘 대변하고 있다. 이 시기 저자는 부친을 여의고 가장으로서 집안을 건사해야 할 때였다. 말하자면 가장으로서 본격적인 사회 활동을 해야 했던 시점이다. 그즈음 이런저런 일을 처리하면서 다른 사람과의 갈등을 겪을 만한 일이 많았을 터다. 그런 고민이 이 시를 통해 잘 드러나고 있는 셈이다.

이의 연장선상에서 볼 작품이 더 있는데, 벗 곽정조를 만나고 지은 다음 시도 주목된다.

외람되이 좋은 사람이 찾아와　猥得好人訪
등불 짝해 고금을 논했네　伴燈說古今
회포를 말하고 보니 나와 가까웠고　言懷而我近
또 의심처 깊이 논란해 다행일세　且幸難疑深
(기미년[1739년] 1월 30일조)

이 시는 1739년 작품으로, 끈끈한 우정을 나눈 곽정조와 긴 대화를 나눈 끝에 이를 술회한 것이다. 좋은 벗과 고금을 논하고, 아울러 자기의 의심처를 풀 수 있어 다행이라는 뿌듯함이 묻어난다. 의심처란 바로 그런 것이었다. 즉 아마 친족 사이에서 돌아가신 부친의 과거사를 두고 문제를 삼은 일이 발생한 모양이다. 저자는 곽정조에게 남의 전언을 믿고 가족의 잘잘못을 따져야 하는지, 아니면 그것에 부화뇌동하지 않고 고발한 자의 언행을 엄중히 따져 꾸짖어야 하는지를 두고 두 가지 사례를 설정해 묻는다. 그랬더니 곽정조는 뒤의 설을 따를 것을 권했다. 저자의 견해가 이와 같았기에 비로소 모호했던 상황이 분명해졌다며 고마워하고 있다. 이 항목은 그의 일기 중 하루치 분량으로 볼 때 가장 긴 부분이기도 하다. 저자가 얼마나 이 문제를 처리하는 데 부심했는지 짐작하게 해 주는 대목이다. 이 시에서 이를 점잖게 '고금의 일'이라고 둘러댔지만 실은 당장의 고민거리였던 것이다.

그러다 보니 당시 저자와 곽정조는 서로 절대적으로 의지하던 사이였다. 앞의 시를 지은 지 얼마 되지 않아 다시 일기에는 두 사람이 주고받은 시가 등장한다. 그중 두 편은 곽정조가 편지에 첨부한 것인데, 저자는 한 편에 대해 답시를 다음과 같이 적었다.

정의가 박하다 여기나 두텁기에	薄之而厚矣
그대 집을 그냥 지나친 이유라오	所以過高門
찾아오는 사람 없다고 말하지 마오	休道無人訪
그대와 나의 넋이 오가지 않소	往來爾我魂

(기미년[1739년] 2월 20일조)

곽정조가 보낸 시 중 저자가 외가에 가는 길에 자기 집을 방문하지 않은 것에 대해 서운하다는 내용이 있었는데, 그에 답한 내용이다. 이미 둘 사이는 영혼이 오고가는 사이인 만큼 꼭 만나지 않아도 서로를 느낄 만큼 가까워졌다는 취지이다. 아무튼 일기에 의하면 이 전후로 저자는 송사 문제가 발생하기도 하는 등 집안의 가장이 되는 과정에서 적잖은 난관에 봉착했던 때이다. 그나마 곽정조 같은 지기가 있어 적지 않은 위안이 되었던 모양이다.

자기의 그런 처신과 대응에 대한 고민은 이후에도 이어지는데, 1748년에 지은 「문송척(현익)애봉궤연이접성산」도 마찬가지이다.

말과 행동이 부합하지 못해 부끄럽나니	自慙言行不相副
친척이 따로 떨어져도 감히 붙잡지 못했네	親戚分離未敢挽
그대 상중에 있었으나 부고 소식 더뎠던 건	君在憂中遲一唁
먼 더부살이로 소식을 늦게 들었기 때문이네	蓋緣僑僻聽音晚

(『백불암집』 권1)

시의 내용으로 보면 얼핏 무슨 상황인지 불분명한데, 다행히 이 시에는 병서幷序가 있어서 저간의 사정을 확인할 수 있다. 병서의 의하면, 인척인 송현익宋顯翼이 부모상을 당했는데 마침 저자는 멀리 나가 있던 터라 부음을 늦게 들었고 결과적으로 당시 장례에 참석할 수 없었다. 그런데 조만간에 들으니 그가 호구지책을 위해 성주로 거처를 옮기면서 자기 집을 방문하지 않고 가버렸다는 것이다. 지나는 길에 당연히 들르는 코스인데도 그냥 지나쳐 가버린 이유가 이상한데, 저자의 추측은 장례 때 참석하지 않는 것을 두고 서운해 한 송현익이 일부러 들르지 않았다고 보았다.

그런 정황이고 보면 이 시는 자기가 장례에 참석하지 못한 것에 대한 일종의 변명이자 송현익에게 이해를 구하는 내용이다. 정작 송현익이 자기 집을 들르지 않은 또는 못한 이유는 따로 있을 수 있는데도 저자는 상황이 몹시 의아하면서도 고민스러웠던 모양이다. 어쩌면 과도하거나 쓸데없는 걱정일 수 있는 그의 그런 면모가 사실 일기에는 훨씬 더 많이 실려 있다. 말하자면 자기 주변과 그것의 관계성에서 자유롭지 못했던 셈이다.

이제 좀 더 저자 개인에게 가까이 다가가 보자. 백불암은 1745년에 이천경李天慶이 상처하고 슬픔에 젖어 있자 위로하는 시를 지어 보내주었다. 내용은 이러하다.

고금의 영걸한 선비도 古今英傑士
아내가 죽으면 슬퍼하는 법 亦有哭妻悲
지나치게 슬퍼함은 장부로서 부끄럽나니 過戚丈夫愧
이우지를 위해 말해 보노라 爲言李佑之

(『백불암집』 권1 「이우지李佑之(천경)德符豐厚, 志氣佳好, 而早忽喪偶, 似有戚容, 爲吟一絶, 付兒以示[을축]」)

이천경은 지덕知德을 갖춘 인물이었는데 일찍, 그것도 갑자기 부인을 잃게 되었다. 그런 그가 슬픔을 이기지 못하는 모습을 보고 그를 달래는 내용의 시다. 누구나 그런 처지에 있고 보면 슬퍼하지 않을 수 없지만 슬픔이 지나치면 장부로서 부끄러운 일이니 털어내라고 당부한다. 그런데 이 때는 저자도 이미 상처한 상황이었다. 따라서 이천경의 처지를 누구보다도 잘 이해했을 법하다. 정작 본인도 한동안 상처한 슬픔을 억제치 못했던 바다.

…… 광동廣洞에 이르러 성묘하고, 아내의 산소에 올라가 절구 한 수를 읊었다.

묵은 객으로 있다가 집에 돌아오는 날　舊客歸家日
기쁘게 맞아 줄 이 하나 줄었네　欣迎少一人
새 무덤에 올라 한바탕 곡을 하니　新墳來一哭
옛날의 정신을 마주 본 듯하네　如見舊精神
(『역중일기』 경신년[1740] 11월 4일조)

부인 일직손씨一直孫氏는 1740년 4월 4일에 세상을 떠났다. 이 시를 지은 시점은 부인이 죽은 지 얼마 지나지 않은 때였다. 다른 일로 한동안 외지에 나갔다가 귀가하고 보니 아내의 부재를 실감해야 했다. 그래서 이제 막 조성된 아내의 무덤에 올라 한바탕 곡을 하는 모습이다. 곡을 하고 나니 옛날 살아 있을 때의 아내의 기운이 느껴졌고, 정신을 공유할 수 있었다. 그는 이후 후처를 두지 않았다. 그런데 시간이 좀 지나자 주변에서 첩을 두라는 의견이 분분했다. 그런 정황이 일기에 고스란히 남아 있다.

둘째 아우가 나를 위해 화산花山 류대남柳臺南 집에서 첩을 구해 허락을 받고 나에게 들이기를 권했으나, 내가 본래 첩을 두기를 원하지 않았기 때문에 듣지 않았다. 주진 등 아이들도 그것이 그렇지 않다고 다투었으니 우스웠다(무진년[1748] 4월 30일조).

1748년에 둘째 아우가 아예 대상을 구한 다음 이를 종용하는가 하면 아들 주진 등도 강권했다. 하지만 저자는 본인 의지에 따라 받아들이지 않았다는 내용이다. 그런데 이 일은 그것으로 일단락되지 않고 이틀 뒤에 다시 논란이 되었다. 이번에는 모친은 물론 족제族弟 흥건興建까지 나서서 맞아들이기를 요구했다. 저자는 의리상 모친의 뜻을 거스를 수 없지만 첩을 두게 되면 처지가 더욱 험악해질 것이라며 고민에 빠진다. 그런데 그에 앞서 백불암은 부인과 영결할 때 하나의 에피소드를 일기에 남겼다. 부인은 임종에 앞서 남편에게 후처를 얻어 집안을 유지할 것을 청했던 것이다. 그녀는 유언을 통해 자신과의 다하지 못한 인연을 위해, 다른 한편으로는 모친을 봉양하고 두 자식을 키우기 위해 후처를 두라고 했던 것이다.

그런 그가 지금 첩 두는 일로 의리와 현실 사이에서 고민하고 있던 것이다. 그러나 그는 끝내 후처를 두지 않았고, 그러는 사이 어느덧 홀아비 신세가 되어 있었다. 그런 즈음 그는 모친의 환후를 항상 걱정하고 있었는데, 마침 하나뿐인 딸이 아버지의 홀아비 신세를 안타까워하고 있던 모양이다. 1753년의 어느 일기에는 모친에 대한 걱정과 딸아이에 대한 짠한 마음이 어우러진 시편 하나가 실려 있다.

> …… 어머니 편지를 받았다. 환후가 조금 심해졌다고 하시니, 매우 애가 타고 걱정이 된다. 딸아이를 대하니 마음이 짠해 절구 한 수를 읊었다.

홀아비 심정 점차 사람의 도리 해침을 알겠고	鰥情漸覺傷人理
효도 우애 자애로움이 모두 날로 그릇되어 가네	孝友天慈盡日非
너를 대하니 항상 내 마음이 즐겁지 아니한데	對爾恒吾心不樂
너는 어찌 나를 위해 또 슬퍼한단 말인가	爾胡爲我又含悲

(계유년[1753년] 11월 29일조)

본인은 모친 건강을 걱정하고 있는데 옆에 있는 딸은 홀아비 신세인 저자를 걱정하고 있었다. 그런데 정작 자기는 어머니 없이 지내는 딸이 가엾다. 부모와 자식으로서 각각의 분수인 효도와 자애가 결핍될 수밖에 없는 가족의 현실이 일차적으로 저자를 힘들게 했다. 실제로 딸이 이경록에게 시집갈 때 모친이 부재한 상태였다. 모친과 딸 사이에서 걱정하고 슬퍼하는 저자의 현실이 이 시에 집약되어 있는 것이다.

이처럼 최흥원은 집안식구, 즉 어머니를 그리워하고, 부인을 추모하며, 죽은 아들에 대해 슬퍼하고, 딸을 걱정하는 시편을 남겼다. 말하자면 집안의 삼대에 걸친 여성에 대한 애도와 그리움을 시로 승화했던 셈이다.

앞서 언급했듯이 최흥원의 경우 50대 이후의 시편은 거의 드물며, 60대 이후의 작품은 아예 없다시피 하다. 따라서 이후 그의 고민의 흔적은 잘 발견되지 않는다. 다만 국도본 문집에 70대의 시 한 편이 유일하게 남아 있다. 공교롭게도 그것은 인생을 정리하는 성격도 겸하고 있어 주목할 필요가 있다.

다 커서 제술은 없고 단지 나이만 들었는데	長而無述只高年
남들은 외람되이 지상선이라 부르니 부끄러울 뿐	愧越人稱地上仙
무슨 생각으로 허명에 추천하는 붓을 적시는지	那意虛名濡薦筆
지금 등문은 다시 하늘을 속이는 일이라네	至今登聞又欺天

(『백불암집』 권1 「화배내성和裵乃誠(원명遠明)(무술)」)

1778년, 즉 저자 나이 73세에 지은 시로, 배원명에게 화답한 내용이다. 그해 정월에 저자는 처음 중앙 정부의 부름을 받아 경모궁수봉관景慕宮守奉官에 제수되는데, 아마도 이 소식을 듣고 배원명이 축하해주거나 자리에 나가기를 권유한 모양이다. 이에 대한 답이 이 시이다. 자기는 변변한 이룸도 없고 나이만 먹은 존재인데, 남들은 잘못 알고 '지상선地上仙'으로 일컫는다. 이 찬사도 부끄럽거니와 이제 관직에 나아가는 것은 하늘을 속이는 짓이라며 손 사레 치고 있다. 저자는 이후 장릉참봉과 동몽교관, 장악원주부 등에 연이어 제수되었지만 계속 사절하고 나아가지 않았다. 그가 만년의 자기를 반추하는 이 시는 어쩌면 그의 삶을 되짚어보는 또 다른 거울이라고 봐도 무방할 듯싶다.

이처럼 최흥원의 시세계 속에는 도학적 이상이 투영된 시가 있는 반면 개인으로서 여러 관계 속에서 이런저런 감정이 교차하는, 솔직한 감정을 표출한 작품도 적잖음을 확인할 수 있다. 이것이 그의 시세계의 안과 밖이라고 하겠다.

4 고뇌와 성찰, 내면 서사로서의 『역중일기』

최흥원은 거의 평생을 지역 공동체를 활성화시키고 집안을 건사하기 위해 골몰했으며, 그런 과정에서 자기 자신을 지키기 위한 노력을 경주했다. 그런 일면이 앞서 살펴본 시에서 어느 정도 드러난다. 그의 그러한 모습은 『역중일기』를 관통하는 면이기도 하다. 이 일기를 보면 대구 산림으로서 집안과 자기를 단속하는 것은 그가 평생 지켜야 했던 거의 숙명적인 과제였던 듯하다. 그런데 사실 그런 면모는 결과로서 그렇게 비춰지는 면이 없지 않다. 그래서 기왕에 이 일기가 영남 선비로서의 일상을 구현한 결과물로, "우환憂患에 대한 염려와 가족애", "종사宗事 주관과 향촌 교화", "교유와 유람", "무아無我의 동경과 거경조존居敬操存의 추구" 등을 주 내용으로 하는 것으로 파악된 바 있다.[16] 그러나 백불암이 그런 평가를 받을 수 있는 것은 부단한 고뇌와 성찰을 보여주었기 때문이다. 말하자면 『역중일기』라는 텍스트는 저자 최흥원이 삶의 나날 속에서 끊임없이 고민하고 성찰한 과정이자 그런 자신을 매일매일 체크하면서 집안을 건사하는 과정을 낱낱이 담은 결과물인 셈이다. 요컨대 『역중일기』는 18세기

16) 오용원, 「최흥원의 『역중일기』를 통해 본 영남 선비의 일상」, 『대동한문학』 45집, 대동한문학회, 2015.

영남 사인 최흥원의 내면을 들여다보기에 적실한 자료이다.

그런 점은 앞서의 시편 분석에서 일정 정도 확인되었거니와, 여기서는 『역중일기』에 기록된 내용을 뽑아 해당 지점을 좀 더 구체적으로 파악해 보고자 한다.

먼저 50년이 넘는 기간의 이 일기는 대체로 3단계로 나누어진다.

1735년 7월에 부친 정석鼎錫이 서천했을 때 최흥원 나이는 31세였다. 그때부터 50년 남짓 집안의 가장으로서의 삶을 살게 되었다. 그의 『역중일기』 또한 부친의 서거 시점부터 본격적으로 기록되기 시작한다. 그런데 그는 부친의 장례부터 난관에 부딪쳤다. 일찍이 장례를 치러본 경험이 없었던 그는 해당 과정을 낱낱이 기록으로 남겼다. 그것은 이제 가장으로서의 책무를 다잡고자 하는 의지이기도 했다. 그런 기조는 모친이 별세한 1765년 8월 7일까지 계속된다. 정확히 30년 동안의 일기 부분은 모친 병환과 떼려 해도 뗄 수 없는 관계에 있었다. 그리고 일기의 후반부라고 할 수 있는 이후 약 20년 동안의 기록은 주로 본인의 병치레를 중심으로 하고 있다. 결국 『역중일기』는 부친의 죽음, 모친의 환후와 죽음 그리고 본인의 병치레가 하나의 순차적 서사로 구성되어 있다고 볼 수 있다. 다시 말해 『역중일기』는 부모와 본인의 병과 죽음이라는 씨줄에, 가장으로서 또 집안어른으로서 또 지역 유지로서 겪어야 했던 숱한 사건과 그에 따른 심상이 날줄로 직조된 결과물인 셈이다.

앞서 언급한 기존 연구에서 『역중일기』의 성격을 몇 가지로 통괄했듯이 백불암은 기본적으로 집안과 향촌, 그리고 개인적 문제로 고심한 향촌 지식인이었다. 그가 만약 일찍부터 관로를 열망해 과업에 몰두하거나 중앙 정계 진출에 관심을 가졌었다면 나름의 사회 감각과 정치의식을 고양했을 터다. 하지만 젊은 시절 과업을 접으면서부터17) 그쪽에 대한 관심은 따로 갖지 않았던 모양이다. 그런 이유에서인지 『역중일기』에서는 사회에 대한 시선이나 정치 현실에 대한 의견 등은 거의 개진되고 있지 않다. 있다고 해도 이런 정도이다.

조보를 받아 보았다. 호포戶布와 결포結布의 논변은 실로 홍계희洪啓禧와 판서 박문수朴文秀가 주장한 논의이나 지금 정무를 맡은 자는 영의정 조현명趙顯命, 좌의정 정우량鄭羽良, 우의정 김약로金若魯 등이다. 나라를 위해 충성을 다할 자가 누군지는 모르겠다(경오년[1750년] 7월 2일조).

하징夏澄이 조보를 보내주었다. 금위禁衛와 어영禦營 두 번군番軍은 경기京畿로 옮겨서 차출해 지방에서는 번군을 올려 보내지 않도록 하고, 관찰사의 내행內行을 혁파하자는 등의 수 십 조목을 조정에서 논의해 정했다고 한다. 과연 시행되겠는가. 또 새로 경제사經濟司를 설치했다고 한다(경오년[1750년] 7월 28일조).

이 두 기사는 공교롭게도 같은 해 같은 달의 기록으로, 조보를 통해 그가 중앙 정계 소식을 접하고 있었음을 확인해준다. 앞 인용문에 등장하는 호포와 결포의 논변은 그 해 있던 조세 논란으로, 호戶 단위로 해 그것을 돈으로 환산해 걷자는 호조판서 박문수의 주장과 양인의 군역 부담을 베 2필에서 1필로 줄이자는 충청감사 홍계희의 건의를 말한다. 이 호전론戶錢論과 감필론減疋論은 모두 조세제도를 개선해 보려는 취지였는데, 문제는 그에 따른 조세의 부족분을 토지 소유자, 다시 말해 주로 양반이 소유한 전결田結에 결포를 부과해 메우자는 것이었다. 이른바 균역법이다.

17) 「연보」에 의하면 1729년, 나이 25세 때 둘째 동생 홍점興漸이 병으로 위독한 상황이 되었는데도 주위에서는 모두 과문科文을 짓느라 돌보지 않은 것을 보고 명리를 추구하는 것에 환멸을 느끼고 과업을 포기했다고 한다.

균역법 시행은 당시 영의정이던 조현명을 중심으로 이루어졌다.18) 따라서 조세제도의 개선 문제는 백불암에게도 예민한 문제가 아닐 수 없었다. 그에게는 이 제도가 어떻게 시행될지 귀추가 주목되던 상황이었다.

그에 앞서 백불암은 지방에서 일어나는 군정과 조세제도의 현실적인 문제를 분명하게 따져본 적이 있었다. 기미년(1739년) 5월 25일조에 해당 내용이 나와 있다. 요점은 이렇다. 익히 알려져 있는 황구첨정과 백골징포가 큰 폐해인 것은 분명한데, 지방에서는 군역과 조세 담당자인 양인이 군액을 면하려는 꼼수를 부리고 있는 점을 문제점으로 보았다. 이 꼼수가 바로 수포군관收布軍官과 양민교생良民校生이었다. 수포군관 제도는 일정 액수 이상의 면포를 바치고 일반역보다는 가벼운 군역을 치르는 것으로, 양인이면 누구나 그것에 편입되고자 했다. 양민교생은 인용문의 언급대로 양인 자제 중 문자를 터득한 이를 향교의 유생으로서 시험에 참여할 수 있게 한 제도로, 이를 통해 양역을 면할 수 있었다. 백불암은 지방에서 이 두 가지 폐해가 극심하다면서 군정의 폐해와 국가 세수의 확보를 위해 이 제도를 없애야 할 가장 시급한 현안으로 상정했다. 그리고 지방에서 그러한 문제가 다반사가 된 데는 지방 수령의 사욕과 양인들의 뇌물 공여가 큰 원인인 것으로 보았다. 중앙에서 잘 파악할 수 없는 변법 — 수포군관제와 양민교생법 — 의 난맥상을 나름 예리하게 파악하고 있었던 셈이다.

흥미로운 점은 당연히 두 제도를 없애는 것이 해결책이기는 한데, 이를 향약법으로 자체 통제해야 한다고 보고 있는 것이다. 국가 제도의 사각지대에서 노출된 문제점을 지역자치를 통해 보완하고자 한 면모는 상당히 참신해 보인다. 그럼에도 그런 해결책이 다분히 사족 중심의 논리를 따르고 있는 문제점 또한 없지 않다. 특히 '양인 자제는 절대 교생이 되게 해서

18) 이 시기의 조세제도 논의에 대해서는 이근호, 「영조대 균역법 시행과 공公, 사私 논의」, 『대동문화연구』 76집, 대동문화연구원, 2011 참조.

는 안 된다'거나 군역이나 조세 의무를 회피하려 도피하는 양인에 대한 감시를 철저히 해야 한다는 언급은 분명 지역의 양인을 통제하려는 의도에서 비롯된 사고이지 않은가 싶다.

아무튼 그것을 통해 국가 시책이 과연 저자의 지역에서 해결될 수 있을지는 의문이기는 하나 저자의 그런 견해는 중앙 정부, 특히 조정 신료들의 건의와 의견을 완전히 믿지 못하고 있던 반증으로는 읽힌다. 저자의 그러한 시선은 아래 인용문에서도 다시 확인된다. 즉 하징이 보내준 조보를 통해 조정에서 번군 제도 개선과 관찰사의 관행을 혁파한다는 등의 수십 조목에 대한 혁파 및 개선 논의가 있다는 사실을 접한다. 하지만 백불암은 '그것이 과연 시행되겠는가'라며 회의적 시선을 거두지 않고 있다.

한편 백불암은 주상에 대한 소식과 시책에 대한 언급도 아주 드물게 했는데, 다음은 그 예이다.

> 맑음. 어머니 환후는 다행히 심해지지 않았다. 원근의 논에서 난 곡식의 소출이 전과 비교해 갑절이나 많다고 한다. 틀림없이 전에 없던 엄청난 소출이다. 주상께서 특별히 명령을 내려 을해년[1755년]과 병자년[1756년]의 구 환곡還穀을 반감해주도록 했다. 정말 성군 시대의 정사이다(정축년[1757년] 9월 6일조).

> 조보에 기록된 것 같이 처분이 아주 엄해 이미 세자를 폐하고 가두었다면, 끝내 어떻게 처리될지 알 수가 없고 다시 들을 수 있는 방법도 없다. 다만 침식을 잊고 혼정을 다할 주상을 위해 눈물을 흘릴 뿐이다. 사교 무리가 이 소식을 듣고 거접居接을 파하고 각자 흩어졌으니, 또한 떳떳한 본성을 지닌 사람의 자연스런 행동이다(임오년[1762년] 윤5월 24일조].

위의 예문은 올해, 즉 정축년은 풍년이 든 데다 작년[병자년]과 재작년

[을해년]의 환곡을 주상께서 반감해 주었기에 생계가 풍족하게 되었다는 것이다. 그야말로 '성군 시대의 정사'라는 것이다. 아래 예문은 앞의 것과는 분위기가 상반된다. 1762년 윤5월 13일에 있은 일, 즉 사도세자가 서인으로 강등되고 뒤주에 갇히는 왕가의 비극을 저자는 사건이 일어나고 열흘 뒤 조보를 통해 접할 수 있었다. 이후의 처리에 대해 다시 들을 수 없기에 답답했는데, 실제 저자가 조보를 접하기 이틀 전 사도세자는 이미 뒤주 속에서 죽은 뒤였다. 그럼에도 저자는 오직 혼정을 쏟느라 침식을 잊고 있을 주상을 위해 눈물을 흘릴 뿐이다. 비록 단편적으로 나타나는 사례이기는 하지만 임금에 대한 충정은 이를 통해 분명하게 확인된다. 반면 앞서 확인했듯이 조정 신료들에 대해서는 일정한 불신이 마음속에 자리하고 있던 것으로 보인다.19)

아무튼 위에서 든 몇몇 사례는 국가 제도와 조정의 움직임에 대한 저자의 반응과 관련해 그의 『역중일기』에서 아주 드물게 관찰되는 것들이다. 그것도 특정 시기에 조보를 통해 접한 사실에 한정되었으며, 본인 의견을 개입시키는 것은 자제하는 편이었다. 그에 반해 백불암 본인의 현실과 밀착된 대구 지역의 행정과 관련해서는 상대적으로 많은 관심을 표하고 있다.

근자에 자주 가뭄이 들어 고통 받고 있으므로 조정에서 제방을 수축하도록 신칙했다. 서부西部 사람들이 용암龍巖의 수구水口로 나아가 살펴보고 그곳을 막아서 제방을 쌓겠다고 하며 아사亞使에게 달려가 고했다. 아사가 급히 와서 살펴보고 기뻐하며 "하늘이 낸 곳이다"라고 했다. 그것을 대구부사에게 말하니, 대구부사도 급히 와서 살펴보고 같은 말로 아주 좋다고 칭찬했다. 장차 백성의

19) 물론 이는 당시 영남 사인의 일반적인 스탠스였을 것으로 보인다.

힘을 크게 일으켜서 제방을 쌓을 것이다. 아! 대구부사와 판관은 단지 지세만 보았을 뿐 수원을 궁구해 보지 않으니 또한 지형을 살피는 식견이 얕다. 팔공산 둘레 수십 리에 걸쳐 골짜기를 이루고 골짜기가 양쪽 협곡으로 갈라져 수구가 되는데, 용암은 이미 물이 나오는 골짜기로 큰 내를 이루는 것이 셋이며, 용암 위에 이르러서 합류해 하나의 큰 시내가 된다. 용암 수구 아래로부터 수세가 건령수建瓴水처럼 세차게 쏟아져 종종 폭우가 쏟아지면 시냇물이 불어나서 급히 흘러내리고 모래와 자갈이 우레처럼 굴러 내린다. 그런데 그 아래 제방을 쌓는다면 어찌 무너지지 않을 이치가 있겠는가? 옛사람들이 어찌 지금 사람만큼 현명하지 않았겠는가마는 그런 계책을 내지 않았던 것은 곧 수세를 살폈기 때문이다. 지금 사람이 곧 옛사람이 하지 않은 것을 하려 함은 겸손함이 작을 뿐만 아니라 스스로 헤아릴 줄 모른다는 걸 환히 드러내는 것이다. 일을 마치기 전에 내가 보기로는 반드시 실패할 것이다. 백성의 힘을 허비하게 되었으니, 매우 개탄스럽다(기미년[1739년] 1월 15일조).

오후에 돌아오는 길을 나서서 대구부 북쪽에 이르러 성 북쪽 누각에 올랐다. 이는 새로 성을 쌓고 나서 아직까지 시설을 보지 못해 오른 김에 한번 눈여겨보고 싶었기 때문이다. 성을 쌓은 것 자체가 합당한 땅이 아니었으니 그것은 보지 않아도 이미 알만하나, 쌓은 것도 완전치 않아 제도를 잃고 임시로 계책을 쓴 것이니, 어찌 후인의 비난이 없겠는가? 가소롭다. 백성의 힘만 헛되이 쓰고 국가를 위한 장구한 계책을 이루지 못했으니, 또한 한탄스럽다(기미년[1739년] 2월 16일조).

이 두 사례는 같은 해 같은 달에 있던 대구부의 제방과 성을 쌓은 일을 두고 비판한 것으로 논조 또한 거의 비슷하다. 그중 용암 수구에 제방을 쌓는 일에 대해서는 지속적으로 진행 상황을 확인해가면서 무모한 행정적

발상 중의 하나로 지목하고 있다. 서부 사람들의 건의와 대구부 판관과 부사의 탁상행정이 빚은 참사로 본 것이다. 수세를 살피지 못한 그런 오판은 반드시 실패하게 될 것이라고 했는데, 실제 그의 예견대로 그해 여름 폭우로 제방은 그대로 무너지고 말았다. 기미년 6월 4일조에 의하면, "용암 제방 쌓은 곳이 무너졌다고 한다. 사리가 참으로 이와 같이 될 것이어서 괴이할 것도 없다"고 했다. 이어지는 대구 북쪽의 성 수축도 그와 비슷한 맥락에서 실책으로 본다. 그곳은 성을 쌓을 만한 땅이 아닌데다 이미 축성한 것도 제대로 쌓은 것이 아니었다. 이 또한 정해진 규칙대로 성축한 것이 아니라 임시방편으로 쌓아, 요즘으로 치면 예산만 낭비한 셈이다.[20]

기실 그런 정황들은 요즘의 우리 정치 현실과도 무관해 보이지 않아 좋은 시사점이 될 만하다. 결과적으로 그는 국가의 장구한 계획의 구현이 해당 지역에서 실현되지 못한 현실을 개탄하고 있다. 그런 실정은 곧 백성의 힘만 헛되이 쓰게 된다는 점을 우려했다는 점에서 의미가 적지 않다.

이처럼 저자는 자기 지역에서 벌어지는 실정 문제를 날카롭게 주시하고 있다. 그러나 지방 행정에 대한 그런 진단은 이후 일기에서 사라진다. 따라서 이 시기 그런 몇 가지 사례는 이제 막 가장이 되어 집안을 책임져야 하는 시점에서 대외적인 인식의 지평을 확보하는 차원으로 읽힌다. 그런 만큼 『일기』는 그야말로 저자의 생활 주변의 기록이다. 그런 속에서 백불암의 감정선은 다양한 사례를 통해 드러난다. 그것을 크게 집안 건사와 관련한 반응과 남과의 만남이나 접대에 따른 감정의 표출, 그리고 자기 자신에 대한 점검 차원에서 드러나는 내용 등으로 대별해 볼 수 있다. 그

20) 반면 세금 징수와 관련해 불필요한 세원稅員을 줄이고 겸직하도록 한 제도는 좋은 정책이라고 평가하는 경우가 없지는 않다. 『역중일기』 기미년(1739년) 9월 27일조에서 그런 내용을 볼 수 있다. "현풍현감이 본 고을의 겸관이 되어 각 면의 서원書員[세금징수 아전]을 파면하고 간평看坪해 작부作夫[토지 8결結을 1부夫로 계산해 결세結稅를 거두어들이는 것]하는 것을 특별히 영을 내려서 면임面任이 맡도록 했는데, 그것은 좋은 정책이다."

러한 국면들이 두드러지는 시기는 앞서 일별한 대로 부친의 별세 이후 가장이 되어 집안을 건사하기 시작한 때부터 모친이 별세할 때까지이다. 저자 생애에서 여러 가지가 가장 예민한 시기이기도 했다. 특히 저자의 감정과 내면이 잘 드러나는 지점은 주로 가정사와 집안 문제, 지역의 시속과 여러 인물과의 접촉 등에서였다.

> 내가 자제들에게 종종 지나칠 정도로 말로 책망해 은정을 상하는 경우가 많다. 이는 나의 기상이 남들 마음을 기쁘게 해주지 못한 데다가 말을 삼가면서 자제들을 따르도록 하는 데 미진한 점이 있기 때문이다. 지극한 정분을 나누어야 할 사이가 이토록 뒤틀어지게 되고 말았다. 지금부터는 그야말로 통절하게 경계하고 반성해야 할 것이다(임술년[1742년] 1월 23일조).

> 며칠 사이에 응접하느라 꽤나 소란스러워서 마음이 안정되지 않았으니, 평소 함양이 깊지 못하기 때문이다. 부끄러움을 느낀다. 종종 종들에게 가혹하게 영을 내리면서도 문득 후회하며 반성할 겨를도 없었다. 집안의 노소들을 대하면서 근심으로 여기지 않고 도리어 가혹하게 굴면서 이를 시원하게 여겼으니, 이게 어찌된 까닭이었던가?(계해년[1743년] 10월 18일조).

자제나 집안사람, 종을 대할 때 지나치게 꾸짖거나 가혹하게 굴어 은정을 상하는 지경에 이르렀음을 실토하고 있다. 아울러 그러한 불협화음이 모두 자기의 결손에서 초래되었음을 시인하고 있다. 심지어 종들을 심하게 대하면서도 반성할 겨를도 없다고 자탄하기도 한다. 초보 가장이 된 저자 집안에서 좌충우돌하는 상황이 '경계', '반성', '부끄러움', '어찌 된 일' 등의 어휘를 통해 실감나게 드러나고 있다. 이런 저자의 자기반성과 고민은 다른 지점에서도 거듭 확인된다.

맑음. 어머니 환후가 줄곧 좋아졌다 나빠졌다 하시니 너무 애가 타고 절박한 심정이다. 아침밥을 먹기 전에 성질을 참지 못하고 과도하게 종에게 매질을 해 후회스럽다(갑자년[1744년] 5월 1일조).

어머니 환후는 한결같다. 여든 살 노인이 덥고 서늘한 날씨가 교차하는 가운데 조리하는 절차는 응당 십분 세세한 부분까지 조심하여 한 치의 어긋남도 있을 수 없기를 마치 갓난아이 기를 때와 같이 해야만 목숨을 보존해 뉘우침이 없게 될 것이다. 그런데 견해가 일치하지 않고 의논이 많은 것은 나의 견해가 명확하지 못하고 효심이 부족한 소치이니, 허물이 되고 한스러움을 어찌하고 어찌하겠는가(신사년[1761년] 7월 21일조).

이 두 기사는 기실 모친의 병환과 관련되어 있다. 첫 번째 예문은 모친의 환후가 오락가락해 애타고 절박한 상황에서 성질을 참지 못하고 종을 매질한 것에 대한 일종의 반성문이다. 물론 그처럼 짧은 정황을 통해 모친의 병환과 종에게 가한 과도한 매질이 반드시 상관관계가 있다고 단정하기는 어려우나 그런 맥락으로 읽히도록 되어 있다. 일종의 화풀이를 한 것으로 보이기 때문이다. 하지만 저자는 그런 자기 행동을 돌아보며 후회한다. 은근히 절묘하다. 아무리 일기라고는 하지만 굳이 그런 내용까지 있는 그대로 드러낼 필요가 있을까 싶다. 그런 점에서 백불암은 철저히 자기 성찰적 존재였다.

두 번째 인용문은 모친을 모시는 과정에서 불가피하게 부딪치는 고민을 에둘러 표현한 사례이다. 여든 노모를 모시던 중 의견이 일치하지 않아 모종의 갈등을 겪었던 모양이다. 구체적 사정을 드러내고 있지는 않지만 '점점 어린아이가 되어 가는 노인'과 모든 일이 순조로울 수는 없었을 것이다. 부모는 부모대로 자식은 자식대로 자기 입장에서 받아들일 수밖에 없기에 이 문제는 여간 난처한 것이 아니었으리라. 저자는 이 문제를 본인의 불효의 소치로 돌리면서도 답답한 마음을 숨기지 않는다. 이 또한 그가 가장으로서 또 자식으로서 겪어야 했던 불가피한 과정이기도 했다.

한편 이 시기 저자는 주변에서 자기를 비방하거나 불평하는 일도 자주 겪어야 했다.

> …… 이세춘李世春이 친척 이봉신李鳳臣의 말이 발단이 되어 내게 몹시 성을 내고 심지어 욕설까지 내뱉었다고 하는데, 스스로 반성해 부끄럽지 않으니 한 번 웃고 말았다(경신년[1740년] 윤6월 20일조).

> 성산 일족 어른이 요즈음 여러 일족의 뜻을 말했는데, 모두들 얼속孽屬이 불공한 것에 대해 허물을 내게 돌린다고 하니, 어떻게 잘 처신해야 할지 한탄스럽다(갑자년[1744년] 9월 26일조).

앞의 사례는 이세춘이란 자가 친척의 말로 인해 자기에게 욕설을 퍼부었다는 내용이고, 뒤의 사례는 집안어른들이 얼속이 공손하지 못한 허물을 자기에게 돌렸다는 내용이다. 이세춘이 자기에게 성을 내며 욕을 한 이유는 나와 있지 않지만 스스로 돌이켜볼 때 부끄럽지 않은 만큼 한번 웃어 넘긴다며 개의치 않는다. 앞서 한시 논의에서 그와 비슷한 경우가 있었거니와, 여기서는 자기감정을 표출했다는 점에서 다르다. 지금처럼 한번 웃어넘기기도 했지만 가끔은 상대방에게 저주를 퍼부을 만큼 감정을 숨기지 않고 드러내는 경우도 있었다.

> 아침 식전에 사촌 통숙通叔이 돌아와 말해 주기를, 필종弼宗이 과연 소장을 올렸

는데, 회피하면서 기꺼이 나와 변론하려 하지 않으므로 둘째 아우가 혼자 관아의 뜰에 서서 사유를 아뢰고 돌아왔다고 한다. …… 전필종全弼宗이 갑자기 보러 와서는 절도 하지 않은 채 앉아서 괴상한 말만 늘어놓고 돌아갔다. 그의 행동거지가 참으로 너무나 비정상적이다. 옛날에 이른바 도깨비怪鬼라고 부른 것이 필시 그런 무리배이리라(기묘년[1759년] 2월 20일조).

집안과 지역민 사이에 종종 소송이 발생하곤 했는데, 그런 소송 건이 있을 때마다 저자는 다른 무엇보다 예민해졌다. 여기 전필종과도 작은 소송이 생겨 관아에서 대질심문을 해야 할 상황이었다. 그런데 전종필은 대질을 회피하면서 갑자기 찾아와 궤변을 늘어놓았다. 그런 그를 두고 '괴귀怪鬼'로 표현하며 적대시하고 있다. 그럼에도 소송 문제는 조심하지 않을 수 없었다. 항상 고민거리 가운데 하나였다. 이를테면 기미년(1739년) 5월 19일조에는 곽급郭岌이란 자와 소송이 붙은 사정이 나와 있다. 그러한 소송 과정에서 동생과 친구까지 합세해 한참 동안 진행되었다고 한다. 저자는 소송이 이어지는 과정에서 이런 한탄을 하기도 했다. "나이 어린 자제들이 송정訟庭에 드나드는 것이 극히 아름답지 못한데, 하물며 나로 말미암아 그렇게 하고 있으나 내가 금지시키지 못했으니, 부끄러운 마음이 없을 수 있겠는가?" 소송에서 질 수는 없지만 그런 일로 관아에 드나드는 것이 전혀 아름답지 못한 일이란 점에서 다른 문제는 제쳐두고 자기를 먼저 자책했던 것이다.

그러나 일족이 얼속의 무례함을 갖고 저자 탓으로 돌리는 데는 그도 어쩔 도리가 없었다. 기실 그것은 집안의 종손으로 짊어져야 했던 불가피한 숙명이기도 했다. 저자는 이전에 일족끼리 불손하게 군 일로 친족관계를 끊겠다고 어르는 상황에 봉착하기도 했는데[21], 그럴 때마다 곤혹스러운 감정에 사로잡히곤 했다. 그럴 경우 특별히 어떤 조처를 취했는지 확인되는 경우는 거의 없다. 그럴 만큼 애매하면서도 어려운 상황이었기 때문이다.

그런 그의 고민은 지역민의 시속과 관련해서도 이어진다. 한 지역민이 출세를 위해 서울에 가 있느라 부모상을 당한 사실도 모르고 있었다는 소식을 접한 저자는 '죽여도 용서가 안 될 짓'으로 가차 없이 비판한다.

> 남명신南命新이 편지를 보내와 류이혜柳爾惠 군이 부모상을 당했다고 알려주었다. 그의 아우는 활과 화살을 갖고 고하지도 않은 채 서울로 달려가 출신出身을 구하며 어버이가 죽은 줄도 몰랐다고 하니, 죽여도 용서가 안 될 짓이다(갑자년[1744년] 11월 8일조).

참고로 이 부분의 원문은 표현이 너무 심했던지 뒤에 누군가가 붓으로 지운 흔적이 남아 있을 정도다. 류이혜와 그의 아우가 부모상을 당했는데, 형은 벼슬을 구하려고 서울에 올라가 있느라 상이 날 줄도 몰랐고, 아우는 부모상이 났으면 으레 행해야 할 기본적인 예의도 차리지 않았다. 둘이 죽여도 용서할 수 없는 불효막심한 짓을 했다며 북을 쳐 몰아낼 듯하다.

한편 신미년(1751년) 6월 27일조에는 "친척 이평중李平仲이 찾아와 잤는데, 그가 사촌 서얼에게 모욕당한 일을 자세히 들었다. 매우 참담하고 악독해 그의 외로운 처지를 이용하지 않은 것이 없었다. 인심이 한심스럽다"는 언급이 보인다. 친척 이평중이 사촌 서얼에게 모욕당한 일을 접하고는 외로운 그를 악독하게 이용했다며 인심의 야박함을 한탄한 것이다.

21) 『역중일기』 신유년(1741년) 9월 15일조. "들으니, 지묘智妙의 여러 일족 어른이 인동仁同 할아버지가 현풍玄風 일족 어른께 불손하게 굴었던 일을 갖고 내게 성을 내어 심지어 친족관계를 끊겠다는 말까지 있었다고 한다. 참으로 뜻밖이다. 문중의 그런 풍습을 어떻게 없앨 수 있을지 아주 개탄스럽다."

이처럼 저자는 지역 주민의 몰상식하거나 불합리한 처사에 불만이 많았고, 그것에 대해 다소 과도한 감정을 드러내기도 했으나 그렇다고 그것을 직접 훈계하거나 시정을 요구한 행위는 잘 드러나지 않는다. 오히려 그런 상황에서 어떻게 처신해야 할지를 고민했다. 대개 이런 식이었다.

> 낮에 하상河上 류영柳泳 씨 집 심부름꾼이 왔다. 곧 사주단자를 들고 온 심부름꾼인데 편리함을 좇아서 온 김에 아울러 의양단자를 청했으니, 그것은 실례 중에서도 또 실례이다. 그러나 저쪽에서 이미 시속의 간편함을 따르고 있는데 하필 나 혼자만 무리들과 달리 고고하게 굴 수 있겠는가?(계해년[1743년] 8월 18일조).

대부분이 예에 의거하지 않고 시속의 편이함만 따르기에 분명 실례지만 그렇다고 자기만 고고하게 구는 것도 편치 않았던 것이다. 가끔 자기만은 법도를 지키면 된다고 자부했지만 여전히 그런 문제 상황에서 자유로울 수 없었고 드러내놓고 불평할 수도 없었다.

그런가하면 그의 『역중일기』에는 남모르는 이들이 집으로 찾아와 일을 요청하거나 구걸하는 사례가 적지 않게 나온다. 아마도 이는 옻골의 사회적・경제적 위치에 따른 불가피한 정황이지 않았나 싶다. 그런 접대와 응대 문제가 특별히 문제될 것은 없었을 텐데, 저자는 그에 대한 처리와 감회도 빼놓지 않고 기록했다.

> 아침에 문득 평량자를 쓴 자가 집으로 들어오기에 물어보니, 천전川前 김생金生으로 장령 권상일權相一의 외종이라고 했다. 돈을 아주 급하게 구했으나 마침 군색했으므로 성석聖錫 아재에게 약간을 빌려주도록 했는데, 빌려주기 어렵다 하며 응하지 않아 그를 노해서 돌아가게 만들었으니, 부끄럽다!(경신년[1740

년] 10월 14일조).

매양梅陽 송춘기宋春基 어른의 편지를 받아 보니, 혼례가 있다고 하며 예복을 대신 빌려달라고 했으나 약속을 어긴 적이 있어서 들어줄 수 없으므로 한탄스럽다(신유년[1741년] 12월 26일조).

대개는 비렁뱅이가 와서 구걸해도 돈이나 먹을 것을 주어 적선을 실천했는데, 위의 두 사례는 그렇지 못한 경우이다. 앞의 사례는 안동 내앞의 김생이 찾아와 갑자기 돈을 빌려달라고 했는데, 결과적으로 주지 못하자 화를 내며 돌아갔다는 내용이다. 더구나 그는 저자보다 한 세대 앞선 상주 지역의 학자 청대淸臺 권상일權相一(1679~1759년)의 외종이었는데, 그의 뜻에 부합하지 못했으니 부끄러울 뿐이라며 자책한다. 아래 사례는 예복을 빌려달라는 송춘기 어른의 뜻을 저버렸다는 내용이다. 이전에 약속을 어긴 적이 있었기 때문이다. 거래에서 엄격한 저자이기에 상대방이 어려운 처지임에도 부응하지 않았지만 내심 불편하기 짝이 없었다. 그렇게 당시 형편에 따라 또는 상황에 따라 상대방 요청을 저버려야 하는 경우 누구도 불편할 수밖에 없을 것이다. 이 또한 저자에게는 무겁게 다가온 부분 중 하나였다.

관계에 따른 그런 불편함과 내적 고민은 경제 형편과도 무관하지 않았다. 『역중일기』에 의하면, 특히 경오년(1750년)과 병자년(1756년)에 흉년 등으로 가계가 어려워 빚을 진 사실을 확인할 수 있다. 대개 5~6월에 보리 수확을 하는데 흉년이나 기근으로 수확이 여의치 않으면 남이 가져다주는 쌀로 생계를 이어가야 하는 경우도 있었다. 당연히 관아의 빚 독촉에 시달리기도 했다.[22] 그런 상황에 부닥뜨릴 때마다 편치 않은 마음을 드러냈으며, 가끔은 '우습다', '부끄럽다', '걱정이다' 등의 탄사를 연발하곤 했다.

백불암의 그런 심회는 모친이 별세한 1765년 이후 좀 더 다른 차원으로 전화하는데, 그때는 저자 나이도 이미 환갑인 즈음이라 생애의 전반적인 과정에서도 변화가 있을 법했다. 그러한 변화를 대별하자면, 이전까지는 집안 건사와 자기의 정체성에 대한 고뇌가 주를 이루었다면 이후로는 가문 유지에 대한 고민이 주를 이루게 되었다. 그와 관련된 흥미로운 지점이 바로 과거 문제였다.

지난밤 꿈에 과거 급제의 경사가 있는 듯했었는데, 항진을 위해 맘속으로 희망을 가져본다(병술년[1766년] 2월 13일조).

류 노인이 아이 항진의 과거 일로 점을 쳤는데, 초시는 반드시 합격할 것이라고 했다(병술년 2월 15일조).

…… 둘째 아우가 와 모였는데, 항진이 정시庭試 초시에 합격했다고 하니, 기특하고도 다행스럽다(병술년 2월 23일조).

셋째 아우의 편지를 받아 보고, 부중에서 정시 과거의 방목이 있었는데 다만 정후겸鄭厚謙과 홍영상洪領相의 아들[홍낙신洪樂信]과 이모李某[이한경李漢慶] 세 사람뿐이었다고 했다. 아이 항진이 돌아올 일 때문에 가슴이 답답하다(병술년 3월 8일조).

22) 『역중일기』 병자년(1756년) 5월 26일조. "…… 관아로부터 빌린 돈의 독촉이 성화같다. 굶주린 백성이 달아나는 모습을 차마 볼 수 없다. 하물며 보리를 볶아 끼니를 이어가니 궁색함과 고생이 비할 데가 없다. 밤에 비가 크게 내렸다. 석전 사위를 위해 해안解顔에서 빚을 얻어 보았으나 구할 수 없었다."

1766년에 조카인 항진이 정시를 치른 과정을 기술한 부분을 발췌한 것이다. 약 한 달 동안 정시에 응시한 조카의 소식을 접하면서 과정을 본인 심정을 곁들여 전하고 있다. 처음 응시할 때의 간절한 희망과 기대, 초시에 합격했다는 소식을 접을 때의 기쁨, 그리고 끝내 입격하지 못했다는 소식에 절망하는 모습이 선연하다. 그런 그의 모습은 의외라면 의외다. 그는 앞서 언급했듯이 기본적으로 과거를 부정했기 때문이다. 그의 글 여러 곳에서 이를 확인할 수 있으며, 『역중일기』에서도 이 점은 거듭 확인된다. 기묘년(1759년) 6월 14일조에서 저자는 "세상에서 과거에 합격하기를 추구하는 자는 대개 임금을 속이고 패악한 행위를 피하지 않아 못 하는 짓이 없는데, 그런데도 소년배들이 거기에 참여해 과거 공부함을 부끄러워할 줄 모르니, 근심스럽고 한탄할 만하다"고 했다.

다만 그가 과거 자체를 부정한 것은 아니었다. 과거 공부와 합격 여부는 분수에 정해져 있는 법인데, 모든 이가 거기에 골몰하는 폐단을 문제로 본 것이다. 그럼에도 과거에 대한 백불암의 시선은 일면 자기당착적인 면이 없지 않다. 과거 공부를 부정하면서도 아들 주진이 과거에 합격할 수 있도록 지속적으로 신경 썼는가 하면, 주변의 누군가가 입격한 사실이 들리면 아주 예민하게 반응했기 때문이다. 심지어 척진 관계에 있는 집이나 집안에서 과거 합격자가 나오면 불편한 속내를 감추지 않았다. 갑술년(1754년) 3월 14일조에 이런 언급이 있다.

> 남 상사가 또 동당시에 입격했다. 사랑스럽다. 곽한추郭漢樞가 입격한 사실은 바로 세상의 변고이니, 차라리 듣고 싶지 않다.

앞서 이 곽씨 집안과는 소송에 휘말리기도 해서 악감정이 남아 있었다. 그런 집안에서 입격했다고 하니 인정하기 어려웠던 것이다. '세상의 변고'라는 표현이 지나치기는 하나 '듣고 싶지 않다'는 언급은 느낌이 그대로 전해지지 않는가.

이외에도 부유한 집안에서 과거 합격자가 많이 나왔다는 소식을 접하고는 탄식을 금치 못하기도 했다.23) 그와 같이 과거에 대해 심기가 불편했던 백불암은 아들 주진의 실패 이후 조카 항진의 응시에 그렇게 예민하게 반응하고 있었던 것이다. 자기 집안에서 급제자가 나오지 않은 것에 상당히 초조해했음을 알 수 있다. 그런데 그러한 차원은 결과적으로 가문 유지 및 번창과 불가분의 관계에 있었다. 실제 백불암은 모친의 별세 이후 집안과 가문의 유지 문제를 고민하고 있었던 것이다.

> 날이 밝기 전에 아이 항진이 두락 산소 일로 의송議送을 올리기 위해 부중에 들어갔는데 아직 돌아오지 않았다. 돌아보면 내 자신이 배우지 않고 불효한 때문에 가문의 전통이 날로 쇠퇴해 지금 상중에 있으면서 많은 일이 뜻대로 되지 않음을 겪고 있으니, 차라리 내가 죽어서 몰랐으면 좋겠다. 통곡한들 어찌하겠는가(병술년[1766년] 7월 6일조).

> 맑다가 오후에 또 흐리고 바람이 불었다. 정신이 어두워 아내의 제사를 잊고 제물을 미리 마련하지 못했다. 기운과 넋이 쇠약하고 빠졌으니 오래 살 수 없을 듯하다. 집안 살림을 물려줄 대상도 없고 일을 대신 할 사람도 없으니 어찌하고 어찌하겠는가(신묘년[1771년] 4월 3일조).

23) 『백불암일기』(경인년[1770년] 11월 4일조). "양동의 벗 이가 갑자기 복시覆試 시험장에서 찾아왔다. 그가 가져온 방목을 보니 5명 중 4명이 경상 우하도慶尙右下道의 부유한 사람이었다. 아! 부유하면 과거에 급제하니, 자식에게 시문詩文을 가르치는 것이 이익을 도모하기를 가르치는 것보다 못하단 말인가."

가문의 전통이 날로 쇠퇴하는 중에 본인은 이미 오래 살 수 없는 쇠잔한 존재가 되어 버렸다. 이제 집안 살림을 물려줄 대상도 없고, 일을 대신할 사람도 마땅치 않은 상황임을 한탄하는 내용이다. 여기에는 이전 시기의 그의 모습과는 또 다른 회한의 정서가 짙게 드리워져 있다. 그런 저자가 말년에 의지한 책이 『심경』이었다. 이 책을 통해 잠깐이나마 걱정과 근심을 잊을 수 있었다고 술회한 바 있다. 예컨대 경인년(1770년) 4월 23일조의 "매번 「심경찬心經贊」을 외우면 걱정과 근심을 잊을 만했다"라는 글이 그것이다. 끝내 현실과 내면의 안정을 얻지 못한 저자 모습이 말년의 '『심경』 읽기'를 통해서 선명하게 부각되고 있다.

이처럼 『역중일기』는 아주 가끔 절친했던 이광정 등과의 만남 등에서 기쁨을 감추지 못한 정도 외에는 그의 내면이 평생 불안과 걱정으로 점철되어 있었음을 보여준다. 결과적으로 집안과 지역 사회의 중심이던 그는 생애 내내 현실에 골몰하느라 온전한 학자로서 본성을 함양하는 데 전심할 수 없었다. 1749년 9월 어느 날의 일기에는 그런 그의 고민이 오롯이 드러나 있다.

> 맑음. 어머니 병환은 다행히 심해지지 않았다. 책이 있는 방으로 옮겨서 거처하면서 묵묵히 혼자 점검해보니, 끝내 입과 배를 위해서 수고로울 뿐이고 본성을 기를 수 없었다. 마침내 절구 한 수를 읊으며 속내를 말해 본다.

대그릇 밥 표주박 물이면 담박한 생애에 족하니	簞瓢亦足淡生涯
담비 가죽 옷 입은들 어찌 천명과 본성을 기르랴	衣貉奚爲養命性
다소간의 근심에 문득 가련해지니	多少勞思還自憐
조용히 살면서 홀로 바로 잡음만 못해라	不如就靜獨修正

(기사년[1749년] 9월 7일조)

모친의 병환이 심하지 않아 모처럼 여가를 내 서실로 들어왔는데, 먹고 사는 일에 쫓기느라 정작 자기를 양성養性할 겨를이 없었다. 그런 한탄의 속내를 시로 표현한 것이다. 이 시는 저자가 그런 삶을 살지 못하고 있음을 시인하는 것이자 앞으로 본인이 추구하는 삶을 살겠다는 의지로도 읽힌다. 하지만 이후의 삶도 그런 다짐대로 진행되지 못했다. 곧 본인이 원하는 대로 진행되지 못한 하루하루의 삶의 보고서가 이 『역중일기』였던 셈이다. 『역중일기』는 그런 저자의 고민과 성찰 과정을 한시와 감정 표출을 통해 오롯이 드러내고 있다.

한편 그의 생애를 조명한 다른 기록물로 『백불암선생언행록』(이하 『언행록』)이 있다. 그런데 『언행록』에서의 백불암의 모습은 『역중일기』와는 사뭇 다르다. 이해를 위해 두 가지 예문을 들어둔다.

하인들을 부림에서도 역시 장엄함으로써 임했고, 바른 것으로서 이끌었으며, 언제나 가르쳐 타이르기를 먼저하고 성내고 매를 치기를 차마 하지 않고, "이도 또한 사람의 자식인데 어찌 반드시 힘을 다해 내가 하고자 하는 대로 따라오게 할 수 있겠는가. 오직 마땅히 가엾이 여기고 부릴 뿐이다"라고 했다. 또 매번 일을 맡기고 부림에 먼저 배가 고픈지 부른지 추운지 따뜻한지를 살피니, 사람들이 모두 마음으로 기뻐하며 진실로 복종했다(『언행록』 권3 「언행총록言行總錄」 중에서).

선생이 치심과 수기를 집에서 행해 국가에 이르게 하고, 사람에게 미쳐 사물에까지 미루어간 것은 한때 구차하게 얻은 것이 아니라 조용히 쌓이고 쌓여 본원의 경지에 힘을 쏟은 것이 깊고도 오래된 때문이다. 대개 처음에는 지나치게 스스로 격앙되어 세속에 휩쓸리기를 달가워하지 않고 독실히 고인을 흠모했으며, 항상 스스로 생각하기를 사람이 선을 행함에 지금과 옛날이 어찌 다르겠는가 해, 옳은 것은 행하기를 기욕嗜欲을 행하듯이 했고, 진실로 그릇된 것이면 더러운 오물 보듯이 했으며, 곧게 앞으로 용감히 나아가서 우뚝하게 끊는 바가 있어서 조금의 구차함이나 스스로를 용서하는 뜻이 없었다(『언행록』 권3 「언행총록」 중에서).

위의 예문은 집안 하인을 대하는 백불암의 모습이고, 아래 예문은 백불암의 성품을 정리한 것이다. 이쯤이면 가장 이상적인 학덕을 갖춘, 인자한 주인이자 학자이다. 이미 살펴본 『역중일기』의 내용과는 실제적인 면에서 차이를 실감할 수 있다. 그런데 『언행록』은 저자 사후 후손이나 문인들이 기록한 것이다. 반면 『역중일기』는 저자 자신의 기록이다. 같은 인물에 대한 언행이 그렇게 차이가 나는 것은 무엇 때문일까. 한 인물에 대한 기록은 입장에 따라, 시선에 따라 차이가 날 수도 있다. 필자는 언행록과 일기 사이의 그러한 차이를 오히려 백불암에 대한 시선의 절묘한 균형으로 볼 필요가 있다고 생각한다. 즉 저자 자신은 본인이 항상 부족하다고 느끼고 분투한 반면 타자가 그의 삶을 조명해 볼 때는 또 상대적으로 좋은 면모, 또는 결과적으로 이룬 업적을 중심으로 기술하기 마련이다. 양쪽 자료 모두 결과적으로는 백불암이란 개인의 분투의 역사를 대변하는 셈이다. 『역중일기』에서 드러난 그의 복잡한 속내와 감정선이 결과적으로 후인의 평가로 드러난 것이기도 할 터다. 두 자료가 백불암을 이해하는 두 가지 코드이자 균형추라고 보는 이유이다.

마지막으로 언급해둘 점은 『역중일기』에서의 그의 모습을 어떻게 볼 것인가 하는 문제이다. 먼저 지속적으로 걱정의 나날을 반추한 점은 자기를 숨기지 않고, 또 속이지 않는 것으로 대단히 높이 평가해야 할 부분이다. 물론 그런 속에 의도적인 자기변호가 없는 것은 아니다. 하지만 이에 앞서 저자의 진솔한 면이 있는 그대로 드러나는 점에서 예의 다른 일기보다 흥미롭다. 또한 지역 문인으로서 중앙 정계보다는 철저히 자기 집과 가문, 그리고 마을 공동체를 위해 골몰한 백불암의 경우 원심력보다는 구심력이 강한 인물이었다. 즉 중앙 정계에 관심을 갖고 자기 지역을 입신출세의 교두보로 활용하는 경우는 원심력이 강한 반면 중앙 정계에 대한 관심을 거두고 지역 사회 속에서 자기를 위치시키는 쪽에 힘쓰는 경우 구심력이 강한 경우이다. 그런 점에서 백불암은 구심력이 강해 본인과 지역사회를 일치시켜 결과적으로 지역사회 발전에 이바지한 인물인 셈이다. 그런 면을 잘 드러내고 있는 자료가 『역중일기』임은 췌언이 필요치 않다. 마지막으로 그는 다른 학자에 비해 현실감각이 탁월했다. 특히 경제적 면에 민감해 결과적으로 집안을 크게 일으킨 것으로 평가받는다. 따라서 『역중일기』에 드러난 감정의 흐름은 그런 현실감각의 내면화라고 볼 수 있지 않을까 싶다. 이 점은 앞으로 일기를 남긴 다른 인물들과 함께 추가적으로 따져봐야 할 사안이라고 하겠다.

참고 문헌

최흥원, 『百弗菴先生文集』(국립중앙도서관소장본, 『영인표점 한국문집총간』 222)
최흥원, 『百弗菴集』(장서각소장본, 『역대한국문집총서』 179·180, 경인문화사)
최흥원, 『百弗庵先生文集』(가장본)
최흥원, 『百弗庵先生言行錄』(가장본)
최흥원, 『曆中日記』

김주한, 「백불암 최흥원의 문학세계」, 『한문족어문학』 34집, 한민족어문학회, 1999.
김영숙, 「백불암 최흥원 詩의 道學文學的 양상과 특성」, 『퇴계학과 유교문화』 29집, 경북대학교

퇴계학연구소, 2001.
이재철,「백불암 최흥원의 시대와 그의 현실 대응」,『퇴계학과 유교문화』 29집, 경북대학교퇴계학연구소, 2001.
장윤수·임종진,「한강 정구와 조선중기 대구권 성리학의 연계성에 관한 연구」,『사회사상과 문화』 8집, 동양사회사상학회, 2003.
장윤수,「백불암 최흥원과 18세기 대구 지역 성리학에 관한 연구」,『철학연구』 90집, 대한철학회, 2004.
김학수,「조선중기 한강학파의 등장과 전개 – 문인록을 중심으로」,『한국학논집』 40집, 계명대학교한국학연구원, 2010.
이유진,「18세기 대구 호적을 통해 본 도시지역의 특징」,『한국사론』 57집, 서울대학교사학과, 2011.
이근호,「영조대 균역법均役法 시행과 공公, 사私 논의」,『대동문화연구』 76집, 대동문화연구원, 2011.
홍원식,「조선중기 낙중학과 정구의 '한강학'」,『한국학논집』 48집, 계명대학교한국학연구원, 2012.
오용원,「최흥원의『역중일기』를 통해 본 영남 선비의 일상」,『대동한문학』 45집, 대동한문학회, 2015.
김경란,「조선후기 대구부 同姓마을의 형성 시기에 대한 검토」,『사학연구』 123집, 한국사학회, 2016.
박규홍,「백불암 최흥원 시의 특질」,『동아인문학』 36집, 동아인문학회, 2016.

4장

『역중일기』에 나타난 최흥원의 상제례 운영과 그 특징

이욱

1 서론

전근대 시기에 죽음은 삶과 이웃하고 있었다. 집에서 태어나고 집에서 죽었을 뿐만 아니라 영혼 역시 집을 떠나지 않았다. 사람들은 가족이나 마을 공동체에서 죽음을 쉽게 만났으며, 죽음을 매개로 산 사람들이 만나고 나뉘었다. 그러므로 죽음을 이야기하지 않고 당시의 삶을 들여다보기란 쉽지 않다. 이 글은 최흥원의 『역중일기』에 나타난 상례喪禮와 제례를 통해 조선 후기의 망자를 매개로 한 삶의 모습을 살펴보고자 한다.

『역중일기』는 1735~1786년까지 50여 년 동안에 걸친 방대한 기록이다. 이 기록의 많은 부분이 죽음에 관한 이야기이다. 부친의 죽음부터 가족, 친지, 종, 이웃의 죽음이 나온다. 이는 일상적 삶과 죽음을 넘어 당시의 시대적 상황과도 관련되어 있었다. 최흥원이 산 시기는 전염병이 극심하던 때였다. 『역중일기』에는 당시 사람들이 전염병에 대응한 다양한 모습을 그리고 있다. 환자의 격리, 안전한 곳으로의 피난 등을 통해 전염의 공포에서 벗어나려고 했다. 그러나 전염병과 그로 인한 죽음은 늘 가까이 있었다. 본고에서는 최흥원이 보고 만난 죽음을 살펴보면서 당시 사회의 모습에 들어가 보고자 한다.

먼저 이 글은 그러한 죽음을 다루는 상례에 대해 살펴볼 것이다. 『역중일기』에는 많은 사람의 상례가 나오지만 최흥원 가족만 언급하면 1735년의 부친상, 1740년의 부인상, 1763년의 아들상, 1765년의 모친상 등을 들 수 있다. 그러한 상을 당해 최흥원이 거행한 주요 의식을 살펴볼 것이다.

둘째, 최흥원이 수행한 제례에 대해 살펴볼 것이다. 조선시대 일반민의 제사는 조상을 매개로 한 만남이었다. 최흥원은 집안에 별묘別廟와 사당을 설치했다. 그곳에서 기제와 속절俗節祭, 시제 등을 지냈다. 선조의 무덤에도 성묘하고 제사를 올렸다. 그러한 제례의 대상과 종류, 시간과 공간 속에서 당시 사대부가에서 의례가 차지하는 비중을 볼 수 있을 것이다.

한편 그러한 상장례의 실천은 뜻대로 되지 않을 때가 많았다. 이미 유교가 지배적인 사회 이념이 되었음에도 그것을 방해한 요인은 무엇이었을까? 본고에서는 최흥원이 유교 의례를 실천하는 데 걸림돌로 작용한 요소를 두 가지로 살펴볼 것이다. 하나는 당시 사회생활에서 중요한 부분이던 접빈객接賓客이다. 봉제사奉祭祀와 접빈객은 사족이 감당해야 할 중요한 사회적 의무였다. 그러나 『역중일기』에는 이 두 요소가 '재계齋戒'라는 시공간에서 서로 상충되는 모습으로 자주 나타난다. 그리하여 재계에 대한 최흥원의 생각과 손님 접대에 대한 그의 방도를 살펴보면서 일상생활 속에서 성스러운 시간을 갖고자 했던 노력을 살펴보고자 한다. 한편 당시 불가항력이던 전염병의 발생으로 인해 제례를 폐지해야 할 경우가 많았다. 본고에서는 전염병의 위협 속에서 최흥원이 유교 의례를 어떻게 실천했는지를 알아볼 것이다.

18세기의 조선사회는 유교가 사회 전반에 걸쳐 지배 문화를 형성하고 있었다. 수용과 이해 수준을 넘어 유교가 기본적인 통치 이념이 되고, 사대부의 지배 사상이자 생활 문화로 정착되었다. 또한 유교 의례는 이전의 전통문화와 결합해 새로운 시속時俗으로 자리 잡았으며 지역과 학파, 가문에 따라 다변화되었다.[1] 그러나 그러한 분위기가 유교 의례를 실천하는 데 갈등이 부재했다는 의미는 아니다. 사대부들은 여전히 『주자가례』를 실천하기 위해 노력했지만 현실과 이상 속에서 아쉬움을 토로했다. 그러한 사대부 모습을 『역중일기』를 통해 볼 수 있을 것이다.

2 가족의 죽음과 상례

1) 1735년의 부친상과 회격묘灰隔墓

최흥원의 일기는 1735년의 부친의 병환과 상례의 기록으로 시작한다. 부친 최정석은 1735년 3월부터 흉복통이 발생했는데, 점차 심해져 그해 7월 16일에 결국 사망했다. 상기喪期 동안 『역중일기』의 내용은 매우 소략한데, 그중 당시 상례의 모습을 보여주는 몇 가지만 언급하면 다음과 같다.

먼저 그는 부친상을 당해 망자의 습의로 심의深衣를 사용했다.[2] 심의는 유학자가 공무에서 벗어나 기거할 때 입던 옷이다. 백세포로 만드는데, 상의와 하상下裳을 따로 제작해 하나로 연결했다. 소매는 둥글고 깃은 모난 형태이며 깃과 소맷부리, 밑단 등 옷의 가장자리에는 검정색의 선襈을 둘렀다. 『주자가례』에 모양과 제작 방법이 실려 있다. 그런 심의는 도학

1) 김경숙, 「17세기말 사대부가의 喪葬禮와 居喪生活 — 尹爾厚의 『支菴日記』를 중심으로」, 『한국사연구』 172(한국사연구회, 2016), 172쪽.
2) 『曆中日記』 권1, 을묘년(1735년) 7월 16일.

자의 면모를 보여주는 의상으로 선비들이 선호해 생시의 연거복燕居服 외에도 예복과 수의로 사용되었다.3) 최흥원 역시 심의에 관심이 많았다. 부친의 초종初終에 사용한 심의는 황학동 처사 이춘식李春植에게 부탁해 지었다. 뒷날 1739년에 최흥원은 이춘식을 직접 찾아가 심의에 관해 물어보았다.

한편 최흥원은 부친 묘소를 팔공산 아래 여어촌汝於村에 있는 조부 최수학崔壽學(1652~1714년)의 산소 서쪽 기슭으로 정하고4) 11월 13일에 장례를 치렀다. 그는 부친의 무덤을 회격묘로 조성했는데 석회가 200두斗가량 들었다. 아울러 천회天灰 위에 '통덕랑월성최공휘정석지묘通德郎月城崔公諱鼎錫之墓'라는 12자를 새기고, 숯가루로 채우는 당시 시속을 볼 수 있다. 회격묘는 무덤의 광중을 조성할 때 관과 흙 사이에 석회를 채워 관을 보호하는 방식이었다. 석회에 가는 모래와 황토를 섞어 물에 개었다 말리면 돌처럼 단단해지는 점을 이용한 것이었다. 비용과 인력이 많이 드는 석판을 대신할 수 있어 회격묘는 조선시대에 널리 유행했다.

그런데 회격묘가 확산되는 가운데 유학자와 풍수가 사이에 지회地灰 사용을 두고 논란이 있었다. 지회는 광의 바닥에 까는 회격을 가리켰다. 풍수가들은 바닥까지 석회로 마감한다면 지기地氣가 관 내부로 들어오지 못해 시신이 명당의 혜택을 누리지 못할 것이라고 주장했다. 그러한 주장에 경도되어 나라에서 왕릉을 조성할 때도 효종의 영릉寧陵까지는 지회를 사용하지 않았다. 왕릉에서 지회를 사용하기 시작한 것은 1673년(현종 14

3) 구준의 『가례의절』에 "생시에는 제복과 연거복으로 입고, 죽어서는 염습의 도구로 한다면 어찌 옛 제도를 회복하는 단서가 되지 않겠는가?"(『가례의절』 권1, 통례, 「심의제도」, "生而爲祭燕之服 死而爲襲斂之具 豈非復古之一端也哉")라고 했다. 그러한 구준의 뜻은 김장생의 『사례편람』이나 류장원의 『상변통고』에 그대로 실려 있다.

4) 『역중일기』 권1, 을묘년(1735년) 7월 16일. 『역중일기』 다른 곳에서는 그곳을 '廣洞'이라고 했다.

년)에 영릉을 천릉하면서부터였다.5) 정경세鄭經世(1653~1633년)나 이식李植(1584~1647년) 등 유학자들은 풍수가들의 주장을 비판하고 『주자가례』에 따라 지회의 사용을 주장했다.6)

부친 묘소를 만들 때 최흥원은 지회를 사용하지 않았다. 그러나 그는 『맹자』에 나오는 '흙이 몸에 직접 닿게 하지 않는다不使土親膚'는 뜻을 체득한 후 이를 크게 후회했다. 그리고 지회를 사용하지 않는 것에 대해 이렇게 반박했다.

> 장사葬師는 또 "지회가 지기를 막으므로 사용할 수 없다"고 한다. 대개 지기는 바른 기운이다. 통과하지 못하는 사물은 없다. 하물며 장서葬書에 "오른편 귀 쪽으로 기운을 받고, 왼쪽 귀 쪽으로 기를 받는다"고 했는데 만약 [회가] 기를 방해한다면 방회傍灰[사방의 곁에 세우는 회격]를 사용하지 말 것인가? 그러한 이치는 분명히 있을 수 없다. 세상 사람들이 그러한 주장을 하니 애석하도다.7)

최흥원은 석회의 벽이 지기를 막을 수 없다고 보았다. 지기는 바른 기운이기 때문에 어떤 물건이라도 투과할 수 있다는 것이다. 그리하여 그는 시속을 따르지 말고 『주자가례』에 따라 지회를 사용할 것을 주장했다. 그

5) 김충현, 「효종 영릉의 조성과 능제의 변화」, 한국학중앙연구원 한국학대학원 석사학위논문(2012), 39쪽.

6) 어원선, 「조선시대 사대부 灰隔墓 연구」, 『역사문화논총』 8(역사문화연구소, 2014), 175쪽.

7) 崔興遠, 『百弗菴集』 卷13, 雜著, 「葬禮不用地灰辨」(『한국문집총간』 222, 193쪽), "葬師又曰地灰隔地氣故不用 盖地氣正氣也 無物不透 况葬書曰右耳受氣 左耳受氣 若云障氣 將不用傍灰乎 此又必無之理 世皆不用 可勝惜哉." 백불암 최흥원의 문집은 현재 두 종이 전한다. 최흥원이 사망한 지 30년이 지난 1816년(순조 16년)에 간행된 원집 14권 부록 4권 합 7책의 목판본이 있다. 이 본은 현재 한국고전번역원에서 웹서비스를 하고 있다. 둘째는 1852~1863년 사이에 8권 4책으로 편집한 중간본이 있다. 이것은 1990년 대보사에서 영인했고, 종중에서 번역해 『국역 백불암선생문집』(대보사, 2002)으로 나왔다. 본고에서는 『백불암집』으로 언급한 것은 초간본, 『백불암선생문집』은 중간본을 가리킨다.

와 더불어 재[炭末]를 사용하지 않았던 것도 후회했다. 『주자가례』에 재는 나무뿌리를 막고 물과 개미를 피하게 한다고 했는데, 김장생은 "지금은 사용하지 않는다"고 했다. 최흥원은 그에 따라 광중 바닥에 재를 깔지 않았는데 그것 역시 후회했다.[8)]

『역중일기』는 부친 상중인 1735년 7월 16일부터 1736년 12월 30일까지 약 17개월 동안 내용이 없으며, 1737년 정월부터 다시 시작된다. 대상大祥 전까지 상례 관련 기록을 살펴보면 삭망전朔望奠, 성묘, 시묘살이 등이 있다. 그는 부친 묘소에 여막을 지었으나 어머니가 살아계셨기 때문에 시묘살이를 계속할 순 없었다. 대신 형제들이 돌아가면서 묘를 지켰다. 그러나 당시 최흥원은 집에서 어머니를 봉양하는 것도 여의치 않았다. 천연두가 성행했기 때문에 가족은 집을 나와 피우소에 거처했다. 그는 부친의 무덤, 어머니가 있는 피우소, 사당이 있는 집을 오가면서 보냈다. 1737년 7월 16일에 부친의 두 번째 기일에는 천연두가 더 심해져 대상을 집밖에서 거행했다.[9)] 이때 빈객을 위해 술 쓰는 것을 허락했는데, 최흥원은 이를 "시속의 비아냥"을 면하기 위한 것이라고 했다.[10)] 그처럼 최흥원은 부모상을 당한 자식의 애통한 마음과 접빈객의 사회적 의무에 딸린 관습 사이를 오가며 중용을 지키려고 노력했다.

2) 1740년(영조 16년)의 부인상

1740년 4월에 최흥원은 부인상을 당했다. 최흥원의 부인 일직손씨는 2월 25일에 오한과 신열이 나고 아팠는데, 이후 병환이 낫지 않고 계속 이어져 손쓸 방도가 없었다. 28일에는 부인이 막내 젖먹이 용장龍章(1739

8) 『역중일기』 권1, 을묘년(1735년) 7월 16일.
9) 『역중일기』 권1, 정사년(1737년) 7월 12일.
10) 『역중일기』 권1, 정자년(1737년) 7월 16일.

~1741년)을 법흥댁[11]에게 맡길 것을 당부했고, 29일에는 아들을 위한 혼수용품을 초상에 절대로 쓰지 말 것과 초상 중 제전祭奠을 아주 검소하게 할 것, 초상 때 쓸 명주와 비단, 장례 도구를 친정에 청하고 계속 관계를 맺으며, 혼인해 자기와 다하지 못한 연을 이어갈 것 등을 유언으로 남겼다. 그리고 4월 4일에 갑작스럽게 숨을 거두었다.

상례의 복제에 의하면 부인상을 당한 남편은 지팡이를 짚고 1년 동안 상복을 입었다. 일기에 상장喪杖에 관한 언급은 보이지 않지만 기년상朞年喪 절차를 지키고 있음을 볼 수 있다. 먼저 사망 당일에 목욕과 염습을 했다. 최흥원은 아내에게 원삼圓衫을 입히고 싶었으나 만드는 방법을 알지 못해 마련하지 못했다. 훗날 최흥원은 어머님 수의를 위해 윤달에 원삼, 장의長衣, 이불 등 수의를 마련했는데, 원삼의 제작법을 몰라 동생의 처가인 법흥에 비단을 보내 지어오도록 했다. 그러나 수의로 원삼을 사용하는 시속을 이해하기 어렵다는 뜻을 표하기도 했다.[12] 당시 사망한 여인의 수의로 원삼을 사용하는 풍속은 김근행金謹行(1713~1784년)의 「원삼편圓衫篇」이란 글을 보면 알 수 있다. 그는 이 글에서 고대에는 남녀가 모두 심의를 습의로 사용했지만 우리나라 풍속에는 남녀가 달리해 경대부 처자는 원삼을 사용한다고 했다.[13]

아내가 사망한 다음날인 5일에 소렴하고, 6일에 대렴하고 입관했다. 7일에 상식上食을 올리고 성복成服했다. 이후 최흥원은 보름 정도 좋은 묏자리를 찾기 위해 여러 곳을 돌아다녀 결국 광동의 선산 지역에 자리를 정했다. 그러나 회와 옻을 구하지 못해 장례가 자꾸 미루어졌다. 윤6월 17일에야 석전에서 회를 가져 왔고, 옻은 윤6월 23일에야 부중府中에서 구

11) 최흥원의 동생 최흥점의 아내, 고성이씨를 가리킨다. 안동 법흥에서 시집왔다.

12) 『역중일기』 계해년(1743년) 1월 26일; 동년 윤4월 15일; 동년 5월 초3일.

13) 『庸齋集』 권12, 잡저, 「원삼편」

할 수 있었다. 윤6월 27일에는 내관에서 시체의 즙이 많이 흘러나와 교체했다. 관이 완성된 후 시신을 옮기고 씨를 제거한 솜과 네 가지 색깔의 저고리와 치마로 관을 채우는 것을 볼 수 있다. 그러한 일을 마친 후 최흥원은 처음 하는 일이라 어려웠지만 만약 어쩔 수 없이 해야 할 경우라면 할 만한 일이라고 했다.

윤6월 25일에 참토제斬土祭를 지내고 7월 6일에 광중 파는 일을 마치고 외판外板을 내렸다. 산역山役을 위해 면임이 도왔는데, 이는 최흥원이 관에 단자를 올려 역군役軍을 부탁했기 때문이다.14) 마침내 7월 초8일에 발인했다. 부인동 동약소의 향도香徒가 상여를 메고, 진영에서 아전과 사령을 보내 상여를 호송했다. 묘에 당도하자 곧바로 하관했다. 7월 9일에 재우제再虞祭를 지내고, 7월 12일에 졸곡제卒哭祭를 지냈다. 13일에 부제祔祭를 지냈다. 이후 예법에 따라 1741년 2월 15일에 아내의 연제를 지냈다. 그해 2월부터 천연두가 크게 유행해 최흥원은 아내의 빈소를 중심中心으로 옮기고 그곳에 거처했다. 그리하여 2월 연제와 4월 상제를 임시 거소에서 거행했다. 그리고 5월에 임시 처소도 천연두에 안전하지 않게 되자 빈소를 집으로 돌려보내고 백안百安이란 곳에 어머니와 거처했다. 그리고 6월 담제를 광동 마을의 우덕상 집에서 지방紙榜을 사용해 지냈다. 임시 처소인 백안이 아니라 광동에서 담제를 지낸 것은 묘소가 그곳에 있었기 때문인 것으로 추정된다. 이로써 아내를 위한 모든 상제는 끝났다.

그러나 담제 후 아내의 신주를 곧바로 사당에 들이지 않고 빈소에 두었다. 그리하여 가묘에 참례할 때 빈소에 별도의 전을 올렸다.15) 두 번째 기일인 1742년 4월 4일에는 아내의 기제사를 제대로 지내지 못했다. 그보다 앞서 아내의 모친, 장모의 상이 있었기 때문이다. 새벽에 아이더러

14) 『역중일기』 경신년(1740년) 7월 초1일.

15) 『역중일기』 신유년(1741년) 10월 1일.

허위虛位를 임시 거처하는 방에 설치하라고 하고 곡만 하고 마쳤다. 4월 20일에 장모 장례가 있었다. 그리고 28일에 아내 대상을 지냈다. 이때 전염병으로 모두 집을 나와 있었기 때문에 아들 용령을 잠시 집에 들여보냈다. 이는 아내의 대상을 집에서 지내기 위해서였다. 그가 참석하지 않은 것으로 보아 이 대상은 아들을 위한 것임을 알 수 있다. 아들은 대상을 마친 후 길복吉服으로 갈아입었다.[16] 그리고 1742년 12월 20일에야 아내의 신주를 사당으로 옮겼다. 그때 아내 신주를 사당의 서쪽 벽에다 모셨다. 동쪽 벽에는 이미 죽은 아우의 신주가 있었기 때문이다.[17]

한편 담제를 지낸 후 얼마 지나지 않은 1741년 6월 21일에 최흥원은 막내아들 용장을 잃는 아픔을 겪었다. 그는 "이 무슨 참혹한 재앙이란 말인가? 창자가 끊어지는 듯했다"라고 일기에 적었다. 바로 다음날 관을 만들어 염을 하고 어미 무덤 옆에 아들을 묻었다.

한편 1763년(영조 39년) 11월에 최흥원은 아내의 묘소를 이장했다. 그는 풍수에 지극한 관심을 보였다. 풍수에 조예가 깊은 사람을 만나면 선조 무덤의 지형을 살펴보게 해 길흉을 알고자 했다. 1763년 9월에 광동에 있는 선친 묘를 지장에 있는 5대조 할머니 산소 곁의 길지로 이장할 계획을 세웠으나 둘째 아우의 반대로 실현되지 못했다.[18] 그러나 아내 묘소는 10월 15일에 광동의 새로운 자리에 정하고, 11월 13일에 옮겨 하관했다.

2) 1765년의 모친상과 시묘

1763년 6월 16일에 최흥원의 장자 최주진崔周鎭(1724~1763년)이 병으로 사망했다. 최흥원은 부인 손씨와 2남 1녀의 자녀를 두었는데, 장자가

16) 『역중일기』 임술년(1742년) 4월 28일
17) 『역중일기』 임술년(1742년) 12월 20일.
18) 『역중일기』 계미년(1763년) 9월 15일; 동년 10월 24일.

주진[아명 용령龍嶺]이며, 둘째 아들은 앞서 언급했듯이 1741년에 어린 나이에 죽었다. 최주진은 조선적曺善迪(1697~1756년)과 이상정에게 나아가 학문을 배웠다.[19] 그리고 1745년에 풍산류씨와 혼인했다.[20]

최주진은 몸이 약해 팔공산의 농연에서 오랫동안 거처하며 공부했는데, 그곳에서 42세에 죽었다. 최흥원의 벗이자 최주진의 스승인 이상정은 그의 죽음을 슬퍼하며 쓴 애사에서 당시 최 부자의 처지를 이렇게 적었다.

> 늙은 어버이가 계시다는 이유로 애써 슬픔을 자제하고는 있지만 듣건대 밖으로 살이 마르고 안으로 기혈이 시든다고 한다. 인정상 어찌 그렇지 않을 수 있겠는가. 생각건대 효성스러운 공보[최주진]가 지하에서도 눈을 감지 못할 것이다.[21]

그리고 아들 상이 끝난 지 며칠 되지도 않은 8월 7일에 최흥원은 모친상을 당했다. 그때부터 8월 23일까지의 일기는 없다. 상례 준비와 절차는 앞의 경우와 비슷했다. 다만 모친 상례를 준비하는 중에 가장 두드러진 것은 소방상小方牀의 사용이었다.[22]

소방상은 상여에 관을 올려놓을 때 고정시키는 네모난 평상 모양의 틀을 가리켰다. 『주자가례』에서 나오는 기구이다. 『역중일기』에 많은 상사가 나오지만 소방상의 등장은 3회에 그친다. 1758년 2월 17일에 있은 동생 최흥후崔興厚의 부인상에서 소방상이 처음 언급된다. 두 번째는 1763년 본인의 부인 무덤을 이장할 때며, 마지막은 1765년의 모친상 때다. 이

19) 『역중일기』 정사년(1737년) 1월 20일

20) 『역중일기』 을축년(1745년) 2월 13일

21) 이상정, 『대산집』 권46, 哀辭, 「崔公普哀辭(癸未)」.

22) 『역중일기』 권4, 을유년(1765년) 10월 11일.

전 경험이 있음에도 불구하고 그는 소방상을 만드는 데 많은 공을 들이고 잘 사용될지를 걱정했다.

소방상은 『주자가례』에서 소개하는 상여 제도이다. 그것에 의하면 상여는 장강長杠과 횡강橫杠으로 뼈대를 만들고 관을 받치는 바닥을 소방상으로 만들어 장강과 기둥으로 서로 연결한 후 지붕을 얹어 만들었다.[23] 소방상은 장강과 횡강에 평상을 추가로 올리는 것이기 때문에 상여 무게를 증가시키는 단점이 있었다. 말이나 소가 끌지 않고 바퀴도 없는 조선의 상여는 순전히 인력에 의존했다. 따라서 무게를 줄이는 것이 매우 중요한 요소였는데, 소방상은 그런 불편한 점이 있었다. 최흥원 역시 그것을 걱정했다.[24] 그러나 걱정과는 달리 소방상은 잘 완성되었고[25], 실제 사용한 후 그는 크게 만족했다.[26] 또한 최흥원은 소방상과 더불어 촬초정撮蕉亭도 만들었다. 그것 역시 『주자가례』에 나오는 것으로 상여 지붕 꼭대기에 파초 잎을 모은 형태의 장식을 가리켰다. 최흥원과 긴밀한 관계를 유지했던 이상정은 1780년(정조 4년)에 박순지朴順之에게 보낸 편지에서 소방상의 제작 방법을 알려주었다.[27] 비록 서로 언급하는 시기는 다르지만 최흥원과 이상정은 소방상에 관한 정보를 서로 교환했을 것으로 추정된다.

묘지를 도장동으로 정하고 마침내 1766년 1월 8일에 조조례朝祖禮, 1월 9일에 견전遣奠을 지낸 후 상여가 출발했다. 상여는 부인동 동약소 사람들이 메었다. 그리고 12일에 소방상을 이용해 산소에 올라가 오시에 도르레[녹로轆轤]를 이용해 관을 광에 내렸다. 관을 지하에 내릴 때 도르래를 이용하는 것은 『주자가례』에 나오지 않는다. 다만 새끼줄과 가는 베 또는

23) 『朱子家禮』(『性理大全』 卷 18), 「喪轝之圖」.
24) 『역중일기』 권4, 을유년(1765년) 10월 20일.
25) 『역중일기』 권4, 을유년(1765년) 11월 19일.
26) 『역중일기』 권4, 병술년(1766년) 1월 8일.
27) 李象靖, 『大山集』 卷14, 書, 「答朴順之(守悌 庚子)」(『한국문집총간』 226, 297쪽).

생견으로 관을 내리는 방법이 양복의 부주附註에 실려 있다. 반면 『상례비요喪禮備要』나 『가례집람』에는 하관 방법으로 '풍비豐碑' 제도를 그림과 함께 소개하고 있다.[28)]『예기』의 「상대기」에 의하면 대부의 관을 내릴 때는 두 개의 불紼과 두 개의 비碑를 사용하며, 사士는 두 개의 불을 사용하고 비는 사용하지 않는다고 했다. 여기서 불은 상여를 끄는 줄을 가리키고, 비는 관을 내리기 위해 광의 사방에 세운 나무나 돌을 가리켰다. 광의 양쪽에 각각 비를 두 개 세우고 비와 비 사이에 도르래를 끼워 불로 관을 내리는 것을 풍비라고 했다. 『가례집람』에서는 고대의 이 풍비 제도와 함께 당시 제도라며 도르래를 사용해 관을 내리는 방식을 그림으로 보여주고 있다.

최흥원은 당시 일기에 하관 때 도르래를 이용하는 것에 대해 이견과 비방이 많았다고 적었으나 그 내용을 자세히 알 수 없다. 『예기』에서 대부의 예로 언급한 것처럼 풍비 방식은 일반 서인이 행하기에는 어려운 점이 있었다. 후대 시기 허전許傳(1797~1886년)은 『사의士儀』에서 풍비와 도르래를 사용해 하관하는 것은 재력이 없는 사람이 쉽게 마련할 수 있는 것이 아니라고 했다.[29)] 반면 『상례비요』에서는 하관할 때 "간혹 두 기둥을 세우고 도르래를 달아 쓰기도 하는데, 아주 편하고 좋다"고 했다. 최흥원은 도르래 사용을 관棺을 공경하기 위한 방도로 간주했다.[30)] 이처럼 최흥원은 소방상과 도르래 같은 기물에 깊은 관심을 보였다. 그것은 의례의 실천에서 공경함을 중시할 뿐만 아니라 일의 효용성을 높이려는 그의 실용적인 면모라고 할 수 있다.

28) 김장생, 『사계전서』 권24, 「가례집람」 도설, 「豐碑古制圖」.

29) 허전, 『사의』 권 10, 易戚篇 5, 「下棺」(한국고전의례연구회 역주, 『국역 사의 2』, 보고사, 2006, 564쪽).

30) 『역중일기』 권4, 병술년(1766년) 1월 12일.

모친상을 당했을 때 최흥원은 이미 60세가 넘었다. 하지만 어머니 무덤 옆에 여막을 짓고 시묘살이를 했다. 다리가 불편해 거동이 어려워 집에 있는 시간을 제외하면 오랜 시간 무덤 곁을 지켰다. 그는 옛사람들이 여묘를 세우지 못하도록 경계한 것도 알고 있었다. 그러나 상례 중에 즐거운 일이나 일상적 일을 엄격히 금한 예의 정신을 본받고자 했다. 그리하여 선학들이 경계한 시묘살이를 실천한 까닭을 이렇게 설명했다.

> 오늘날 상중에 있는 자는 옛사람처럼 애통하지 않고, 옛사람처럼 정성을 다하지도 않는데 한 품의 적은 애도마저도 집안일에 전부 빼앗겨 버린다. 그러므로 오히려 집을 멀리하고 무덤가에 여막을 짓고 삼 년을 마치려는 것이니 이 또한 효성이 이전 성현에 미치지 못하기 때문이다.[31)]

부모 무덤 곁에 여막을 짓고 지키는 시묘살이는 『가례』에 나오지 않지만 고려 말부터 유교 상례의 대표적인 실천 의식 중 하나로 간주되었다. 그러나 시신을 매장한 후 신주를 만들어 혼령을 모시고 다시 집으로 돌아오는 유교 상례와 시묘살이는 상충되었다. 반혼해 집에서 신주를 모시고 매일 상식과 삭망전을 올려야 했기 때문이다. 그리하여 유교 예법에 대한 이해가 심화될수록 시묘살이는 부정적으로 인식되었다. 실제로 16세기 후반부터 시묘살이는 쇠퇴했다. 빈소 가까이에 여막을 짓고 금욕적인 생활을 하는 경우가 있었지만 무덤 곁을 지키는 사례가 줄어들었다.[32)] 그런데 최흥원은 무덤에서 여막 생활을 했다. 최흥원은 예를 시행하는 데 지나친 것을 경계했다. 그러나 예법이 가진 의미는 최대한 살리고자 했다. 삼

31) 『百弗庵先生言行錄』 卷4, 「强辨」(『원본 백불암선생언행록』, 223쪽); 『국역 백불암선생언행록』 170쪽).
32) 김경숙, 앞의 논문, 197쪽.

년상의 기간이 부모를 위한 추모 기간이라 여겼기에 그는 이 기간 중에 근신하며 부모를 추모하는 생활을 하고 싶어 했다. 그러나 집에서의 일상은 이를 허락하지 않을 때가 많았다. 그것은 당시 최흥원이 부딪히는 이념과 현실의 갈등이었으며, 극복해야 할 과제였다. 그런 상황에서 그는 시묘살이를 택했다.

3 종가의 사당과 제례

1) 별묘別廟와 가묘家廟의 운영

유교에서 인간의 죽음은 소멸이 아니라 조상신으로 전이되는 과정이었다. 시신은 무덤에 매장되었지만 혼령은 신주를 따라 집으로 돌아와 사당에 모셔졌다. 산 자와 죽은 자의 공간이 담 하나를 두고 갈라질 뿐이었다. 사당은 망자의 공간이면서 해당되는 집의 역사였다. 살다 간 사람의 흔적이 그곳에 남아 있었기 때문이다. 앞서 살펴본 것처럼 부친 최정석의 신주 또한 역시 상례를 마치고 사당으로 들어갔다. 그러나 아버지 신주를 사당에 부묘하기 전에 해야 할 일이 있었다.

부친이 살아계실 때 최흥원 집 사당에는 최동집, 최위남, 최경함, 최수학, 최인석의 신주가 있었다. 최흥원을 기준으로 하면 5대조, 4대조, 3대조, 2대조와 백부의 신주였다. 최동집은 백불암 종택이 있는 옻골로 처음 거주한 입향조였다. 최동집은 1644년에 관직을 버리고 팔공산 부인동에 들어와 은거하면서 향약을 실시하며 후진을 가르쳤다.33) 이후 최위남, 최경함으로 이어진 종가의 가계는 최수학 대에 위기를 맞이했다. 그에게 최

33) 최언돈 외, 『옻골의 인물과 유적 — 경주최씨광정공파 옻골분파 이전과 이후』(백불암연구소, 2016), 300쪽.

인석과 최정석 두 아들이 있었는데, 장자가 아비보다 먼저 후사도 없이 죽었다. 당시 종자宗子에게 후사가 없으면 작은집에서 양자를 들이는 것이 관례였다. 그러나 1735년에 유배지에서 죽음을 맞이한 최수학은 장자인 최인석 아래로 양자를 들이지 않고 차자인 최정석에게 종통을 물려주었다. 양자로 들일 차자의 자식들이 너무 어려 제사를 비롯한 집안일을 꾸려갈 수 없다고 판단해 형망급제兄亡及弟의 예를 선택한 것이었다. 이에 최정석이 종손이 되어 가문을 경영하고 이를 아들 최흥원에게 전했다. 그리고 둘째 아들 최흥점에게 백부 최인석의 제사를 맡겼다.

그런 상황에서 최흥원이 부친 최정석의 신주를 사당에 모시면 그에게 5대조에 해당하는 최동집의 신주를 사당에서 모셔내고 제사를 폐해야 했다. 그리고 백부 최인석 신주는 후사로 정해진 최흥점 집으로 옮겨야 했다. 여기서 종손인 최흥원에게 주어진 첫 번째 과제는 5대조 최동집을 위한 별묘를 마련하는 것이었다.

입향조가 되는 최동집의 사당을 지어 불천위로 모시려는 것은 부친의 유지遺志였다. 최정석은 사당 건립을 위해 살아있을 때부터 친족과 함께 곡식을 모으고 계를 만들어 준비했다. 그리고 임종 때 자식들에게 별도의 사당을 만들어 제사할 것을 명했다.[34] 선친 뜻을 받들어 최흥원은 상중에 이미 별묘 건립을 준비했다. 1737년 3월 14일에 별묘의 터 닦는 일을 시작해 1738년 10월 26일에 공사를 마치고, 다음날 그곳에 신주를 봉안했다. 그후 매번 제사 때마다 사람이 모일 수 있는 적당한 공간이 없어서 제례 의절을 다 갖출 수 없었다. 이에 1753년에 별묘 앞에 제당을 세우고 '보본당報本堂'이란 이름을 붙였다. 그해 8월 27일에 보본당에서 처음으로 시제를 거행할 때 올린 고사告辭를 보면 이 건물의 용도를 알 수 있다.

34) 『百弗菴集』 卷4, 書, 「與李景文別紙」(癸酉)(『한국문집총간』 222책, 551쪽); 附錄 卷2, 「年譜」 13년 정사(선생 33세).

옛날에는 재력이 미치지 못해 당우堂宇를 갖추지 못했습니다. 이에 매번 제사를 지낼 때면 빠뜨리는 절차가 많았습니다. 오늘에야 비로소 여러 일족의 힘을 모아 재사齋舍를 대략이나마 갖추었습니다. 중추의 때를 당해 제사를 봉행할 예정이라 5대 조고祖考 아무 벼슬 부군府君과 5대 조비祖妣 아무 봉작 아무 성씨께 감히 청하오니 신주를 내어서 재당齋堂으로 가서 공손히 전奠을 올릴 것을 아뢥니다.35)

인용문에서 알 수 있듯이 최흥원은 5대조를 위한 별묘를 만들었지만 제향을 지낼 적당한 공간이 없었다. 이에 제사를 준비하고 제향을 거행하는 장소로 보본당을 건립한 것이었다. 뒷날 그는 이 보본당의 기문記文을 이상정에게 부탁해 받았다. 당시 이상정은 퇴계 학풍을 잇는 안동 지역의 대표적 선비였다. 그로부터 기문을 받았다는 것은 별사에 모셔진 대공암의 불천위 제사가 사회적으로 정당하다는 공인을 받는 것이었다. 4대를 넘어선 불천위 제사는 사대부가에서 참람하다는 혐의를 받을 수 있었다. 그러한 사정을 이상정은 보본당의 기문에 잘 서술했다.

그래도 조상이 깊고 큰 공덕으로 무궁토록 돌봐주시어 자손들이 추모하기를 그만두지 못하는 경우가 있습니다. 『예기』에서 말하는 '불천不遷의 종宗'이 그것인데, 기업을 처음으로 시작한 조상이 여기에 해당합니다. 이는 대부분 백성 중 성姓을 처음으로 얻게 된 조상을 가리켜 말한 것입니다. 그러나 중엽 이후 혹 거처를 옮겨 터전을 정해 자손을 안착시키거나 아름다운 덕과 깊은 인애가 장구히 내려질 만한 조상이면 그를 존숭해 제사지내는 데 한계가 있겠습니까?36)

35) 『역중일기』 권2, 계유년(1753년) 8월 27일.

「보본재기報本齋記」에서 이상정은 불천지위의 유래와 변천을 설명하고 있다. 고대에 성姓을 처음 받을 정도의 시조가 불천지위가 되었다면 중세 이후 입향조나 공덕이 높은 조상 역시 불천지위로 모시게 되었다는 설명이다. 그리고 영남 지역에 그런 사례가 많은데 4대를 모신 가묘와 구분해 별사를 세우고 제사의 빈도를 줄여서 5대봉사의 혐의를 벗어난다고 했다. 이에 비추어 볼 때 최흥원이 5대조를 별사에 모신 것은 제도에 합당하다고 설명했다.

한편 1737년 7월 10일에 최흥원은 백부[최인석] 신주를 가묘에서 아우 최흥점 집으로 옮겼다.37) 이로써 최흥원은 종자 지위를 확실히 갖추었다. 이후 생존 시 그가 사당에 모신 선조와 기일은 다음과 같다.

표 7 최흥원 가의 주요 제사와 기일

		대상	탄일	기일	참조
5대	고	최동집(崔東集, 1586~1661)	9월 19일	6월 7일	別祠
	비	여강이씨(驪江李氏,1589~1662)	2월 9일	12월 24일	
4대(高)	고	최위남(崔衛南, 1611~1662)	1월 4일	5월 25일	家廟
	비	전의이씨(全義李氏,1610~1691)	5월 9일	9월 16일	
3대(曾)	고	최경함(崔慶涵, 1633~1699)	6월 5일	7월 22일	
	비	영양이씨(永陽李氏, 1636~1704)	3월 23일	11월 18일	
2대(祖)	고	최수학(崔壽學, 1652~1714)	1월 1일	1월 5일	

36) 이상정, 『대산집』 권44, 「報本齋記(癸酉)」(『한국문집총간』 227, 349~350쪽). "然亦有深功厚德 以覆露於無窮 而子孫之追思遠慕 未可以遽已 則禮有所謂不遷之宗是也 而始基之祖與焉 是殆指夫生民得姓之祖而言 然逮在中葉而或有遷居定業以安置其子孫 而懿德深仁足以垂裕於久長 則思所以崇報事之道者 又豈有限極哉."

37) 『역중일기』 권1, 정사년(1737년) 7월 초10일.

<table>
<tr><td></td><td>비</td><td>예안이씨(禮安李氏, 1649～1709)</td><td>12월 6일</td><td>3월 23일</td><td rowspan="6"></td></tr>
<tr><td rowspan="2">1대
(禰)</td><td>고</td><td>최정석(崔鼎錫, 1678～1735)</td><td>12월 10일</td><td>7월 16일</td></tr>
<tr><td>비</td><td>함안조씨(咸安趙氏, 1682～1765)</td><td>12월 14일</td><td>8월 7일</td></tr>
<tr><td rowspan="2">0</td><td>본인</td><td>최흥원(崔興遠, 1705～1786)</td><td></td><td></td></tr>
<tr><td>부인</td><td>일직손씨(一直孫氏, 1700～1740)</td><td>12월 20일</td><td>4월 4일</td></tr>
<tr><td>0</td><td>동생</td><td>최재열(崔再悅, 早卒)</td><td></td><td>2월 10일</td><td>紙榜
사용</td></tr>
</table>

한편 1745년 9월에 최흥원은 형제들과 함께 조제고助祭庫를 세웠다. 이는 제전祭田을 마련해 제향의 경비를 충당하기 위한 것이었다. 적용 대상은 위로 고조까지 이르고 옆으로 백숙부모에까지 미쳤다.[38] 1745년에 발의해 제전을 마련했지만 연속된 흉년으로 제대로 사용하지 못하다가 1762년부터 비로소 시제와 묘제 비용으로 충당할 수 있었다.[39] 이로써 집안의 제사 거행에 필요한 기본비용을 안정되게 마련할 수 있었다.

2) 제향의 종류

사당에 신주를 봉안하는 것은 제사를 지내기 위해서였다. 제사를 통해서 산 자와 죽은 자, 선조와 후손이 만나게 되었다. 만남의 시기, 곧 제향 날짜를 살펴보면 세 가지의 서로 다른 갈래가 있었음을 알 수 있다. 첫 번째는 절사節祀이다. 절사는 명절날 지내는 제사로 명절제名節祭라고도 불렸다. 그러나 제사 형식을 다 갖추지 않았기 때문에 제사 대신 차례茶禮라고 불리기도 했다. 『역중일기』에서는 '참례參禮'라는 이름으로 자주 나온

38) 『백불암선생언행록』 권1, 「연보」 21년 을축(선생 41세)(『원본 백불암선생언행록』 23쪽); 『역중일기』 을축년(1745년) 9월 초6일.

39) 『百弗菴集』 卷13, 祝文, 「始用助祭田穀物時 告家廟文(壬午十月朔朝)」(『한국문집총간』 222, 197쪽)

다. 『역중일기』에 등장하는 대표적 명절은 정월대보름, 5월 5일 단오, 8월 15일 추석, 겨울 동지이다. 최흥원은 이때를 당하면 사당에 참례를 거행했다.

『역중일기』에 실린 기사만으로 살펴보면 1월 1일 설날의 사당 참배 건수는 많지 않다. 최흥원 가족은 섣달그믐날부터 수세守歲로 밤을 새웠다. 수세는 섣달그믐날 밤에 집안 곳곳에 불을 밝히고 잠을 자지 않는 풍속이었다. 1753년 12월 30일에 어머니를 모시고 수세하지 못한 것을 아쉬워하는 것으로 보아 수세는 정기적으로 했던 것 같다. 아울러 새해가 되면 어머니께 벽온단辟溫丹을 올리는 모습을 볼 수 있다. 벽온단은 향의 일종인데 당시 사람들은 염병을 물리치는 데 유용하다고 여겼다. 궁궐에서는 내의원에서 벽온단을 만들어 섣달그믐에 임금께 진상했다. 그리고 새해 첫날에 그해의 운세를 알기 위해 주역 점을 치는 모습 또한 볼 수 있다.

1월 15일, 5월 5일, 8월 15일의 명절 제사는 일기에 자주 나온다. 특히 최흥원은 단오를 여름철에 제일 으뜸이 되는 절일이라고 했다.[40] 가을의 큰 명절인 추석[41]에도 별묘와 가묘에 참례를 올렸다.[42] 추석에는 대추, 밤, 참외 등 햇과일, 햇벼, 떡, 쇠고기 등을 허락되는 대로 올렸다. 동지 절사는 한 해에 일어난 중요한 일을 조상에 고하는 날이기도 했다.[43] 11월 18일에 증조할머니 기제사와 겹치는 경우가 있었는데, 그때에는 기제사를 먼저 지냈다.[44] 그 외 명절제로 한식을 언급할 수 있었다. 1763년 2월의 시제 때 최흥원은 친족과 함께 한식날 사당에 시절 음식을 올리기로 결정했다. 한식 때는 조상 무덤을 찾는 것이 중요했는데, 최흥원 가족

40) 『역중일기』 권2, 신미년(1751년) 5월 5일.
41) 『역중일기』 권3, 기묘년(1759년) 8월 15일
42) 『역중일기』 권1, 계해년(1743년); 『역중일기』 권2, 정묘년(1747년).
43) 『역중일기』 권1, 기미년(1739년) 11월 15일.
44) 『역중일기』 권3, 계미년(1763년) 11월 18일.

은 사당에서 제사를 지내기로 했다. 그러나 그해에는 한식을 며칠 앞두고 대문 안에 거하는 계집종이 아이를 낳자 '부정할까 두려워' 제사를 지내지 않았다. 이후 한식에 대한 언급이 보이지 않아 어느 정도 지속되었는지는 불명확하다.

두 번째 사당의 주요 제사는 시제였다. 여기서 시제는 세속의 풍속과 관계없이 유교 이념에서 비롯한 시간이며 제향이었다. 『주자가례』를 기준으로 한다면 1년에 4번 거행하는 사시제가 제향의 기본 리듬이 되어야 했다. 그것은 고대 경전에 나오는 약禴, 체禘, 상嘗, 증烝의 제사를 정례화한 것이었다. 『예기』의 「제의」에서는 조상의 제사를 소홀히 해 조상을 잊어버려도 안 되지만 너무 자주 거행해 공경하는 마음이 사라지는 것도 온당하지 않다고 보았다. 그리하여 계절이 바뀔 때 조상의 제향을 거행토록 했다. 『주자가례』에서는 매 계절의 가운데 달에 지낸다고 했다. 이는 천자와 제후의 종묘 제향이 맹월孟月에 있기 때문에 한 단계 낮추어 정한 것이었다. 그리고 제사일은 점을 쳐서 정했다.

최흥원은 『주자가례』의 규정과 달리 1년 중 2번의 시제를 2월과 8월에 거행했다. 2월과 8월의 시제 날짜는 일정하지 않았다. 택일해 미리 사당에 고한 후 정한 날에 제사를 지냈다. 이 두 제사는 사당에서 거행하는 제사 중 가장 중요한 것으로, 제향 3일 전부터 재계齋戒했다.

그런데 최흥원은 이 시제를 가묘가 아닌 별묘에서 주로 거행했다. 1742년에는 2월 7일과 2월 15일에 각각 별묘와 가묘에서 시제를 지냈다. 다음 해에는 8월 6일과 8월 13일에 별묘와 가묘에 시제를 지냈다. 그리고 1744년 2월 19일에 가묘에서 시제를 지냈다는 기록이 있지만 이후 1745년부터 1771년의 일기에 2월과 8월 시제는 별묘에만 나온다. 8월 시제는 추석과 비슷한 시기에 거행했는데, 시제를 별묘에서 거행하고 추석 때 가묘에 참례를 거행하기도 했다(1752년, 1753년, 1760년, 1761년, 1770년,

1774년). 물론 1746년이나 1747년과 같이 추석 때 별묘와 가묘에 모두 참례한 경우도 있지만 대개 시제와 절사를 별묘와 가묘에 나누어 거행했다. 따라서 시제 거행만 본다면 최흥원은 가묘보다 별묘를 더 중시했다.

『역중일기』만의 기록에 의존하면 1774년부터 가묘의 시제가 다시 등장한다. 1774년 2월 9일에 별묘에서 시제를 거행한 후 11일에 가묘에서 시제를 지냈다. 그리고 5월 13일과 8월 20일에 가묘에서 시제를 지냈다. 5월 시제는 이때 처음으로 등장한다. 다음 해 5월 21일에도 가묘 시제가 있었다. 그런데 이날 시제에 대해 최흥원은 하짓날이 고조할아버지 기제사와 겹쳐서 앞당긴 것이라고 했다.[45] 그러므로 5월 시제는 하지에 맞춘 것임을 알 수 있다. 그러나 이후 기록에서 5월 시제가 보이지 않아 그것이 제대로 정착되었는지는 불확실하다. 『주자가례』에도 언급된 것처럼 사마온공司馬溫公은 날을 점칠 겨를이 없으면 이지이분二至二分에 시제를 거행하는 것이 편리하다고 했다. 그러한 예를 참조해 하지에 여름 시제를 거행하려고 했던 것 같다. 한편 1775년 이후 일기의 기록이 소략하지만 1784년, 1786년 모두 가묘 시제를 언급하고 별묘 시제가 없는 것으로 보아 점차 가묘 중심의 제향으로 변했던 것 같다.

시제와 더불어 언급할 수 있는 제사가 예제禰祭이다. 예는 '가깝다'는 뜻으로 예제는 고비考妣에 대한 제사이다. 『주자가례』는 초조제初祖祭, 선조제先祖祭, 예제를 동지, 입춘, 계추季秋라는 특정한 시간에 맞추어 조상과 후손을 연결시켰다. 처음으로 백성을 낳은 시조를 동지에 하나의 양이 시작하는 것으로 표상하고, 고조 이상의 조상을 생물이 시작하는 봄을 통해 상징화하고, 아비를 사물이 익는 가을을 통해 나타낸 것이었다. 이를 통해 조상의 계보는 자연이 만물을 낳고 기르는 과정과 등치되었다.

45) 『역중일기』 권4, 을미년(1775년) 5월 21일.

『역중일기』에 예제가 처음 등장하는 것은 1743년이었다.[46] 예제는 『주자가례』의 규정에 따라 9월 중에 지냈다. 전달에 날짜를 정한 후 사당에 반드시 고사告祀를 지내고 당일 부친의 신주를 내 마루에서 제향을 지냈다. 최흥원은 세 가지 적과 육탕과 어탕 각 1그릇으로 예제의 제향을 준비하였는데 그렇게 간소화되어야만 제사가 폐지되지 않고 지속되리라고 생각했다.[47]

마지막으로 기제사忌祭祀가 있었다. 절사나 시제와 달리 기제사는 계절의 변화와 무관했다. 조고의 사망과 관련된 것이므로 마치 사건의 기억처럼 나타났다. 제향에서 시제와 기제사는 엄밀히 보면 서로 상반된 의례였다. 길흉으로 구분한다면 시제는 길제에 해당되는 반면 기제사는 흉례에 가까웠다. 기제사는 상례의 연장으로 간주되었기 때문이다. 그리하여 제향 중에 음복을 행하지 않는 경우가 많았다. 당시 시속에는 기제사를 마치면 제사의 남은 음식물로 정든 사람을 불러 먹이는 것이 관례였다. 최흥원은 이를 온당하지 않은 관습으로 여겼지만 그러한 습속을 바꾸기 어렵다고 한탄했다.[48] 그는 기일을 '상례의 연속'으로 간주해 술과 고기를 다른 사람과 더불어 수작하는 것을 금지했다.[49] 기제사는 시제보다 재계 기간이 짧았다. 그러나 제향을 마치면 곧바로 일상으로 돌아가는 것이 아니라 그날이 기일이기 때문에 하루가 다 지나갈 때까지 행동을 조심했다. 이에 음복할 경우엔 다음날에 하도록 했다.

『주자가례』에서는 기제를 속제俗祭로 간주해 사시제와 구별했다. 속제는 경전에 근거한 것이 아니라 시속과 인정에 따라서 거행하는 제사를

46) 『역중일기』 권1, 계해년(1743년) 9월 18일.
47) 『역중일기』 권1, 을축년(1745년) 9월 6일.
48) 『역중일기』 권1, 기미년(1739년) 3월 23일.
49) 『백불암선생언행록』 권4, 强辨(『원본 백불암선생언행록』, 225쪽).

가리켰다. 절사 역시 속제였다. 이론상으로 기제사는 시제보다 덜 중요한 제사지만 횟수로 보면 시제보다 기제가 더 자주 거행되었다. 가묘의 기제사만도 8번이고 별묘의 기제까지 합치면 총 10번이었다. 거기에 최흥원은 아내와 일찍 죽은 동생 최재열의 기제도 같이 지냈다. 그러므로 1년에 기제사만 12번이나 되었다. 기일을 당한 사람만 모시기 때문에 제사 규모는 작지만 기제는 여러 횟수를 통해 시제보다 일상생활을 더 규제했다. 또한 자연의 운행에 맞춘 시제나 절사와 달리 사망의 충격적 사건을 기억하는 것이기 때문에 제사 대상에 대한 추모의 정을 더 강하게 느낄 수 있었다.

4 묘사墓祀와 친족의 만남

유교의 생사관이나 상례 과정에서 무덤은 망자의 시신을 안장한 곳이다. 시신을 떠난 혼령은 무덤에 머무는 것이 아니라 신주를 따라 후손 집으로 돌아오고 마침내 사당에 안착한다. 그리하여 선조와 후손은 사당과 신주를 매개로 만나게 된다. 반면 혼령이 떠난 무덤에서 제향은 무의미하다. 그러나 그러한 논리는 유교 경전에 근거한 철학적 논변에만 머물렀고, 현실에서는 무덤이 망자를 기억하고 추모하는 공간으로 중시되었다. 유교가 들어오기 전부터 무덤에서 망자의 혼을 찾았으며 유교가 수용된 이후에도 묘제는 속제로 간주되어 지속되었다.

사당과 달리 무덤은 여러 곳에 흩어져 있었다. 선대 무덤이 하나의 선산에 모여 있을 수도 있었지만 여러 사정으로 무덤은 사는 공간과 떨어져 산재했다. 조선 후기에 성행한 풍수설은 묘소를 더욱더 흩어지게 했다.

최흥원 가족이 관리한 무덤은 직지동直枝洞, 도장동道莊洞, 지동枝洞, 경산慶山, 광동廣洞 등지에 있었다. 직지동에는 5대조 최동집 묘소가 있었다. 1747년에 묘를 보수하고 상석床石을 마련했다.[50] 그리고 1768년에는 비석을 세웠다.[51] 훗날 최흥원 아들 최주진 무덤도 그곳으로 정했다. 최동집의 부인 여강이씨 무덤은 도장동에 있었다. 지동에는 최흥원에게 고조가 되는 최위남과 그의 부인 묘소가 있고[52], 경산에는 증조 최경함과 그의 부인 묘소가 있었다.[53] 그리고 조부 최수학과 부친 최정석의 묘소는 광동에, 모친 함안조씨의 묘소는 도장동에 있었다.[54] 그리고 최흥원의 부인 묘소는 광동에 있었다.

그렇게 무덤이 흩어져 있어 묘사는 동시에 같이 지낼 수 없었다. 대체로 10월의 묘사는 직지동의 6대 조부와 도장동의 6대 조모 묘사를 먼저 지내고, 지동과 경산의 고조와 증조묘, 광동의 조부와 부친 묘사를 지냈다. 광동 묘사에 모든 형제가 같이 모여 지냈으며 나머지는 형제와 자식이 나누어 지냈다. 광동 묘사를 마치면 지역 사람들과 술과 음식을 나누어 화합의 장을 가졌다.

묘사의 또 다른 특징은 제향의 지속성이었다. 사당의 제사는 '4대'의 한정된 시간 내에 이루어지는 제향이었다. 불천위가 아니면 4대가 지난 선조의 신주를 매안하고 제향을 폐지했다. 그러나 묘사는 4대의 제한을 넘어 지속되었다. 물론 그것은 무덤이 잘 보존되었을 때나 가능했다. 여러 곳에 흩어져 있으므로 제대로 관리하지 않으면 2~3대가 지나 망실될 수 있었다. 특히 처가살이가 일반화된 조선 전기까지만 하더라도 처가에 정착하는 경우가 많아 부계 중심으로 무덤이 모이기 어려웠고, 그만큼 소재지를 찾기 어려웠다. 그러다 부계 중심의 가계가 정착되면서 사대부가에

50) 『역중일기』 권2, 정묘년(1747년) 10월 27일.
51) 『역중일기』 권4, 무자년(1768년) 10월 19일.
52) 현재 대구광역시 동구 도동 산 77번지에 해당한다.
53) 대구직할시 동구 송하리 앞 독산 주변이다.
54) 현재 대구시 동구 도장길에 있다.

서는 선대의 무덤을 수호하려는 경향이 높아졌다.

최홍원은 5대조 이전 선대 무덤과 묘사에도 관심을 갖고 적극적으로 참여했다. 그러한 그의 행동은 「봉선입의奉先立議」(상, 중, 하)의 글에서 잘 나타난다. 「봉선입의」는 5대조 이전의 선조 무덤을 관리하고 제향을 봉향하기 위해 만든 문중 규약이었다. 그중 「봉선입의」(상)은 1731년에 당시 족대부族大父였던 최수갑崔壽甲 선생을 도와 작성한 규약문으로, 이후 문중 모임의 기초가 되었다. 당시 문중에서는 최수갑 선생의 9대조인 최맹연(최홍원에게 11대조) 선생부터 4대조 최계(최홍원에게 6대조) 내외까지의 묘사를 위해 재물을 내 3,000전錢을 마련하고 제향을 위한 규약을 만들었다.[55] 그중 중요한 사항을 언급하면 이렇다.

첫째, 묘사는 1년에 한 번 10월 상순에 거행하는 것으로 정했다. 최홍원은 묘사를 10월에 거행하는 까닭을 다음과 같이 설명하고 있다.

> 효자는 서리를 밟을 때 [추모의] 감정을 절실히 느낀다. 그러나 곡식을 수확하지 않았으므로 자성粢盛을 준비할 수 없다. 또한 순곤純坤의 달은 체백體魄이 머무르기에 적합한 때이므로 10월에 거행한다. 11월은 주周나라 정월의 자월子月이므로 바로 다음 해에 속한다. 어찌 10월을 두고 물려서 행하겠는가?[56]

『예기』의 「제의祭義」편에는 "서리와 이슬이 내리면 군자가 밟고 반드시 슬픈 마음이 있게 되니, 이는 추워서 그러는 것이 아니다"라고 했는데 이는 가을에 조상에 대한 제사를 지내는 까닭을 설명한 것이다. 최홍원은 이슬이 내리는 음력 9월에는 효자가 부모를 그리워하는 마음이 더욱 절실하지만 아직 수확이 끝나지 않아 제사 음식을 준비하기 어렵다고 보았다.

55) 『백불암집』 권12, 잡저, 「奉先立議」(상).
56) 『백불암선생언행록』 권4, 强辨(『원본 백불암선생언행록』, 217쪽).

반면 11월은 주나라 월력으로 하면 다음 해의 시작이므로 해를 넘기는 것이 된다. 이에 비해 곤괘에 해당하는 10월은 음의 기운인 체백과 부합하므로 묘사에 적당하다고 생각했다. 음양의 이기론과 경제적 토대를 중시하는 최흥원의 면모가 묘사의 달을 정하는 데도 영향을 준 셈이다.

둘째, 묘사의 제물은 "과일 6품, 포해 각 1품, 소채 4품, 좌반佐飯 1품, 어육 각 1완, 적 9꼬지, 포탕泡湯과 면식麵食 각 1완, 미식米食 1반, 반飯과 갱羹 각1" 등으로 준비하고 함부로 더하거나 줄이지 못하도록 했다. 셋째 유사有司, 부유사副有司, 각 묘의 제원祭員을 두어 제향을 준비했다.

한편 묘사와 별도로 9월 9일에 문회門會를 열어 친목을 다졌다. 제전을 준비했더라도 문족이 화목하지 않으면 제사를 공경히 지낼 수 없을 것이다. 그리하여 매년 9월 9일에 문중의 높고 낮은 사람과 연장자와 연소자 모두가 한곳에 모여 신의를 강론하고 화목을 닦는 모임을 갖도록 했다. 그러한 문회는 1753년 9월에 대구 해안현 지묘동智妙洞에 '구회당九會堂'을 세우면서 한층 더 발전했다.57)

그러한 문중 규약에 맞추어 최흥원은 선대 묘사에 참여했다. 『역중일기』에 자주 등장하는 곳은 최흥원에게 6대조가 되는 최계의 묘가 있는 수태水泰58), 최인崔認과 최동율崔東律의 묘가 있는 왕산王山 등이다. 그리고 1745년에 문중에서 동생 입부와 사촌 통숙을 각각 송전松田과 달동達洞의 제사유사로 삼은 것도 문중 규약에 의한 것이었다.59) 선대 문중의 묘사는 광동 묘사 이후에 있었다. 즉 각 문중 사람은 지친의 묘사를 먼저 거행한 후 윗대의 묘사를 위해 모였다.

57) 최언돈, 앞의 논문, 77쪽.

58) 최계의 무덤은 현재 대구직할시 동구 용수동 수태산 자락에 있었다. 최계의 아들로 동률, 동집, 동직 세 명이 있었는데 각각 지묘파, 칠계파, 지동파의 파조가 되었다.

59) 『역중일기』 권1, 을축년(1745년) 10월 23일.

5 재계와 접빈객

앞서 가묘와 무덤에서 거행되는 제사에 대해 살펴보았다. 최흥원의 집에는 거의 매달 한 건 이상의 제사가 있었다. 어머니로부터 형제, 아들과 딸, 며느리, 조카, 질녀, 손자, 손녀 등 최흥원 가족은 그러한 제사를 통해서 한 친족임을 확인할 수 있었다. 별사의 5대조로부터 동생과 아들의 제향까지 챙긴 최흥원의 입장에서 볼 때 가족은 산 자와 죽은 자가 함께 공존하는 공동체였다.

그들에게서 비가시적인 망자의 존재에 대한 부정은 찾아보기 어렵다. 조상은 늘 함께했다. 그러나 제사 때마다 조상이 자동적으로 임재하진 않았다. 제향을 준비하고, 향을 올리고 울창주를 모사기에 붓는 의식이 필요했다. 그러나 그것만으로 부족했다. 최흥원은 그런 절차에 앞서 '재계'를 강조했다. 최흥원은 재계가 제사의 필수적인 요소라고 보았다. 흩어진 조상의 혼령을 불러 모으는 것이 후손의 정성이라 여겼기 때문이다.

> 사람이 죽으면 진실로 흩어진다. 그러므로 고복皐復으로써 혼을 부르고, 신주神主로써 그를 의지하게 한다. 그러나 자손이 곧 [선조의] 기맥과 정신이 머무르는 곳이므로 오로지 정성을 다해 재계를 행한다면 자연스럽게 감응해 양양洋洋하게 임하는 것 같은 이치가 있을 것이다. 나무의 기가 열매에 전해지고 사람의 기운이 자손에게 전해지니, 열매가 존재하면 나무의 기운이 존재하고 자손이 존재하면 조고의 정신이 또한 존재한다. 제삿날에 내가 정성과 공경을 극진히 한다면 조고의 정신이 이르러 그곳에 드러나는 것이 여기에 근본한다. 조고가 제향을 흠향하느냐 하지 않느냐는 것은 다만 자손의 정성이 있느냐 없느냐, 재

계를 다하느냐 못하느냐에 달려있다.[60]

그는 옷가지와 신주로 조상의 혼령을 부르고 안착시키는 것도 중요하지만 조상의 정기精氣가 전해진 후손이 정성을 다하면 제사 때 선조의 혼령이 임재할 것이라고 생각했다. 그는 조상과 후손의 관계를 나무와 열매로 비유해 설명하기도 했다. 즉 나무의 기운은 열매에 전해지고 사람의 기운은 후손에게 전해지기 때문에 열매가 있으면 나무의 기운도 있고, 자손이 있으면 조상의 정신이 그 가운데 있다고 했다.[61] 따라서 조상이 흠향하고 하지 않는 것은 오로지 자손이 재계를 정성스럽게 하느냐에 달렸다. 그러한 그의 입장에서 볼 때 재계 없는 제사는 무의미한 행위였다.

최흥원은 시제를 위한 재계 기간을 3일로 정했다. 제사 3일전부터 새벽에 일어나 목욕하고 의관을 갖추고 여러 집사가 함께 모이기를 기다렸다. 사람이 모이면 용모를 고치고 "재계는 가지런히 한다는 말이다. 바깥을 가지런히 하면서 안을 가지런히 하지 못하는 것은 가지런히 하는 것이 아니다. 공경을 다하지 않는 자가 없는가?"라고 물었다. 모든 사람이 '그렇습니다'라고 답하면 함께 신알晨謁을 거행했다. 참배하고 나와 재계하는 동안에는 사사로운 일에 관여하지 말며 한가로이 출입하지 말아야 하고 담배南靈草를 피우거나 차를 마시지 말도록 했다. 여러 집사자에게 묘정과 길과 주변을 깨끗이 청소하게 했다. 집사자들은 한곳에 모여 자도록 했다.[62] 특히 담배를 금했는데 최흥원은 담배를 냄새나는 채소의 일종으로

60) 『백불암선생언행록』 권4, 强辨(『원본 백불암선생언행록』, 224쪽). "人死氣固散 故復以招之 主以依之 而子孫卽氣脈精神地所寓 是以專誠致齊 自有感 召洋洋之理 夫木之氣 傳於實人之氣 傳於子孫 實存 則木氣存 子孫存 則祖考精神亦存 祭之日 極吳誠敬 則可格祖考之精神 著乎彼者 本乎此 祖考之享與不享 只在子孫之誠與不誠齊與不齊."

61) 나무와 열매의 비유는 『龜峯集』 卷7, 「家禮註說」에 나온다.

62) 『백불암선생언행록』 권5, 類篇, 「奉先」(『원본 백불암선생언행록』, 228~229쪽).

서 다른 것보다 입에 더 해롭다고 보았다.[63] 제사 하루 전날에는 정침에 신위를 설치하고 물러나 제수를 직접 살피고 새벽에 이르러 잠자지 않았다가 닭이 처음 울면 목욕하고 세수하고 머리를 빗은 후 제사를 지냈다.

그러나 그러한 재계는 실생활에서는 쉽지 않았다. 먼저 재계 일에 맞추어 사람이 일정한 장소에 모이는 것이 쉽지 않았다. 별묘 시제의 경우 제향 사흘 전에 옻골 종택에 들어와 보본당에 기거해야 했다. 제향 사흘 전날 저녁에 들어오더라도 만 이틀을 더 있어야 했다. 1744년 8월 18일에 별묘 시제를 당해 최흥원은 15일부터 재계에 들어갔다. 그러나 여러 친족은 16일부터 재계했다. 1745년 2월에는 3일 전에 오지 않은 사람이 제사에 참석하는 것을 허락하지 않았다. 그러나 8월 시제에도 이틀 전에 온 사람, 하루 전에 온 사람 등 서로 어긋났다.[64] 그렇게 늦게 오는 친족을 매번 제재할 수는 없었다.[65]

다른 한편 재계 기간 중 여러 일이 재계를 방해했다. 그중에서도 가장 심각한 것은 손님의 방문이었다. 최흥원은 재계 중에는 외출을 삼갈 뿐 아니라 외부 손님을 맞이하지 않으려고 했다. 재계 중에는 어머니의 아침문안도 생략했다.[66] 그러나 손님의 방문을 외면하는 것은 결코 쉽지 않았다. 무례히 재계하는 곳으로 들어오는 사람도 있었다.[67] 최흥원은 무엇보다도 재계 때문에 손님 접대를 허락하지 않았다는 소문이 돌아 정이 없다는 책망을 들을까 두려워했다.[68] 그리고 이렇게 타협점을 찾으려고 했다.

63) 『백불암언행록』 권4, 强辨(『원본 백불암선생언행록』, 224쪽).
64) 『역중일기』 권1, 을축년(1745년) 8월 27일.
65) 『역중일기』 권2, 무진년(1748년) 윤7월 28일.
66) 『역중일기』 권3, 계미년(1763년) 2월 5일.
67) 『역중일기』 권1, 을축년(1745년) 2월 17일.
68) 『역중일기』 권1, 갑자년(1744년) 9월 23일.

> 오직 나 자신을 반성하고 뜻을 굳건히 해 정성껏 접대하는 것을 요법으로 삼을 뿐이다. 갑자기 뭇사람과 달리 처신하면 고고한 체하다가 괜히 세상 사람에게 기롱당하고 마음을 다스리는 데 해로울 것이니 또한 경계할 점이 작지 않다.[69]

즉 손님을 정성껏 접대하는 대신 마음을 잘 다스려 제사를 준비해야 했다. 그러나 최흥원은 대개 손님이 오면 직접 만나기보다 재계에 참석하지 않는 자로 하여금 다른 방에서 응대하게 했다.

그러한 행동에 대해 이광정은, 기제와 시제가 다르며 빈객을 맞이하지 않는 것은 기일의 금기에 해당된다고 보았다. 그리고 손님으로 오는 사람이 제사를 받는 망자의 지위보다 높을 때도 있으므로 재계 중 손님을 일체 응대하지 않는 것은 옳지 않다고 했다.[70] 여러 제향 중 선후 문제나 제사와 상례의 상충이 일어날 때 대부분 위계가 높은 쪽을 위주로 선택하는 것이 일반 관례였다. 수령이나 감사 등 '존귀'한 사람의 방문을 받으면 집안 제사의 재계로 거절하기는 어렵다는 것이 이광정 주장이었다.

그러나 최흥원은 시제와 기제의 차이가 어디에 근거하는지를 반문하며 둘 사이의 차이를 자기 나름대로 이렇게 설명했다.

69) 『역중일기』 권1, 을축년(1745년) 3월 22일, "惟反躬加意積誠 以待爲要法 遽異衆爲高 恐取俗譏害心法 又不小可戒也."

70) 李光靖, 『小山集』 卷3, 「與崔進叔」. "忌日之不接客古禮也 而以顏氏家訓(見伍先生禮說忌祭條中)及退溪先生答金鶴峯問觀之 見文集 似或不無商量處 況時祭之與忌祀 差有不同 接賓之與承祀 互有輕重 使客能知主人之有齊而不來則幸矣 客或不知而遠來 而其齒與德或高焉 則一番接見之後 諭以私故 而使子弟代接 未知果何如也"(『한국문집총간』 232, 62쪽). 최진숙은 최흥원의 동생 최흥점을 가리킨다. 이 편지는 최흥점에게 보낸 것이지만 내용상 최흥원도 관련된 것이라고 생각된다. 최흥원이 이광정에게 이 문제로 직접 편지한 내용이 『백불암집』에 실려 있다. 기제일과 관련된 손님 접대에 대한 논의는 이황과 김성일 사이에서도 찾아볼 수 있다. 이황은 기일에 방백처럼 지위가 높은 손님을 맞이할 경우 고기 음식으로 맞이할 수 있지만 기일에 손님을 접대하지 않는 예법을 따르고 싶다고 했다. 그리고 기제에 손님을 맞이하거나 남의 초대에 나아가는 것은 마땅하지 않다고 했다(『退溪集』 卷34, 書, 「答金士純問目」).

> '재계'로서 말한다면 재계의 '엄밀嚴密함'의 뜻이 어찌 기일의 '처창悽愴'한 것과 같겠습니까? 처창한 마음에 방해되는 것이 있다면 자기가 애도하는 것을 다하지 못한 것에 지나지 않습니다. 그러나 엄밀한 것에 전념하지 못한다면 신을 이르게 하는 도리에 미진한 것이 됩니다. 이렇게 살핀다면 경중이 어떻겠습니까? 어찌 손님을 접대하지 않는 것이 기일에만 말하고 제계하는 데 말하지 않겠습니까?71)

여기서 최흥원은 재계 때의 마음가짐이 '엄밀함'이라면 기일 때의 마음가짐은 '처창함'이라고 구분하고 있다. 나아가 기일에 다른 일 때문에 처창한 마음을 제대로 유지하지 못한다면 이는 애도를 다하지 못하는 것이 된다. 이것은 효자의 입장에서 바람직한 일이 아니지만 본인의 감정 문제였다. 반면 재계를 엄밀하게 수행하지 못한다면 그것은 신이 이르지 못하는 결과를 초래할 것이다. 결국 엄밀하지 못한 재계로 인해 제사는 목적을 상실하게 된다. 그러므로 재계 중에 손님을 맞이해 응대할 수 없다는 주장이다. 이처럼 최흥원에게 제례 없는 제사란 무의미한 것이었다.

6 전염병과 상장례

조선시대에 일상생활을 무너뜨리는 것 중 하나가 전염병이었다. 여역, 역병, 천연두, 홍역 등 다양한 전염병은 당시 사람의 삶을 위협했다. 전염

71) 『百弗菴集』 卷5, 書, 「答李休文 號小山(戊辰)」(『한국문집총간』 222, 68쪽). "大抵不接賓 但言於忌日 不言於齊日 每有所疑 今諭以時祭忌祀差有不同 果有所考據耶 以時祭罷齊日視諸忌日 則果似不同 以其齊言之 則其齊意之嚴密 何如於忌日之悽愴也 有妨於悽愴 則不過未盡自家哀而已 不專於嚴密 則有所未盡於格神之道 以是究之 其輕重何如 而如之何不接賓 但言於忌日而不言於齊日耶."

병에 걸리면 곧바로 생사를 장담할 수 없는 위기의 순간으로 들어섰다. 회복되지 못하면 유명을 달리할 수밖에 없었다. 그런데 전염병은 직접 감염되지 않더라도 일상적 질서를 혼란시켰다. 전염병이 발생하면 감염된 당사자는 물론이고 주변 사람들도 긴장시켰다. 아직 감염되지 않은 사람은 전염병을 막기 위한 여러 가지 방법을 모색하지 않을 수 없었다.

당시 전염병을 막는 가장 일반적인 방법은 격리와 피난이었다. 전염병이 발생한 지역을 지나온 사람은 집에 곧장 들어올 수 없었다. 1737년 11월 28일에는 사촌누이가 왔는데, 오는 도중 천연두를 앓는 아이들을 많이 보았기 때문에 아랫마을에 자고 다음날 오후에 들어왔다. 매일 어머니의 안후를 살핀 최흥원도 감염 지역을 지나온 날이면 어머니를 뵙지 않았다.

마을이나 집에 전염된 환자가 나타나면 곧바로 집이나 마을에서 격리시켰다. 그리고 보다 악화되면 온전한 사람은 안전한 곳으로 거처를 옮겼다. 그것을 '피접避接'이라 하고, 옮겨간 장소를 피우소라고 했다. 이규경李圭景은 『오주연문장전산고五洲衍文長箋散稿』의 「종두변증설種痘辨證說」에서 "영남 사람은 두창을 호랑이처럼 두려워해 마을에 두창이 있으면 두창에 걸리지 않은 사람은 이를 피해 왕왕 늙어 죽을 때까지 두창을 면하기도 한다"라고 했는데, 『역중일기』는 그러한 피우의 모습을 잘 보여준다.[72] 전염병에 걸리지 않은 최흥원은 나이가 들어도 계속 피우하지 않을 수 없었다.

생활의 거처를 옮기는 피접은 일상생활에 많은 불편과 제약을 초래했다. 피우소에서 전염병이 발생해 다른 곳으로 이동해야 할 때도 많았다. 1746년(영조 22년)의 예를 들면 1월부터 전염병이 시작되어 최흥원은 중동으로 거처를 옮겼다. 그때에는 집안 식구 중 감염된 사람이 많았다. 지

72) 李圭景, 『伍洲衍文長箋散稿』, 人事篇, 技藝類, 醫藥, 「종두변증설」(이승희, 「19세기 학봉종가 한글편지에 나타난 질병 관련 어휘에 관한 고찰」, 『한국문화』 82, 2018, 132쪽에서 재인용).

난해 12월에 처가에 갔던 조카 최상진崔尙鎭[최홍점의 아들]이 진도 수령의 아들인 손기특孫奇特과 함께 돌아왔는데, 모두 전염병에 걸렸다. 이에 다른 마을로 어머니를 피신시키고 백불암도 중동으로 피접했다. 1월 한 달 동안 사투를 벌인 끝에 기특과 상진은 회복되었다. 당시 상진의 부인, 손녀, 노비들이 감염되었다. 그리고 피난처였던 중동에도 천연두가 번졌다. 그해 5월에는 영남 지역을 비롯해 호서, 호남, 관동 지역에 전염병이 매우 성해 국왕이 지방 백성에게 벽온단을 내려 주기도 했다.[73] 6월에 집으로 돌아왔지만 11월에 그는 다시 출피했다. 그리고 전염병을 피해 4군데나 옮겨 다니다가 다음 해 5월에야 비로소 집으로 돌아왔다. 그동안 최흥원의 아우인 최홍점을 비롯해 딸, 손녀, 조카, 질녀 등 어른과 아이들이 돌아가며 전염병이 걸렸다. 5월 8일에 가족은 사당에 모여 조상에게 다음과 같이 고유했다.

> 지난해 중동中冬에 어머니를 모시고 아우를 이끌고 천연두를 피해 분주하게 다닌 것이 거의 반년이나 되었습니다. 중간에 홍점이 조심했지만 천연두에 걸려 고름이 무르고 증세가 심각해 보는 사람이 위태롭게 여기니 하물며 우리 형제간에야 어찌 차마 버리고 떠나겠습니까? 어머니는 아들의 위태로움을 근심하고 아들은 어머니의 근심을 민망히 여겼으니 천리와 인정에 중용을 찾기가 어려웠습니다. 서로 돌아보며 딱하게 울고 제대로 조치하지 못해 위급했습니다. 문족門族이 뜻을 일으켜서 모두 마음을 다하고 인척이 힘을 모아 때 맞게 약을 먹였습니다. 이에 위태로움이 바뀌어 안정하게 되었으니 선조의 도움이 아님이 없습니다. 일찍 죽은 가족은 어떻게 하겠습니까? 홍점이 이전에 질병에 걸린 적이 있고 얼마 전에 비록 고통이 심했으나 다행히 많이 나아져 (친척이) 단란

73) 『승정원일기』 영조 22년 4월 12일(정축).

히 모여 열을 지어 배알하오니, 여기 계신 선령께서도 반드시 기뻐하실 것입니다. 우러러 양양함으로 바라보니 감모함을 잊을 수 없습니다.[74]

위 인용문은 집을 떠난 힘든 생활과 그보다 더한 형제들의 위기를 잘 보여준다. 그리고 그런 위기 상황에 형제간의 우애, 모자간의 사랑을 느낄 수 있다. 아울러 친족의 협조가 큰 울타리가 되어 준 것을 알 수 있다.

한편 전염병의 발생은 일상생활뿐만 아니라 의례의 시행에 큰 장애가 되었다. 대부분의 의례는 사람을 회집시키기 때문에 병을 옮기는 매체가 될 수도 있었다. 관례, 혼례, 상례, 제례 등 주요 의례는 가족, 친지, 이웃 사람을 불러 모았다. 관례에서도 빈賓이 있어야 했다. 혼례는 다른 지역에 사는 신랑 집과 신부 집 사이를 왕래해야 했기 때문에 전염병에 감염되거나 전파하는 계기가 되었다. 그러므로 전염병이 발생하면 혼례를 연기하는 것이 안전했다. 반면 상례의 실행은 선택이 아니라 주어진 상황을 처리해야 하는 것이었다. 전염병은 죽음을 가져오고, 그 죽음이 또 다른 죽음을 가져오는 경우가 많았다. 전염병에 감염되어 사망한 사람의 시신을 거두어 염습하고 관에 넣는 것 자체가 위험했다. 그리하여 전염병이 난 부모나 남편을 극진히 간호하거나 전염병으로 죽은 부모의 시신을 수습해 장례를 치르는 것은 목숨을 거는 일이면서도 효행의 표본이 되기도 했다. 주자는 역질 환자를 두고 도망갈 것인지에 대해 "전염되지 않으니 반드시 피할 필요가 없다"고 거짓말하는 것보다 "비록 전염되지만 피하는 것은 부당하다"고 말하는 것이 낫다고 했다. 그리고 그는 전자를 '이해利害'로 말한 것이고, 후자를 '은의恩義'로 말한 것이라고 했다.[75] 퇴계는 그러한 주자의 주장을 염빈 때로 한정했다. 염빈을 마친 상태라면 물러나 피해야

74) 『백불암집』 권13, 祝文, 「仲弟興漸經痘後 告家廟文(丁卯)」(『한국문집총간』 222, 197쪽).
75) 朱熹, 「漫記疫疾事」, 程敏政 撰 『新安文獻志』, 「先賢事略」 卷33.

된다고 보았다.76)

『역중일기』에 전염병과 그로 인한 죽음이 무수히 나오지만 시신을 버려두고 돌아갈 정도로 급박하진 않았다. 그러나 전염병은 여러 가지 측면에서 의례의 축소와 변형을 가져왔다. 1737년(영조 13년) 6월 21일에 최흥원의 숙모가 사망했는데, 전염병이 심한 때라 장례용품을 구하기가 쉽지 않았다. 여러 친척이 정성으로 빈소 일을 도와주어 염습과 성빈을 마쳤지만77) 장례를 치른 후 궤연을 피우소로 옮겨 상식을 올리는 변례를 취했다. 부친의 대상 때도 천연두가 심해 집밖에서 거행했다.78) 1741년 6월 14일에 아내의 담제를 광동에 있는 우덕상禹德相의 집에서 지방으로 거행했다.

그렇게 상중에 옮겨 다니는 일이 다반사였는데, 어디로 옮기는 것이 적당한지가 논란이 되기도 했다. 그와 관련해 최흥원이 구사형具士衡에게 답변한 편지 내용이 참고가 된다. 구사형은 사방에 전염병이 치성해 정결한 곳에서 상례를 행하고 싶은데 마땅한 곳을 찾지 못했다. 그리하여 묘소에서 상사祥事를 거행할 수 있는지 아니면 집 뒤편 멀지 않은 곳에 수 칸의 집을 지어 거행하는 것이 어떨지를 물었다. 이에 최흥원은 묘소 아래 재실이나 집 근처 정결한 곳에서 상사를 거행해도 괜찮지만 무덤에서 거행하는 것은 예가 아니라고 했다.79) 무덤에서 상사를 거행하는 것은 잘못되었다는 주장은 정구鄭逑에서도 보인다. 어떤 사람이 집에 전염병이 한창이라면 담제를 어떻게 해야 할지를 묻자 정구는 신주를 임시로 봉안해둔 장소에서 거행할 수 있고, 신주를 가져 나오지 않았으면 지방으로도 설행이 가능하다고 했다. 그러나 묘소에서 제사를 지내는 것은 도리에 어긋난다고

76) 李滉, 『退溪集』 권37, 書, 「答李平叔」.

77) 『역중일기』 권1, 정사년(1737년) 6월 25일.

78) 『역중일기』 권1, 정사년(1737년) 7월 12일.

79) 『백불암선생문집』 권6, 서, 답문, 「答具士衡(萬權) 問」(『한국문집총간』 222, 82쪽).

했다.[80] 그렇게 상사를 무덤에서 거행하지 않는 것은 반우를 통해 혼령이 이미 무덤을 떠났다고 생각했기 때문이다.

한편 전염병은 제례 설행에도 어려움을 주었다. 전염병으로 인해 제향을 폐지하는 경우가 많았다. 민간에서는 마마귀신을 섬기기 위해 조상의 제사를 폐하기도 했다. 그렇지 않더라도 사람들이 많이 모이는 것은 위험한 일이었다. 이웃마을에 전염병이 발생하면 제향을 지내야 되는지를 질문 받았을 때 최흥원은 재계할 수 있는 상황인지에 따라 다르다고 답했다.

> 내 소견으로는 집안에까지 전염되어서 재계할 수 없다면 자연히 제사를 거행하기 어렵다. 만약 전염병이 이웃에 머물러 있다면 가정을 깨끗이 하고 내 마음을 밝게 해 조상이 계신 듯 정성을 다할 수 있다면 제향을 못할 이치가 어디 있겠는가?[81]

최흥원은 이웃마을에 전염병이 돈다고 제향을 그만둘 필요는 없다고 보았다. 그러나 집까지 전염되었을 경우 그로 인해 재계할 수 없다면 제사를 거행하기 어렵다고 판단했다.

7 맺음말

최흥원의 『역중일기』는 18세기의 친족과 향촌 사회의 모습을 가족사

80) 鄭逑, 『寒岡集』 卷7, 答問, 「答任卓爾」. "奉主避癘 則行禫事於權安處 不然則設紙榜 病者出幕 家無痛焉 則備持祭物 就行於本家 皆不妨 臨時觀勢而爲之 以盡孝子之心 至於祭於墓所云 則甚害於理."
81) 『백불암선생언행록』 권4, 强辨. "以吳召見 如家內有犯 齊事不成 自難行事 如在鄰里則 潔吳家庭明吳心志 致吳如在之誠 豈有不享之理乎"(『원본 백불암선생언행록』, 225쪽).

중심으로 잘 보여준다. 그는 주어진 현실 속에서 안주하지 않고 사람을 조직해 본인과 주변의 삶을 공고히 했다. 그중 중요한 부분이 의례였다. 특히 선조의 죽음을 계기로 이루어지는 상례와 제례는 가족 공동체를 형성하는 데 중요한 모티브와 기반이 되었다. 가족은 선조를 매개로 만나고, 선조는 후손을 통해 기억되었다.

『역중일기』에는 많은 사람의 죽음이 나온다. 열악한 환경 속에서 죽음은 삶의 일상이라고 할 수 있을 정도로 많은 부고訃告가 실려 있다. 1735년의 부친상과 1765년의 모친상은 이 일기의 처음과 끝을 장식한다. 그러는 사이에 최흥원은 아내와 아들 상까지 겪었다. 그러한 죽음을 당해 시신을 염습하고 매장한 후 제사로 받드는 과정은 『주자가례』의 절차를 잘 준수했다. 절차뿐만 아니라 회격, 소방상 등의 제도를 모방하려는 태도 역시 엿볼 수 있다. 이는 기물과 제도에 대한 그의 관심을 잘 보여주는 사례다. 반면 어머니 상을 당해 시묘살이를 하는 모습은 절차나 형식보다 예의 정신을 찾으려는 노력을 잘 보여준다. 부모에 대한 추모의 감정이 일상사와 사람들과의 만남 속에서 묻히지 않도록 그는 집을 떠나 무덤 가까이에 있기를 원했다.

죽음과 상례는 제례를 통해 마무리되었다. 최흥원 종가의 사당과 제향을 살펴본 결과 다음과 같은 특징을 볼 수 있었다. 첫째, 불천위 사당에 대한 강조이다. 최흥원은 부친의 사망 후 곧바로 친진親盡해 사당에서 옮겨야 하는 5대조 최동집의 신주를 매안하지 않고 별묘를 건립해 불천위로 모셨다. 별묘에서는 5대 조고의 기제사를 비롯해 2월과 8월 시제, 명절의 참례 등의 제향이 있었다. 별묘의 제향 종류나 횟수가 가묘의 것과 거의 동일했다. 나아가 시제는 가묘보다 별묘를 중심으로 운영되었다. 그러므로 공간만 달리할 뿐 최흥원의 제사 운영은 '5대봉사'라고까지 할 만하다.

조선 후기 사대부는 3대 봉사를 넘어 4대 봉사를 일반화시켰다. 그런 상황에서도 5대조 사당을 만드는 것은 신분의 등급을 넘어서는 것이라 참례僭禮라고 비난받을 수 있었다. 최흥원이 사당 건립과 제향 이후에도 그러한 혐의를 벗기 위해 선조의 위선爲先 사업에 노력했듯이 조선 후기 사대부는 4대의 범위를 넘어선 불천위 제사를 원했다. 불천위는 4대 봉사 내에 있는 천위遷位와 달랐다. 사람이 태어나 죽는 것처럼 사당의 신주들은 들어왔다 나감으로써 조상의 임무를 다했다. 그러나 불천위는 변하지 않고 자리를 지켰다. 그렇기 때문에 그를 시작으로 삼을 수 있었다. 친족의 정체성은 그러한 시작점을 통해 구체화되었다. 조선 후기 사대부가는 자기를 낳은 부모에 대한 효도의 제사를 넘어서 가계와 친족 공동체를 형성하려 했는데, 그것의 출발점에 불천위 제향이 있었다.

두 번째 특징은 기제사의 확대이다. 앞서 말했듯이 조선 후기 사대부에게는 4대봉사가 일반화되었다. 만약 『주자가례』에 따라 사시제만 사당의 기본 제사로 받아들인다면 세대 수와 관계없이 1년에 4번의 제향을 거행해야 했다. 한번 제향에 여러 신위를 모셔야 하기 때문에 매우 큰 제사가 될 테지만 시간적으로 볼 때 4회는 고정적이었다. 그러나 사시제는 온전히 정착되지 않았다. 최흥원의 종가에서처럼 1년에 2회로 축소되거나 명절제와 결합해 변례로 시행되었다. 다만 각 신위의 기제사는 꼭 챙겼다. 그러므로 사당에 모시는 신위가 늘수록 기제 횟수는 늘어날 것이다. 기제의 대상은 1위位지만 날수로 따지면 결국 하루를 소용하게 되었다. 일상적 활동을 멈추고 삼가는 날이 늘어났던 것이다. 최흥원은 시제와 기제의 재계를 '엄밀함'과 '처창함'으로 구별했다. 상례의 연장인 기일에 발홍해야 할 감정은 처창한 마음이었다. 아내와 자식, 동생 등의 죽음과 기일을 생각하면 최흥원이 감내했던 처창한 감정의 지속 시간은 더 길었다.

셋째는 묘사墓祀를 통한 문중의 확산이다. 무덤의 존재는 사당이 지닌 제약을 벗어나 제향이 시간과 공간으로 확대될 수 있게 해주었다. 4대가

지나 사당을 벗어나면 잊혀질 선조도 무덤의 존재로 기억되었다. 그것은 문중의 크기를 보여주었다. 이를 위해 최흥원과 그의 친족은 물적 기반을 마련하고 조약을 만들어 제사와 족회를 지속시켰다.

한편 위와 같이 많은 상황 속에서 제향을 거행하려면 일상적 삶 속에 있으면서도 그와 구별된 시간과 공간이 필요했다. 재계는 일상에서 비일상적 세계, 곧 제사로 나아가는 정화의식이었다. 유교의 제사는 집의 사당에서 친밀한 집단인 가족에 의해 집행되었기 때문에 일상적 틀에서 벗어나기가 쉽지 않았다. 추모를 떠나 조상의 혼령과 온전히 만나 감응하는 제례를 만들기 위해서는 일상과 오염된 세계에서 벗어날 필요가 있었지만 사대부의 삶은 그것을 쉽게 허용하지 않았다. 최흥원의 많은 고민은 거기 있었다. 시속時俗과 결합해 관습으로 확산되는 유교 문화 속에서 유교의 이상을 실현하는 것은 여전히 쉽지 않은 일이었다.

전염병 또한 상례와 제례를 수행하는 데 큰 걸림돌이었다. 전염병 때문에 집을 나와 외진 곳을 찾아 흩어져 생활해야 할 경우가 많았고, 이 때문에 제례를 폐하거나 임시로 간략히 지낼 수밖에 없었다. 그러나 그러한 변례를 통해 유교 의례는 현실에 적응하고 삶 속에 깊이 스며들었다.

18세기의 조선사회에서 유교는 이미 사회 문화를 주도하는 이념이었다. 특히 사대부가에서 사당과 제례는 가족과 문중을 결속시키는 기본 의례였다. 최흥원은 그러한 제례를 『주자가례』에 따라 최대한 실천하면서 문중을 지키고, 나아가 본인의 경건한 삶을 실천하고자 했다. 그러한 모습은 '가족'과 '집'이라는 지극히 일상적인 삶 속에서 의례의 경건성과 추모의 감정을 유지하려고 한 사대부의 노력 속에 가능한 것이었음을 『역중일기』를 통해 알 수 있다.

참고 문헌

崔興遠, 『曆中日記』 4책, 한국국학진흥원 소장.

崔興遠, 『百弗庵先生文集(原本)』 경주최씨칠계파종중, 대구: 대보사, 1999.

崔興遠, 『百弗庵先生言行錄(原本)』, 경주최씨칠계파종중, 대구:대보사, 1999.

崔興遠(서수생 외 역), 『백불암선생문집(국역)』, 대구: 대보사, 2002.

崔興遠(서수생 외 역), 『백불암선생언행록(국역)』, 대구: 대보사, 2002.

崔興遠, 『百弗菴集』 7책, 국립중앙도서관 소장(한국문집총간 영인본).

李象靖, 『大山集』 27책, 국립중앙도서관 소장(한국문집총간 영인본).

李光靖, 『小山集』 7책, 국립중앙도서관 소장(한국문집총간 영인본).

李滉, 『退溪集』 30책, 서울대학교 규장각한국학연구원 소장(한국문집총간 영인본)

鄭逑, 『寒岡集』 11책, 고려대학교 중앙도서관 소장(한국문집총간 영인본)

김경숙, 「17세기말 사대부가의 喪葬禮와 居喪生活 – 尹爾厚의 『支菴日記』를 중심으로」, 『한국사연구』 172, 한국사연구회, 2016.

김충현, 「효종 영릉의 조성과 능제의 변화」, 한국학중앙연구원 한국학대학원 석사학위논문, 2012.

어원선, 「조선시대 사대부 灰隔墓
연구」, 『역사문화논총』 8, 2014, 175쪽.

이승희, 「19세기 학봉종가 한글편지에 나타난 질병 관련 어휘에 관한 고찰」, 『한국문화』 82, 2018.

최언돈 외, 『옻골의 인물과 유적 – 경주최씨광정공파 옻골분파 이전과 이후』, 백불암연구소; 대구, 2016.

최언돈, 「백불암 최흥원의 부인동 및 옻골(칠계) 운영 규범 연구」, 영남대학교 대학원 박사학위논문, 2010.

5장

조선 후기 향약과 마을 공동체 운영

조정현

1 머리말

『역중일기』는 최흥원이 1727~1786년까지 약 60년 동안 기록한 전형적인 생활 일기이다. 이 일기에는 하루의 간지와 일기 상태를 비롯해 농사 형편, 교유 관계, 유람 일정, 질병과 그에 대처하는 자세, 사회적 모순과 부조리에 대한 비판적 성찰, '부인동 향약', 종중의 대소사 등 조선 후기 사대부의 일상사가 사실적으로 기록되어 있다.[1] 이 글에서는 이 일기의 내용 중 마을 공동체의 운영 규범이라고 할 수 있는 향약에 주목해 구체적인 실행 양상을 살펴보고자 한다.

최흥원이 기획하고 실행한 향약은 역사적인 측면이나 문화사적 성격에서 기존의 규약만 전하는 향약에 비해 유의미한 진전을 보여 주고 있는 것으로 판단된다. 최흥원이 1738년(영조 14년)부터 부인동에서 실시한 향

1) 오용원, 「崔興遠의 『曆中日記』를 통해 본 영남선비의 일상」, 『대동한문학』 45, 대동한문학회, 2015 참조.

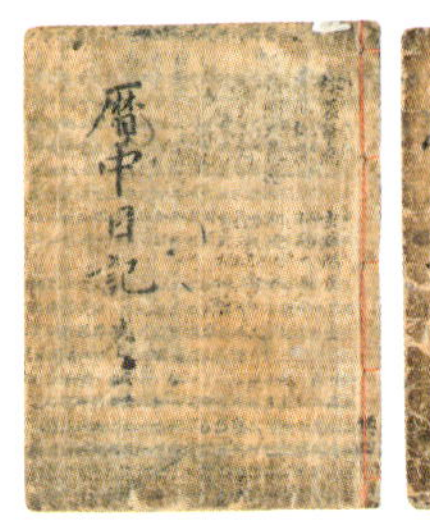
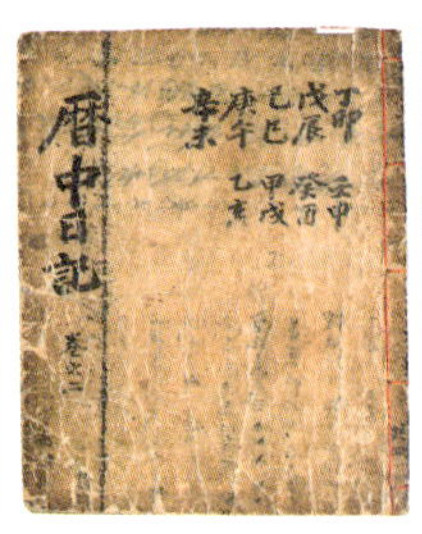
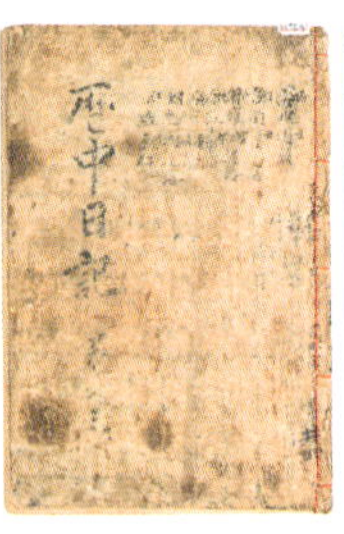
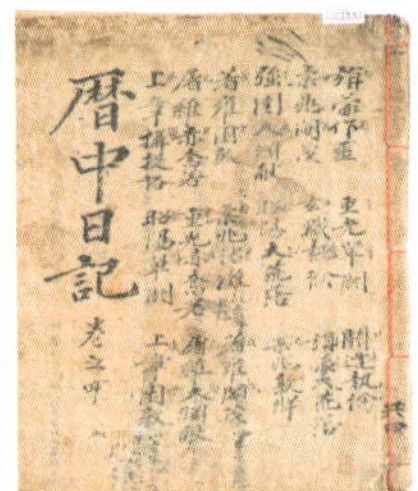

사진 1 『역중일기』 전 4권 표지

약은 그의 실천적 학문을 구체화시킨 것이라고 할 수 있다. 그리하여 많은 사람은 그의 향약을 범부의 효도와는 다른 대효大孝의 실천으로 이해하기도 했고, 인의仁義로 설명하기도 했다. 당시 사회는 개혁이 절실히 요구되는 상황이었는데, 가장 절실한 변화는 민생에 있었음을 최흥원은 올곧게 인식하고 실천했던 셈이다.

향약은 조선 사회의 이상과 현실이 명문화된 규약과 구체적 실상으로 교차하는 상징적 사건이었다. 하지만 당시의 향약은 대체로 조목만 전해질 뿐 실제로 어느 정도 실시되었는지는 분명하게 확인되지 않는다. '부인동 향약'의 경우 경제적 기반 조성 등 독특한 제도와 결부되어 실시되었고, 당시의 지식인에게도 상당한 영향을 끼치면서 조선 후기 마을 단위 향약의 대표적 사례로 인식되었다. 또한 향약의 실상을 구체적으로 확인해주는 『역중일기』가 남아 있는 점도 주목할 만하다.

『역중일기』는 방대한 기간과 분량, 그리고 당시 대구 지역을 비롯해 영남의 향촌사회에서 지명도가 높은 인물이 기록한 일기임에도 불구하고 학계에서 본격적으로 다루어지지 못하다 최근 들어서야 본격적으로 소개되었다.[2] '부인동 향약'에 대해서는 향촌사회의 향권이나 계급 간 조정의

2) 오용원, 위의 논문.

맥락에서 접근한 연구[3], 향약을 사회 변동에 저항하는 체제 유지 도구로 바라보는 연구[4], 향약의 성격을 최흥원의 학문과 실천 방법으로 바라보는 연구[5], 향촌의 규범적 성격을 중심으로 접근한 연구[6] 등 여러 연구 성과가 있지만 이를 이 일기와 연동해 살펴본 연구는 거의 이루어지지 못한 형편이다. 또한『백불암문집』과 고문서 등을 통해 연구된 기존의 성과에서는 대부분 향약이 유교사회의 체제 유지를 위한 향촌 조직이라는 관점이 유지되어 온 것도 사실이다.

한편『역중일기』에는 향약 시행과 관련된 구체적이고 사실적인 서술이 이루어져 있으므로 향촌 지배층으로서 유림의 조치에 대한 일반 동민의 대응 양상을 살펴볼 수 있다. 따라서 이 글에서는 향약의 시행자와 이에 영향을 받은 일반 민초가 어떠한 상호작용을 이루었는지를 고찰함으로써 이전에 파악하기 어려웠던 하층민의 적응 내지 대응 양상을 함께 읽어내고자 한다. 또『역중일기』를 통해 '부인동 향약'이 문중 규범으로부터 시작되었다가 확대 재생산되는 과정을 살펴보고, 마을 공동체에서 향약이 실제로 어떻게 적용되고 구현되었는지 밝히고자 하며, 현지 조사를 병행해 향약 운영의 현재까지의 변화 양상과 영향을 고찰해보려고 한다.

3) 金仁杰,「조선후기 향권의 추이와 지배층동향」,『한국문화』2, 서울대학교한국문화연구소, 1981; 鄭震英,「朝鮮後期 鄕約의 一硏究-夫仁洞 洞約을 중심으로」,『민족문화논총』2.3합집, 영남대학교민족문화연구소, 1982.

4) 김용섭,「조선후기의 대구 부인동동약과 사회문제」,『동방학지』46, 연세대학교국학연구원, 1985.

5) 정진영,「백불암 최흥원의 학문과 향약」,『한국의 철학』29, 경북대학교퇴계학연구소, 2001; 이재철,「백불암 최흥원의 시대와 그의 현실대응」,『한국의 철학』29, 경북대학교퇴계학연구소, 2001; 장윤수,「百弗庵 崔興遠 가문의 學風과 실천지향의 삶」,『한국학논집』58, 계명대학교한국학연구원, 2015.

6) 최언돈,「백불암의 〈부인동동약〉과 관련된 향촌 규범에 대한 연구」,『동북아 문화연구』23, 동북아시아문화학회, 2010.

따라서 『역중일기』의 세부적인 내용을 통해 '부인동 향약'의 구체적 양상과 변화 등을 온전히 고찰할 수 있을 것으로 기대된다. 결국 이 글에서 필자는 『역중일기』 자료를 토대로 특정 마을 공동체에서 향약을 구성하고 운영하는 과정을 살펴보고, 그러한 전통이 현대사회로 넘어오면서 어떻게 변화되어 왔는지를 밝히고자 한다. 이를 통해 과연 조선 후기의 향약이 농민과 마을 공동체의 자치조직으로서 어떤 위상을 확보하고 어떤 기능을 수행했는지, 아니면 재지사족의 효과적 지배 도구로 어떻게 실험되고 기능했는지를 살펴보고자 한다.

2 문중의 정착에서 마을 공동체 경영으로 확대

최흥원은 이상정, 박손경과 더불어 '영남삼로'로 불리면서 영남 지역에서 일정 부분 중요한 위상과 역할을 담당했던 것으로 보인다. 그는 과거시험만을 위한 글공부 그리고 실생활과 동떨어진 토론만을 위한 지식을 비판했으며, 거경居敬과 실천의 학문을 중시했다. 정계 진출보다 오히려 향촌 자치에 많은 노력을 기울였다는 점에서 최흥원이 나름의 출처관出處觀을 갖고 있었음을 짐작할 수 있다. 최흥원은 향촌사회와 가문의 유교적 이상향을 만들기 위해서는 무엇보다 일상의 삶을 유교적으로 규율할 수 있는 좋은 법도를 세우는 것이 가장 중요하다고 생각한 것으로 판단된다. 나아가 경주최씨 문중에서는 추상적, 관념적 이념보다는 실학實學이라고 일컬을 만큼 구체적이고 실천적인 차원에서 모든 규범이 만들어지고 전승되어 왔다.

그러한 맥락 속에서 실시된 '부인동 향약'은 국가적으로 개혁이 절실히 필요했던 18세기 당시 지식인들에게 주요 관심사 중의 하나로 부각되었다. 또한 당시 정조와 우의정 이병모李秉模(1742~1806년) 등 재상들은 최흥원의 향약을 인재 관리와 사창법의 실시 측면에서 성공적인 사례로[7] 평가했다. 100여 년이 넘게 오랫동안 지속되어 온 향약이고 조선 후기 향약의 대표적인 사례로 평가된 것이다.

최흥원의 향약은 5대조인 대암 최동집의 것을 이어받은 것으로 알려져 있다. 입향조 대암공은 맏아들만 남기고 나머지 자식을 모두 외지로 분가해 내보냈다고 한다. 심지어 묘지도 마을 주변에 널린 산에 쓰지 않고 멀리 둠으로써 광역 경영의 의지를 더욱 굳건히 했다. 그 결과 구한말까지만 해도 옻골 마을에는 종가 그리고 그에 딸린 노비들이 거주하는 가람집들만 있는 특이한 마을이었다. 옻골 마을에서는 마을을 최소화해 근거지로 삼고 그것을 중심으로 넓은 지역에 자손을 배치해서 영향력을 확대하는 매우 특이한 영역 확장 전략이 전개되었던 것이다.[8]

근거지 확보와 영역 확장 과정에서 강조된 것이 바로 문중 규범이었다. 유교 공동체의 규범은 사회생활을 함에 있어 개인, 문중과 향촌인을 규율하거나 자율적으로 따르도록 유도하는 행동 양식에 대한 일종의 기준 또는 규칙을 말한다. 이는 일상생활에서 유교 규범을 철저히 따르는 행동을 통해 조상의 위세를 과시하고 신분적 우월감을 강화시키는 한 방법이었다. 동성 조직의 형성 조건으로서 규범 또는 도덕적 품격을 중요한 평가 기준으로 활용했던 것이다. 규범은 공동의 가치를 반영하며 자기 집단의 문화를 습득하고 사회 체제의 기능을 발현하는 데 공헌한다고 볼 수 있다.[9]

7) 『정조실록』, 권48, 22년 무오 6월 3일. 우의정 이병모와 사창법 시행에 대해 논의하는 자리에서 "사창의 법은 고 상相 최흥원崔興源이 일찍이 영남에 시행했다고 합니다"라며 칭송했다고 한다.

8) 한필원, 『한국의 전통마을을 가다』, 북로드, 2007, 31~32쪽 참조.

최흥원은 선대의 가풍을 이어받아 그것을 '무가에서 문가로 전환'시켜 가격家格을 올리는 과정에서 가문의 병폐, 즉 협기俠氣와 패술覇術과 미생지신尾生之信 같은 신념을 버리고 지행합일의 가풍을 만들려고 노력했다. 이런 맥락에서 수신修身 부문 6종과 제가齊家 부문 4종[효제당명, 가훈, 전사설, 입춘첩]의 규범을 철저히 정착시키고, 유교적 가치 체계에 입각해 칠계낙토漆溪樂土를 만들려고 노력했다.[10] 그리고 이러한 유가적 이상 사회를 부인동에서 실현하고자 향약을 마련했던 것이다.

사진 2 농연서당聾淵書堂과 부인동동약공전비

최흥원이 부인동에 향약을 설치하고 시행한 배경은 5대조 최동집이 은거한 곳이자 문중 소유 토지가 많은 곳이었기 때문으로 판단된다. 한강 정구 문하에서 학문의 요체를 배우고 당대의 명유와 교유한 최동집은 경

9) 최언돈, 「백불암의 修身·齊家 관련 규범에 대해」, 『유학연구』 21, 충남대학교유학연구소, 2010, 51~52쪽 참조.
10) 최언돈, 위의 논문, 79쪽 참조.

학으로 대군사부가 되었지만 명나라가 멸망하고 청나라가 들어섬에 따라 숭정처사로 팔공산에 들어가 은거하게 되었다. 그는 은거하는 가운데 그곳 마을에 향약을 설치하고 시행함으로써 향촌민을 교화해 나가고자 했는데, 다만 당시의 명칭은 동약이나 향약이 아니라 '동계완의洞稧完議'11)였다고 한다. 그의 5세손인 최흥원은 이 같은 최동집 선조의 은거지에 관심이 많았으며 주자학의 윤리 도덕에 의거해 사회질서를 확립하고자 했다.

경주최씨 문중이 세거하던 옻골이 아닌 부인동에 향약을 설치한 또 다른 이유는 당시 옻골에는 종택과 이를 지원하는 하층민만 거주하고 있었기 때문이라고 한다. 옻골 자체가 좁은 골짜기여서 많은 집을 짓기 어려웠기 때문이기도 하며, 종가를 보전하고 재력을 집중하면서 장기간 유지하지 위한 방편이기도 했다고 한다.12) 또한 대암 선조의 유훈을 이어받고 새로운 정치적 실험을 시도하고자 한 최흥원의 적극적인 실천적 의지가 발현된 결과이기도 한 것으로 판단된다. 따라서 1745년에 부인동강사가 설립되기 전까지 최동집이 세운 농연서당을 기반으로 향약을 실시했던 것이다.

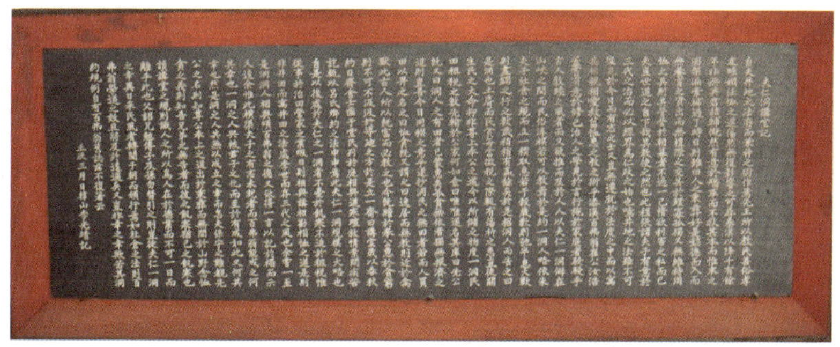

사진 3 소산 이광정이 기록한 「부인동강사기」 편액(부인동강사 대청에 게판)

11) 김용섭, 「조선후기의 대구 부인동동약과 사회문제」, 『동방학지』 46, 연세대학교국학연구원, 1985, 134~135쪽 참조.

12) 최진돈(남, 72세) 종손의 제보(2018년 11월 14일).

최홍원은 그러한 목표를 두 가지 계통으로 수행했는데, 하나는 경주최씨 문중을 중심으로 한 동족 내의 질서 확립이고, 다른 하나는 향촌의 사회 질서 확립이었다. 전자는 효를 강조함으로써 실현하고, 후자는 유교적 윤리 도덕으로 실천해 달성하려고 했다.13) 그리고 이를 실천하고 완성하기 위한 방법으로 최씨 문중을 일으켜 세울 여러 규약을 마련하기도 하고, 향촌 주민을 계도할 규약을 선대의 유훈이 남아 있는 부인동에 향약의 형태로 마련한 것이라 할 수 있다.

> 약중約中에 상하 사람과 후손이 오늘의 마음으로써 마음으로 삼고 명분을 되돌아보고 의리를 생각하며, 일심으로 봉공하고 감히 사리사욕에 빠지지 않는다면, 거의 집에선 훌륭한 자식이 될 것이며, 나라에서는 선량한 백성이 될 것이다. 불연不然이면, 윤리에 어긋난 자식과 간악한 백성이 되는 것을 면치 못할 것이니, 각자가 힘써야 될 것인져!14)

사족 중심의 동계는 임진왜란 이후 사족 중심 조직에 하층민이 직접 구성원으로 참여하는 방식, 이른바 동약으로 전환되었다. 특히 주리적 퇴계학파 중에도 주리학파인 이상정과 절친했던 최흥원의 향약은 퇴계의 계통 중 가장 잘 정비된 향약이었다. '부인동 향약' 조직의 독특한 특징은 선공고와 휼빈고 설치였다. 선공에서는 공세 납부를, 휼빈에서는 구휼과 장상 부조를 담당했는데, 선공의 공세란 전세를 말하며, 군역과 잡세는 제외되어 있었다.

선공고와 휼빈고는 향약민의 경제생활, 조세 부담을 지워하는 기구였

13) 김용섭, 앞의 논문, 135쪽 참조.

14) 서수생, 「역서 및 해제」, 『국역 백불암선생문집』, 경주최씨 칠계파 종중, 2002, 16쪽, 「부인동공전비문」(1765년 영조 41년).

다. 이 시기에는 부세 제도의 불합리로 동민이 받는 피해가 컸다. 최흥원은 향약민의 언로를 봉쇄하고 신분 변동을 억제하는 가운데 질서를 유지하려 했지만 이와 같은 목적을 달성하기 위해서는 최소한 그들의 경제생활이 안정되어야 한다는 사실도 이해하고 있었다. 그는 그것을 선공고를 통해 해결하려고 했다. 그것은 식리殖利 활동을 하는 계였다. 한편으로는 급채취식給債取息함으로써 자산을 늘리고 다른 한편으로는 100여 두락의 선공고[水田]을 설치함으로써 수입을 늘려 나갔다. 급채취식 원칙은 특히 주자의 사창법을 표본으로 삼았다.15)

선공고의 수익은 토지에 부과되는 부세에 대한 공동납으로 사용되었는데, 최씨 일가와 부유한 농민층에게는 큰 혜택이 돌아가는 것이었지만 토지를 소유하지 못한 이들에게는 불공평한 제도였던 것으로 보인다. 이에 대한 불만이 고조되어 가자 최흥원은 그러한 상황을 고려해 휼빈고를 설치하고 땅이 없는 농민에게 약간의 농지를 매급함으로써 그들도 세역부담의 혜택을 받도록 조치했다. 하지만 향약민에 대한 수혜가 공평하기는 어려웠다. 더욱이 상민층만 담당하는 군역세는 선공고 부담의 대상에서 제외되고 있었다. 그것은 피역 및 신분 변동에 대한 최흥원의 보수적인 자세로 보아 당연했다. 결국 선공고와 휼빈고는 당초 의도와 별개로 신분과 빈부를 전제한 위에서 운영되는 것이었다고 볼 수 있으며, 그것은 토지를 소유한 양반과 부농 위주로 운영되는 기구로서의 한계, 즉 문중 가업과 규범의 확장지로서 부인동 경영이라는 의미를 갖고 있었음을 말해 준다.

15) 김용섭, 앞의 논문, 140쪽 참조.

3 역중일기를 통해 본 조선 후기 향약의 실상

조선시대 재지사족으로 향촌에 자리 잡은 유학자들은 『예기』의 「예운」 편에 기록되어 있는 '대동' 사회를 꿈꾸었다. 문치교화文治敎化, 즉 덕으로 자치를 이루는 완전한 이상적 시공간을 만들고자 했던 것이다. 대동사회라는 이상향을 건설하기 위해 각 지역 유학자들은 자신이 거주하거나 경영하는 마을을 기반으로 구체적인 실현 방안을 모색했다. 향약 등 자치 규범을 마련해 공의에 따른 질서를 만들고 상민과 조화를 이루고자 노력한 것이다. 초기의 대동론은 조세 부담과 군역의 효율적 감당을 목표로 했지만 점차 향촌 정치의 일환이자 문화적 연대 기구로서 유교 공동체의 기반을 구축하는 데 큰 기여를 한 것으로 판단된다.

> 대도大道가 행해졌을 때 천하는 공의가 구현되었다. 현자와 능력 있는 자를 지도자로 뽑고 신의와 화목을 가르쳤다. 그러므로 사람들은 자기 어버이만 어버이로 대하지 않았고, 자기 자식만 자식으로 대하지 않았다. 나이든 사람은 여생을 편안히 마칠 수 있었고, 장년의 젊은이는 능력을 발휘할 수 있었으며, 어린아이도 잘 자랄 수 있는 여건을 보장받았고, 과부와 고아, 홀아비, 병든 자도 모두 부양받을 수 있었다. 남자는 남자의 직분이 있었고 여자는 여자의 직분이 있었다. 재화가 헛되이 땅에 버려지는 것을 싫어했지만 그렇다고 그것을 결코 자기 것으로 숨겨 두지 않았고, 스스로 일하는 것을 싫어하지 않았지만 또한 자기 자신만을 위해서 일하지도 않았다. 그렇기 때문에 음모를 꾸미는 일이 생기지 않고 훔치거나 해치는 일도 일어나지 않았다. 그러므로 집집마다 문이 있어도 잠그지 않았다. 그런 상태를 대동이라 한다.[16]

16) 『禮記』, 「禮運」. "大道之行也 天下爲公 選賢與能 講信脩睦 故人 不獨親其親 不獨子其子 使老有所終 壯有所用 幼有所用 矜寡孤獨廢疾者皆有所養 男有分 女有歸 貨惡其棄於地也 不必藏於己 力惡其不

위 인용문에는 공자가 구상한 이상 사회가 잘 그려져 있다. 공자는 이를 대동이라고 불렀다. 대동 사회에서는 내 자식만 자식이 아니며, 어린이는 잘 자라나고 늙은이는 편안히 일생을 마친다. 과부, 홀아비, 병든 자는 불쌍히 여겨서 함께 봉양한다. 간사한 꾀를 부리지 않고 재물을 쌓아 두지 않는다. 그래서 도적이 없고 바깥문을 잠그지 않아도 된다. 대동 사회는 유가儒家의 이상향이다. 상상만 해도 감탄사가 절로 나오는 아름다운 공동체인데, 각 지역의 재지사족인 선비들은 각 마을을 기반으로 그러한 이상향을 만들어 가기 위해 노력해 왔다. 그렇기 때문에 지역사회에서 덕을 갖추지 못한 선비는 양반 대접을 받을 수 없었다. 따라서 재지사족은 향약 등 자치 규범을 마련해 공의에 따른 질서를 만들어 냈고 상민들과 조화를 이루고자 노력했다.

한자문화권에서 대동이란 말은 화합과 평등 혹은 그것이 구현되는 이상적 사회를 의미해 왔다. 우리나라에서는 19세기에 지배층이 동요하는 향촌 사회를 안정시키기 위해 대동론을 제기했으며, 내용은 주로 조세 부담과 군역의 균일화에 있었다. 실제로 향촌사회에서는 대동적 내용을 지닌 전통을 토대로 자치를 이루어 가면서 대동의 질서를 꿈꾸었다.[17]

조선시대의 향약은 그러한 대동 사회를 구현하기 위한 구체적 도구가 되었다. 대구 지역의 '부인동 향약'은 부재지주였던 최흥원이 동민들과 상

出於身也 不必爲己 是故謀閉而不興 盜竊亂賊而不作 故外戶而不閉 是謂大同"(중국철학연구회 편저, 『중국의 사회사상』, 형설출판사, 1993, 151~152쪽).

17) 『설문해자說文解字』의 풀이에 따르면, '同'은 본래 사람들이 장막 안에 모여서 대화를 나누고 음식을 먹는다는 의미이다. 즉 일이 있으면 다 같이 의논하고 음식이 있으면 다 같이 먹는다는 뜻이다(진정염, 임기담, 이성규 역, 『중국대동사상연구』, 지식산업사, 1990, 37~38쪽). 관점에 따라서는 지배층이 군주전제주의의 이념적 배경으로 삼으면서 이상적 지배 체계로 대동의 뜻을 변질시켰다고 보기도 하고, 뜻있는 선비들과 향촌의 마을 공동체에서는 순수한 대동의 이상을 그대로 실천하려 노력했다고 보기도 한다.

의해 선대 최동집으로부터 전해 내려오던 동계를 이어받아 더욱 공고히 하면서 원격적인 대동 사회의 실험지이자 실천의 시공간으로서 마을 공동체를 자리매김하는 데 기여했다. 최흥원은 향약의 물적 기반을 갖추기 위해 선공고와 휼빈고를 설치했는데, 선공고에서는 전세를 대납했고 휼빈고를 통해서는 땅이 없는 농민에게 토지를 지급하는 한층 발전된 형태의 향약을 기획하고 실천했다. 최흥원이 기록으로 남긴 『역중일기』에는 당시 향약을 시행하던 장면이 생생하게 기록되어 있어 당시 사회의 시대적 요구를 담아낸 흔적이 뚜렷하게 드러난다.[18]

따라서 이 글은 『역중일기』를 통해 조선 후기 향약의 구체적 실상을 보다 생생하게 드러내는 성과가 될 것으로 판단되며, 그러한 작업은 향후 '이념형ideal type'으로 전해온 조선 후기 향약의 전승 양상과 후대의 변화 양상을 아울러 살펴볼 수 있는 단초가 될 것으로 기대한다. 이를 위해 여섯 가지 주제를 설정하고, 일기에서 관련 기사를 발췌해 함의를 해석해보고자 한다.

1) '부인동 향약'의 설치 관련 일기

향약과 관련한 『역중일기』의 주요 기사를 통해 '부인동 향약'이 실제로 어떻게 운영되었는지를 살펴보고자 한다. 먼저 '부인동 향약'을 준비하고 시작하는 모습을 일기 자료[19]에서 확인해보자. 그러한 기사를 통해 향약을 시작하게 된 보다 실제적인 동기와 목적을 살펴볼 수 있을 것으로 기대된다.

18) 조정현, 「소통하는 유교문화 콘텐츠 모색」, 『민족문화연구』 81, 고려대학교민족문화연구원, 2018, 628~629쪽 참조.

19) 이 논문에서 제시하는 국역 일기 자료는 한국국학진흥원 국역 사업에서 이루어진 미발간 자료를 활용한 것임을 밝혀 둔다.

부인동 색장色掌[소임을 맡은 사람]이 와서 아뢰기에 **동약규洞約規를 써서 보냈다**(1738년 12월 20일).

부인동洞 사람들이 모두 와서 인사했다. 담당 임원들도 왔다. **사환이 나를 '주약존主約尊'의 직임이라고 했는데, 가소로웠다.** 나는 동약의 규정을 세우기 위해 종지宗旨에 자면서 동네사람들에게 내일 아침 일찍 일제히 모이도록 알려주었다(1739년 2월 25일).

일찍이 아침을 먹고 동사에 나와 동네사람들로 하여금 동서로 나누어 뜰 밑에 앉게 했다. 먼저 **서기를 정해 『남전여씨향약』을 베끼게 한 후 이를 대략 수정해 동약으로 삼았다. 일가 사람 최경순을 동약직으로 세우고 하인 중 배자운을 동약소 이정으로 삼았으며 박신특을 동약소 전곡으로 임명**했다. 그런 후 **약조를 언문으로 해석하게 해 하인들에게 내용을 설명**해주고 '옛것을 개혁하고 새것을 따르라革舊從新'는 뜻을 거듭 깨우쳐주니 마을사람들이 모두 엎드려서 들은 후 "감히 시키는 대로 하겠습니다"라고 대답했다. 날이 저물어 행사를 마쳤는데, 서기는 박봉래이다(1739년 2월 26일).

밥을 먹은 뒤 이정 배자운, 전곡 박신특이 와서 아뢰기에, 동약 법규의 뜻을 엄격하게 세우고 다시 거듭해 타일렀다. **동네에 남아 있는 곡식을 전곡에게 담당하도록 했다**(1739년 2월 27일).

위 일기 자료를 통해 '부인동 향약'은 「남전여씨향약」을 근간으로 해 수정되고, 최씨 일가에서 향약 운영자의 직임을 맡고 상민층에서 이정과 전곡을 맡도록 했음을 알 수 있다. 또한 한문으로 된 향약을 하층민도 잘 이해할 수 있도록 언문으로 번역하게 했다는 사실도 확인되며, 옛것을 혁신해 새로운 마을 공동체의 운영을 실시하게 되었음을 적극적으로 피력했음을 알 수 있다. 한편 이정과 전곡을 따로 교육시킴으로써 원격 경영의 한계를 극복하고자 노력했고, 마을의 공유 자원으로서 곡식을 전곡이 관리하도록 지시했음을 알 수 있다.

2) '부인동 향약'과 관아가 연계되어 운영되었음을 보여 주는 일기 자료

다음으로 '부인동 향약'과 관련해 관아에 보고하거나 판정을 받은 일에 대한 자료이다. 향약은 마을 공동체의 자치 규약의 성격이 강하지만 내부에서 해결할 수 없는 사안에 대해서는 향약을 지지하는 관아의 지원을 받아 해결하고 있는 모습을 확인할 수 있다. 이는 정부의 정책적 지원과 마을 공동체의 향약 자치권이 상보적 관계에 있었음을 알려 주는 사례로 판단된다.

> 부인동 **동약절목洞約節目과 좌목座目에 관아에서 인장을 찍어 왔다**(1741년 4월 2일).

> 아침을 먹은 뒤 강회를 열었다. 동네 사내 임봉래林鳳來의 외삼촌의 아내가 소지所志를 작성했는데, 그의 조카 김만갑金萬甲의 불효하고 불순한 죄를 고했다. **이 일은 강상綱常[삼강오상]과 관련이 있어 사유를 갖추어 관아에 보고하도록 하고**, 아울러 동약책洞約冊을 제출하게 했다(1750년 10월 14일).

> 아이 사진[20]을 보내 **고을 수령에게 세의歲儀를[21] 닦도록 하고, 그 참에 동약절목에 관인을 찍어 달라고 요청**하도록 했다(1754년 1월 7일).

초저녁에 아이 사진이 부중府中에서 돌아왔다. 계안稧案과 절목에 과연 관인을 받아 왔다. 고을 수령이, "**의창義倉이란 이름을 쓰지 않아서 흠이나** 이러한 뜻은 또한 좋다."고 말했다 한다. 연일 수령이 들를 뜻이 있다고 했으나 어찌 반드시 그렇게 하겠는가(1754년 1월 8일).

부인동 사내들을 모아 박세룡이 윗사람을 범한 죄로 관아에 보고하기로 의논했다. 세룡이 그의 산성 일터에서 달려와 땅에 엎드려 온갖 이유를 대며 애걸복걸했다. 이에 **관아에 보고하는 일은 멈추게 하고 '부인동 향약' 소 이정을 시켜 태笞 10도度를 치게 했다**(1770년 10월 18일).

관아와 관련된 위의 자료에서 기본적으로 향약에 대한 인증을 받는 것부터 시작해서 절목이 변경, 추가될 때마다 인증을 받았고, 향약 주민이 죄를 지었을 때 경중에 따라 자체적으로 징벌하거나 관아에 넘기는 판단을 해서 처리하고 있음을 알 수 있다. 특히 관인을 처리해 주며 수령이 '의창'이란 용어를 썼으면 더 좋았을 것이라고 하는 대목에서는 관아의 관심이 드러나기도 한다. 또한 마지막 자료는 관아의 힘을 빌려 죄를 지은 주민을 압박하면서 자체적 형벌을 가하는 자치의 양상을 잘 보여 준다.

3) 선공고와 휼빈고의 운용 양상

다음으로 '부인동 향약'에서 특징적으로 수행한 선공고와 휼빈고의 운용 양상과 관련된 일기 자료를 살펴보자. '부인동 향약'의 가장 특징적이고 성공적인 사례로 평가받는 선공고와 휼빈고에 대한 기사를 통해 왜

20) 최흥원의 조카 이름.

21) 한 해를 보내면서 연말에 서로 주고받는 선물을 말한다.

이 마을의 향약이 오랜 기간 유지될 수 있었고, 조선 후기 향약의 이상적 모델로 제시될 수 있었는지를 이해하는 단초를 얻을 수 있으리라 판단된다.

> 동약소 사내들이 모두 일찍 모였다. 날씨가 추워 강회는 하지 못하고 단지 올해부터 시작해 **공고公庫에 별도로 전곡을 두어 그가 동약소의 사람으로 작부作夫**[22]**를 선택하도록 지시**했다(1746년 11월 9일).

> **동약소에서 선공고에 곡식 1백 50섬을 납부**했다고 한다(1754년 9월 28일).

> 부인동 고목告目[23]이 왔다. **동네 곡식을 나누어 주라고 허락**했다(1756년 1월 21일).

> **동약소의 작부가 불과 너덧밖에 안 되는 것 같고 거둔 곡식도 겨우 2백 섬이어서** 이것으로 장리長利를 주어도 공목公木[24]에 보태기에 부족한 것 같았다(1758년 11월 10일).

> 부인동 동약소 이정 박세룡朴世龍이 진실하지 못하고 패악해 교체시키고 이금세李今世를 대신 뽑았다. 그리고 **부인동 동약소를 손질하고 휼빈고를 설치하는 일을 분부**했다. 그러나 윗자리에 있으면서 내 언행을 바르게 해 남을 인도

22) 결세結稅를 거두어들이는 방법의 하나로 토지 8결을 1부夫로 계산해 역가役價를 징수하던 단위이다. 이는 세금 납부 주체를 동약소의 회원으로 세운다는 의미이다.

23) 각 관청의 서리書吏나 지방 관아의 향리鄕吏 같은 하급 관리가 상급 관리에게 공적인 일을 보고하거나 문안問安할 때 사용하는 간단한 양식의 문서이다. 여기서는 부인동 동약소에서 최흥원에게 올린 고목을 말한다.

24) 일본 사신이 갖고 온 개인 상품에 공식 무역을 허가해 대가代價로 내주던 무명을 말한다. 공목의 재원은 전세田稅에서 충당했다.

하고 거느리지 못하니 어찌하고 어찌하겠는가(1770년 윤5월 15일).

밤에 종지 할아버지와 신녕 할아버지, 사수 아재 및 부인동 동약소 이정 이금세와 오득재吳得才 등을 모아 **땅이 없는 가난한 사람들을 위해 다시 향약 규정을 고쳐 논을 사서 골고루 구제하는 일로 분부했다. 모두 즐거워하는 뜻이 있었다**(1770년 윤5월 22일).

위의 일기 자료에서는 선공고와 휼빈고의 실제적인 운용 양상을 확인할 수 있다. 선공고에 별도로 전곡을 두고 그가 직접 농사를 지을 작부를 선정하도록 하는 시스템을 갖추고 있었음을 알 수 있으며, 이는 향약의 하급 임원에게도 일정한 권위를 부여함으로써 효과적인 운영의 묘를 살리고자 했던 것으로 파악된다. 또한 향약을 실시한 후 상당 기간이 지난 뒤인 1770년경에 구체적인 휼빈고 설치가 이루어졌다는 사실도 알 수 있고, 향약 규정을 고쳐 땅이 없는 농민들을 구제함으로써 많은 사람들이 만족해 했음도 알 수 있다. 그러한 양상은 최흥원이 원칙과 융통의 선택에서 최대한 공존과 상생을 추구했음을 보여 주는 대목임을 확인할 수 있다.

4) '부인동 향약'에 대한 다양한 평가

다음으로 향약의 효과와 대동적 분위기를 확인할 수 있는 일기 자료를 살펴보자. 이 자료를 통해 '부인동 향약'에 대한 외부적 시선과 평가가 아니라 향약을 운영하고 수행하는 당사자들의 평가를 살펴보고, 다시 그것을 통해 '부인동 향약'이 진정으로 추구하고자 한 목표와 실상을 확인할 수 있을 것으로 기대한다.

부인동 동약소에서 보낸 고목을 받아 보았다. **기양祈禳**[25]**을 행하라고 요청한**

일이었다. 축문을 작성해보내고, 벼 3섬을 허락했다(1750년 1월 20일).

동네 어른과 젊은이들이 일제히 모였다. 강회가 끝나고 선공고의 곡물을 따로 떼놓고, 관원에게 요청해 **소 한 마리를 하루 잔치에 이바지하도록 허락을 받았다. 또 다소간의 술과 음식이 있어 동네사람들이 모두 취하고 배불리 먹으면서 환호를 했으니, 이것이 동약의 효과이다**(1755년 11월 9일).

부인동 동약 강사講舍에 올라가니, 동약의 노소 사내가 대부분 모여 있었다. **떡과 과일을 내게 올리고, 이어서 봄 사이에 공고의 법에 크게 의지해 관아의 견책을 면했고 또 굶주리지 않을 수 있었으며, 농사 작황도 웃을 만하다며 사례했다.** 공고의 전곡을 박세룡으로 바꾸었다(1763년 6월 5일).

아침 전에 부인동 동회에 가서 참석했다. 좌정한 뒤에 이정 배자운이 동네의 효열孝烈 및 불효不孝, 불인不婣26)을 각각 장부에 적어 올려서 곧바로 **동약에 따라 상과 벌을 주었다. 이어서 동약 여덟 조목을 강론한 뒤에 술을 돌리고 마쳤다**(1763년 9월 9일).

마을주민들이 풍년과 안녕을 기원하는 기양 행사를 하고자 할 때 최흥원이 직접 축문을 써 주고 쌀까지 내어 주는 장면이 나오는데, 이는 '부인동 향약'이 지배층 주도의 조직에서 서로의 권리와 의무를 주장하고 조정해 나가는 자치 조직으로서 마을 공동체의 위상을 갖추어 나가고 있었음을 잘 보여 준다. 또한 강회를 할 때 소를 잡고, 술과 음식을 대접하는 장

25) 재앙은 물러가고 복이 오라고 비는 일로, 정월에 시행하는 것으로 볼 때 지신밟기 등이 결합된 동제일 것으로 판단된다.
26) 성姓이 다른 친척 간에 화목하지 못한 것을 말한다.

면이 여러 차례 기록되어 있어 하나의 유교 공동체로서의 향약의 성격을 잘 보여 주며, 대동 사회의 이상을 추구하고 있음을 확인할 수 있다.

『역중일기』에도 나타나듯이 동회 석상에서 술에 취해 실수할 경우에 대한 벌조罰條가 여러 마을의 동계 규약에 나타나는 것도, 역으로 해석하면 그만큼 동계 총회는 동민이 어울리는 흥겨운 자리였음을 짐작할 수 있도록 해 준다. 다른 지역의 사례로27) 경상북도 예천군 맛질의 동회를 살펴보면, 맛질마을의 동회는 상하가 함께 모이면서도 그 자체로 하나의 요란스러운 축제가 되었지만 이면에는 부인동과 같이 신분적 위계질서를 안정시키는 문화적 기제가 함축되어 있음을 알 수 있다.

최흥원의 『역중일기』에는 대동의 기치 아래 소를 잡고 잔치를 벌이며 마을사람 모두가 더불어 즐기는 장면이 등장한다. 대동사회의 실험지로서 부인동에서 마을사람들이 잔치를 하면서 함께 기뻐하고 즐기는 모습이야말로 향약[동약]을 시행하고 함께 꾸려가는 효과라고 만족해하는 모습이다. 그러한 양상은 최흥원이 기대한 대동사회의 도구로서 향약의 목적이 어디 있었는지를 분명하게 보여 주며, 동시에 그것이 상하 질서를 안정적으로 지속시키는 메커니즘으로 작동하기도 했을 것으로 판단된다.

5) 향약에 임하는 최흥원의 정서와 태도

다음으로 최흥원이 향약을 시작하고 운용하는 가운데 어떤 생각과 판단을 했는지를 살펴봄으로써 그가 향약에 대해 어떠한 자세를 취했는지를 알아보자. 이를 통해 최흥원의 주도 아래 실시된 '부인동 향약'에 대한 그의 이상과 실천의 실상을 동시에 살펴볼 수 있을 것으로 기대된다.

27) 이영훈, 「18~19세기 대저리의 신분구성과 자치질서」, 안병직, 이영훈 편, 『맛질의 농민들』, 일조각, 2001, 271쪽.

부인동 동약소 이정의 고목이 왔기에 **강회를 22일로 정해 제사題辭를 써서** 보냈다(1743년 9월 11일).

동약의 강신講信[28]을 보기 위해 **병을 참고 갔다**(1744년 3월 9일).

종지宗旨 할아버지 집에서 아침밥을 먹고 나와서 동회에 참석했다. 동약 조문에 따라 징계하고 권장했다. **약직約直 최경순崔慶淳을 체임하고 서도윤徐道允을 후임으로 뽑았다.** 오계선吳戒善을 전곡으로 삼고, 이정은 그대로 맡겼다(1744년 9월 9일).

아침을 일찍 먹고 **강회를 열어 동약 조목에 따라 경고하고 벌을 주었다.** 동약과 관아의 제사를 좌중에서 읽고 그들로 하여금 듣고 이해하도록 했다. 부득이 만갑萬甲이라는 자가 죄상을 갖춘 보장을 갖고 관아에 보고하게 되었는데, 이때 임봉래가 애걸하고, 또한 그가 자기 죄를 알고 있기에 **우선 그의 장래를 보아 다만 그의 큰어머니가 그를 다스리도록 했다**(1750년 10월 17일).

아침을 일찍 먹고 강회를 열었다. 임봉래가 동네 사내들에게 섞이고 싶지 않아서 해안 서부에 피신해 거주한다고 했으나 **차마 경솔하게 벌을 줄 수 없어서 급히 불러 나무라고 강회에 참석해 앞으로의 일을 지켜보도록 했다**(1750년 10월 27일).

부인동 전곡과 색장 두 명이 다시 와서, **동네사람들이 이미 와서 기다린다고 말하기에 어쩔 수 없이 쇠약한 망아지를 타고 길을 나서서 저물녘에야 비로**

28) 향약이나 계 등의 성원이 한자리에 모여 술을 마시며 우의와 신의를 새롭게 다짐하고 대화하는 것을 말한다.

소 당도하니, 과연 동민 등이 모여 기다리고 있었다. 곧바로 **강회는 생략하고 마련해 놓은 떡과 국을 대접하게 했다**(1760년 10월 27일).

가뭄과 무더위가 한결같이 성해 농부의 바람이 위태롭게 되었다. 동약을 의논해 처리할 일이 있어 동사洞舍에 들어가니 동네 사내 10여 명이 와 모여서 나를 맞이했다. **이금세李今世를 공전公田 전곡으로 삼고 개를 삶고 닭을 잡았다. 이는 아주 긴요하지 않은 일인데도 애초에 헤아려서 금하게 하지 못했으니 한이 되었다**(1760년 5월 13일).

부인동 동약의 이정들이 와 인사를 했고, 종지 할아버지도 보러 왔다. 내일 동약 모임에 음식을 대접하고 위로하기로 약속했다. 오시 경에 강당에 들어갔다. 밤에 **이정 이금세가 술에 취해 실수한 듯했으나 우선 다스리지는 않았다** (1767년 12월 12일).

밥을 먹은 뒤 부인동 사람이 다 모였다. 그런데 이정이 또 술주정을 부릴 조짐이 있어서 내보내고 정아지鄭阿只로 대신 뽑았다. 자리를 정리한 뒤에 **다만 고기만 먹이고 술은 차리지 않았다**(1767년 12월 13일).

홍록을 보내 중심 **조제고에서 겉벼 20섬을 내어 부인동에 주는 일**을 감독하게 했다(1771년 3월 24일).

위 기록에서 알 수 있듯이, 최흥원은 개인적 병환이나 사정이 있을 때에도 부인동 주민들의 적극적인 요구나 상황이 있을 때는 가능한 한 향약에 참가하고자 노력했다. 또한 최흥원은, 때로는 하층민에 대해 연민과 애정으로 다가가기도 하지만 원칙적 입장에 서야 할 때는 분명하게 자신의 의견을 관철시키는 모습을 보여 준다. 특히 마지막 기사에서 그가 최씨 문중의 봉제사 기금이라고 할 수 있는 '조제고'에서 부인동에 곡식을 지원하도록 조치하는 모습은 '부인동 향약'에 대한 그의 애정과 책임감을 잘 드러내고 있다.

6) 향약의 갈등 양상과 주체들의 대응

이제 마지막으로 최흥원이 '부인동 향약'을 실시해 나가면서 발생하게 된 그늘 측면으로서 어떤 갈등이 발생하고 주민들은 그에 대해 어떻게 대응했는지를 살펴보자. 특히 다른 기록에서는 살펴보기 힘든 향약 운영에 대한 주민들의 반발이나 대응의 구체적인 사례는 조선 후기 향약을 이해하는 데 큰 도움을 줄 것이라 기대된다.

> **부인동 동약 이정 배자운이 문득 반묘反苗의 욕을 당했다.** 그가 임무를 성실하고 정직하게 맡아서 사람들의 원망을 많이 샀기 때문에 이런 뜻밖의 환난을 당해 사임 단자를 올려서 체임을 청하게 되었으니, 가소롭다. 체임을 청하는 것은 부당하다는 뜻으로 제사題辭를 써 주었다. 또한 **각 마을로 하여금 반묘한 자를 조사해 내어 고할 것을 분부**해 돌려보냈다(1739년 4월 26일).

> 아침을 일찍 먹은 뒤에 동사에 갔다. 온 대청마루의 동약인이 고한 내용은, 동네 사내 **이신금李信今이 동약정인 이정을 업신여긴 죄를 시험 삼아 벌을 주어야 한다는 주장**이었다. 이어서 북계에서 밥을 가져다 먹고 강사講舍에서 유숙했다(1757년 4월 25일). 아침을 일찍 먹은 뒤에 **이정 무리에게 이신금에게 매를 치도록 했다**(1757년 4월 26일).

> 부인동에서 고목이 와 **미친놈 김세우金世右 덕창德昌을 다스리도록 요청**해 바

로 제사를 써서 보냈다(1758년 12월 8일).

갑자기 부인동 동약소의 고목을 받아 보았는데, **지난밤에 선공고의 겉벼 3석을 잃어버렸다고 한다**(1764년 3월 30일).

위 자료에서는 '부인동 향약'이 주민들 사이에서 발생하는 다양한 갈등 양상을 확인할 수 있다. 최흥원의 선택을 받은 '부인동 향약'의 임원과 다른 사람들과의 갈등이 주요 내용을 이루고 있어 백불암 입장에서는 곤혹스러운 대목이 아닐 수 없었을 것이다. 또한 마지막 자료에서는 전후 맥락을 명확히 파악할 수는 없지만 공유 자원으로서의 선공고의 겉벼 3석이 분실되는 사건까지 일어나고 있어 갈등 양상이 첨예화되기도 했음을 알 수 있다.

중 나징懶澄이 와서 자반[29]을 바쳤다. **동약소 세찬歲饌 물건이 왔다**. 이는 틀림없이 내가 어머니를 모시고 있어서일 것이다. **동네사람 남녀 중 나이가 칠십 이상인 사람에게 청어 1지枝를 주어 노인을 우대하는 뜻을 표시**했다(1750 12월 26일).

오계선과 배세화裵世華가 청량미靑粱米를 얻어다 주었다. 마음이 편치 않다(1756년 5월 16일).

사촌 아우가 어제 돌아와 부인동 동약 강회를 잘 치렀다고 했다. 오늘 동네사람들이 와 내게 인사를 하고 문서를 마감한 뒤, **과일과 찬구饌具를 갖추어 바쳤**

29) 자반[좌반佐飯]: 나물이나 해산물 따위에 간장이나 찹쌀 풀 따위의 양념을 발라 말린 것을 굽거나 기름에 지져서 만든 입맛을 돋우는 반찬이다.

다. 한 소반은 어머니에게, 또 한 소반은 여러 아우에게 바친 것이다(1764년 11월 6일).

부인동 동약소 사람들이 와서 인사를 하고 **정성을 다해 상여를 메겠다고 청하기에 허락했다.** 그들에게 미리 와서 연습하라고 시켰다(1766년 1월 6일). 부인동 동약소 사람들이 과연 일찍 당도해 연습을 행해 일사불란하게 명을 따랐다. 소방상과 대방상을 잘 만들었다는 사실을 비로소 알았다(1766년 1월 8일).

'부인동 향약'의 주민 10여 명이 소장을 갖고 왔기에 만나 보니 "**저희들 결복結卜을 공전公田에 함께 넣어 주고, 조세 감면을 작부作夫가 함께 받게 해 달라**"는 뜻으로 내게 간곡히 요청했으나 의리에 있어 편안하지가 않아 **끝내 허락 안 해 주고 좋은 말로 제사題辭해 돌려보냈다**(1759년 1월 6일).

'부인동 향약'의 임원 사내들이 와 인사를 하고 **부세夫稅를 일체 방납防納으로 하자고 청했으나 허락하지 않았다**(1768년 3월 6일).

위 자료에서는 '부인동 향약'을 시행하던 때 최흥원에 대한 주민들의 존모와 원망이 교차하는 모습이 잘 드러나고 있다. 부인동 마을을 좀 더 질서화되고 안정적인 공동체로 이끌어 준 선비라는 존경심으로 세찬과 선물 등을 바치거나 최씨 문중의 상장례에 적극 봉사하는 모습이 나타나고 있는 것이다. 한편 이 자료에서는 최흥원이 최씨 일족과 부유한 농민에게 편중되는 선공고 혜택을 부인동 주민 전체에게 나누어 달라는 주민들의 요청을 끝내 허락하지 않는 모습도 확인할 수 있다.

위 일기 기사들에서 확인할 수 있듯이 부재지주이자 향약의 기획자였던 최흥원은 부인동에 대한 일관된 원칙과 애정, 책임감을 갖고 '부인동 향약'을 운영했던 것으로 파악된다. 하지만 최흥원의 입장과 주민들의 요구, 현실의 신분 질서 유지와 주민들의 의식 속에 내면화된 대동 사회의 꿈, 생계 문제와 결부되는 구체적인 제도에 대한 최흥원의 기준과 주민들의 만족도가 빚어내는 간극 등은 당시 향약이 풀기 힘들었던 한계로 판단된다. 이러한 간극의 상호작용 속에서 긴장과 이완을 반복하면서 '부인동 향약'이 유지되었던 것이라고 할 수 있다.

일기 자료를 통해 파악할 수 있는 '부인동 향약'의 특징은 다음과 같이 정리된다. 우선 여러 기사에서도 확인할 수 있듯이 구두로 지시하는 방식이 아니라 반드시 문서로 남겨 고목을 받고 제사를 써 주는 방식으로 기록하고 공식적인 집행이 이루어질 수 있도록 했다는 것이다. 다음으로 마을 내에서 해결할 수 있는 사안과 관아의 지원을 받아야 하는 부분을 정확히 구분했고 관아와 긴밀하게 연동해 운영했다는 것이다. 다음으로 향약의 임원에 대한 세심한 관리를 통해 '부인동 향약'을 효율적으로 운영하고자 했다는 것이다. 끝으로 향약의 기획자이자 실행자로서 최흥원에 대한 존모와 원망의 이중적 감성, 신분 질서와 체제 유지와 대동사회의 이상 간의 모순이 적나라하게 드러나고 있다는 것이다.

4 마을 공동체 운영의 전통과 변화 양상

최흥원의 향약은 유가적 대동 사회의 실현이라는 명분 외에도 공동납共同納에 대응하는 것을 실제적 기능으로 해서 출발했다. 여러 자료에 나타나 있듯이 향약은 공동체적 자기 규제와 주민 복리 지원 기능을 수행했으며, 특히 19세기에 이르러서는 조세 부담 측면보다 마을 내부 지출이 증가하면서 동제洞祭를 중심으로 공동체 행사와 관련된 지출이 정례화되

사진 4 부인동강사 전경(2018년 11월 현재)

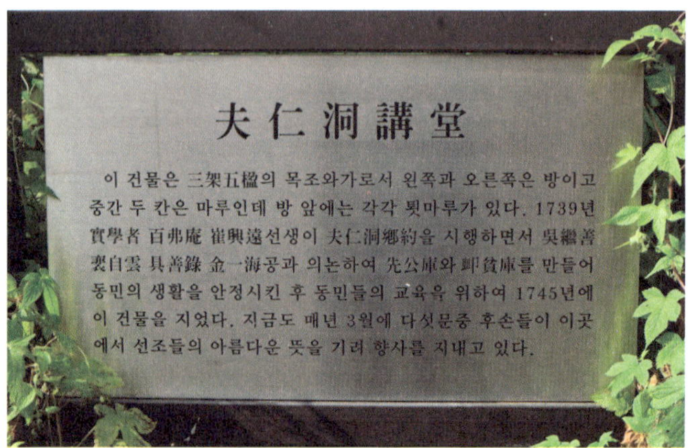

사진 5 부인동강당 안내판

고 있음을 알 수 있다. 결국 마을 단위 향약은 외부 압력인 부세賦稅에 공동으로 대응하려는 목적과 문중 규범을 확대 재생산하는 목적에서 출발했지만 실천 과정에서 대동 사회를 지향하는 공동체적 결속을 강화시켜 나간 생활 철학이자 규범이었다고 볼 수 있다.

부인동강사는 삼가오량의 목조 와가로서 왼쪽과 오른쪽은 방이고 중간 두 칸은

마루인데 방 앞에는 각각 툇마루가 있다. 1739년 실학자 최흥원 선생이 '부인동 향약'을 시행하면서 오계선, 배자운, 구선록具善錄, 김일해 공과 의논해 선공고와 휼빈고를 만들어 동민의 생활을 안정시킨 후 동민들의 교육을 위해 1745년에 이 건물을 지었다. 지금도 매년 3월에 다섯 문중 후손들이 이곳에서 선조들의 아름다운 뜻을 기려 향사를 지내고 있다.30)

부인동강사는 무려 250여 년의 세월 동안 부인동 주민들의 중심지로 자리 잡고 있다. 최흥원의 향약 운영은 19세기에 마감되었지만 또 다른 형태로 현재까지 향약의 전통을 이어 오고 있는 셈이다.

사진 6 부인동강사 대청에 걸린 '강사창계좌목' 현판

부인동강사 내부에 걸려 있는 현판에는 '강사창계좌목'으로 최흥원, 오계선, 배자운, 구선록, 김일해 등 5명의 이름이 새겨져 있다. '부인동 향약'에서 주도적 역할을 했던 이 5인에 대해 부인동에서는 현재까지도 향사를 올리고 있다.31) 종가, 사우, 서원 등의 불천위제사나 향사처럼 영세무궁토록 제사를 받는 조상으로 사족과 양민을 함께 모셨다는 사실에서

30) '부인동강당' 안내판 설명글(사진 5 참조).
31) 구자해(남, 83세) 씨의 제보(2018년 11월 14일).

'부인동 향약'의 특성이 잘 드러난다. 최근 2018년까지도 유지되고 있는 전통으로, 매년 음력 3월 17일 부인동강사 창건일에 맞춰 백불암 종가 종손과 4개 성씨 후손이 함께 향사를 올리고 있는 것이다. 또한 백불암 종가의 종손 장례 때 부인동 주민들이 꽃상여를 만들어 옻골로 보내는 전통이 40여 년 전까지, 즉 현 최진돈 종손의 조부 때까지 유지된 점[32]도 주목할 만하다.

동계가 마을의 공동체적 운영을 강화시키는 것과 관련해 주목해야 할 또 하나의 측면은 식리를 통한 복지사업과 동유기물洞有器物을 운영하는 것이다. 부인동의 식리와 동유기물은 차일遮日, 교자轎子, 병풍屛風 등 혼상구婚喪具가 주를 이루었으며,[33] 『역중일기』에서도 확인할 수 있듯이 향약 설립 초기부터 동중에서 공동의 토지와 공유 자원을 구비하고 전 주민이 활용할 수 있는 공공재公共財로서 중요한 의미를 지니고 있었다.

또한 실생활 측면에서도 조선 후기 계의 이자율에 관한 일련의 연구 성과를 낸 김재호에 의하면, 조선시대 이자율은 사실상 연 50%를 웃도는 수준이었던 반면 계의 이자율은 일반 이자율에 비해 상대적으로 저리이고 이자율의 진폭이 안정된 양상을 보였다. 따라서 계 기금에 접근할 수 있던 자는 그렇지 못한 자에 비해 상대적으로 유리한 입장이었기 때문에 계의 구성원인지 여부가 소농 경영의 안정성 면에서 중요한 요건이 되었다.[34]

부인동의 사례를 통해 향약 운영의 측면에서 성씨와 신분 차이를 넘어 다수 동민이 참여하는 모습은 향약의 개방성을 잘 보여 주고 있다. 더구나 향약이 초기 단계를 벗어나면서부터 주민들의 적극적인 의견 개진과 요구

32) 최진돈(남, 72세) 종손의 제보(2018년 11월 14일).

33) 김갑선(여, 89세) 주민의 제보(2018년 11월 14일).

34) 김재호, 「농촌사회의 信用과 契: 1853~1934」, 안병직, 이영훈 편, 『맛질의 농민들』, 일조각, 2001.

가 나타나게 되고, 후대에 들어서는 최흥원과 함께 4개 성씨 대표가 부인동강사의 신위로 모셔지는 점 등을 보면 향약의 신분지배적 성격이 약화된 것으로 파악된다. 또한 일기 자료에서도 확인할 수 있듯이 사족 중심 향약의 핵심 특성 중 하나인 하층민에 대한 통제 기능이 점차 약화되면서 향약이 폐지되고 자치적인 총회 체계로 변환되었음을 짐작할 수 있다.

이렇듯 조선사회에서 유교는 수기치인의 덕목을 지켜 나가면서 마을 공동체와 향촌사회를 기반으로 이상향으로서의 대동 세계를 구현하기 위해 노력했다. 그러한 노력은 향약에서 크게 네 가지 범주로 진행되었다. 첫째는 이념적 기반으로서 대동 사회의 이상을 실현하고 문치교화를 이루고자 하는 유학적 덕목, 둘째, 여러 성씨가 거미줄 같은 다양한 사회 자본을 구성할 수 있도록 해주는 사회적 관계 기반, 셋째, 중앙 정부의 정책적 강제에도 흔들리지 않는 향약의 세부 규약 같은 자치적 제도 기반, 넷째, 부인동의 선공고, 휼빈고 등과 같은 물적 기반 등이다. 이 네 가지 요소가 효율적으로 융합되고 시너지 효과를 발휘할 때 선비들이 꿈꾸던 이상 사회가 가능했음을 알 수 있다.

전통적인 향약은 신분제를 기반으로 운영되었으나 일제 시기에는 신분제 대신 국가에 대한 충성, 관에 대한 복종 등이 강조되었다. 동족마을에서의 동족 관념은 동향 의식으로 바꾸고, 조상 숭배 관념은 선별해서 국가에 대한 봉사, 일제가 세운 신사神社에 대한 문제와 연결시키려는 의도였다. 또한 동족 내 향약의 엄격한 상하질서에서 비롯된 유순한 마음을 이용해 국가에 순종하게 하려고 했던 것이다.[35] 즉 일제의 식민통치를 위한 시행 사항을 향약의 규약으로 둠으로써 농촌 정책에 대한 농촌민의 반발을 완화시키고, 규약의 시행을 통해 지방의 말단까지 지배력을 관철시키

35) 주영하, 남근우, 임경택, 『제국 일본이 그린 조선민속』, 한국학중앙연구원, 2009, 35쪽.

려고 했던 것이다.[36]

지금까지의 조선 후기 사회사 연구에 의하면, 동계는 재지사족 중심의 향촌 지배 기구이며 사족 지배 체제가 해체되는 18세기 이후에는 역사적 의미를 상실하게 된다. 일제 시기 조사 자료에서도 동계는 동리 단위의 공공사업이나 촌락 자치를 위한 조직으로 대단히 광범하게 존재한 것으로 파악되었으며,[37] 일제의 농촌 지배 정책 연구에서도 동계류 조직이 식민지 통치하에 광범위하게 존재하던 촌락 단위의 자치기구임이 밝혀진 바 있다.

동계는 사족 지배 체제의 산물로 사족 중심의 향촌 통제를 목적으로 형성되었으며, 유력한 반촌班村이나 문중이 중심이 되어 주변의 몇 개 촌락을 아우르는 방식으로 행해졌다. 그러나 18세기 이후에는 동리 단위의 공동납이 행해지면서 동리의 결속과 동리 간의 세력 조정이 향촌사회의 중요한 문제로 대두되고 재지사족의 지역 장악력이 약화되어, 사족 중심의 동계에 포섭되어 있던 하민下民의 저항 속에서 광범하게 분동分洞이 이루어졌다. 그리하여 18~19세기에 들어와 기존의 동계는 더 이상 유지되지 못하거나 성격이 변질되었다. 즉, 동계는 양반만의 상호부조적인 조직으로 한정되거나 관의 수취 체계의 하부 구조로 재편되어 그 역사적 의미를 상실하게 되었다.[38]

결국 향약은 점차 사족층의 향촌 지배 기구 또는 신분 지배 조직의 성격에서 촌락 단위의 생활 공동체적 성격의 동계로 바뀌어갔다고 할 수 있다. 그것은 조선 후기 향약이 형해화되면서 역사적 의미를 상실하는 것이

36) 한미라, 「1930년대 조선총독부의 향약 장려 정책」, 『역사와 실학』 60, 역사실학회, 2016, 130쪽 참조.

37) 善生永助, 『朝鮮の契』, 朝鮮總督府, 1926.

38) 이해준, 『조선시기 촌락사회사』, 민족문화사, 1996; 정진영, 『조선시대 향촌사회사』, 한길사, 1997.

아니라 '촌락 단위의 자치조직'으로 재정립되었음을 의미한다. '부인동 향약' 역시 그러한 과정을 겪어 온 것으로 파악되지만 특징적인 전통이 남게 되었는데, 바로 향약을 이끌어 온 최흥원과 4개 성씨 대표 조상에 대한 향사를 현재까지도 지내고 있는 사실이 그것이다.

5 맺음말

『국역 백불암선생문집』의 해제를 쓴 서수생은 "이것이 선부후교先富後教였으며, 관자가 말하는 '창름실즉지예절倉廩實則知禮節'과 서로 통하는 것이요, 부인동약은 조선 후기 사회에 등장한 일종의 새마을 운동이었다고 할 수 있다"고[39] 했다. 사족의 기반이 약한 지역에서의 향약의 실시는 구호에 그칠 가능성이 크며, 향교나 서원, 사우의 활동을 통해 사족이 조직화되고 그러한 기구를 중심으로 향약이 실시되어 간 지역이나 시기(주로 17~18세기)에는 그것이 실질적으로 기능했을 것으로 판단된다. 또 시기가 내려올수록 소규모 향약인 동약, 동계가 출현해 보다 세분된 단위에서 사족에 의한 직접적 대민 지배가 이루어졌다. 그러한 과정에서 상하합계上下合契가 나타나고, 그것이 더욱 진전되면 19세기에는 '분동 요구'와 같이 하계가 독립해(혹은 떨어져) 나간다.[40]

『역중일기』는 최흥원이 1727~1786년까지 약 60년 동안 기록한 전형적인 생활 일기이다. 이 일기에는 하루의 간지와 일기 상태를 비롯해 농사 형편, 교유 관계, 유람 일정, 질병과 그에 대처하는 자세, 사회적 모순

39) 서수생, 「역서 및 해제」, 『국역 백불암선생문집』, 경주최씨 칠계파 종중, 2002, 17쪽.
40) 정승모, 「조선시대 향촌사회의 변동과 농민조직」, 『역사민속학』 1, 한국역사민속학회, 1991, 51~52쪽 참조.

과 부조리에 대한 반성의 표출, '부인동 향약', 종중의 대소사 등 조선 후기 사대부의 일상사가 사실적으로 기록되어 있다. 이 글에서는 『역중일기』를 통해 '부인동 향약'이 문중 규범으로 시작되었다가 확대 재생산되는 과정을 살펴보고, 마을 공동체에서 향약이 실제로 어떻게 실천되고 구현되었는지 밝히고, 현지 조사를 병행해 향약 운영의 현재까지의 변화 양상과 영향을 고찰하고자 했다.

최흥원이 기획하고 실행한 향약은 역사적인 면에서나 문화사적 측면에서도 유의미한 진전을 보여 주고 있는 것으로 판단된다. 최흥원이 1738년(영조 14년)부터 부인동에서 실시한 향약은 그의 실천적 학문을 구체화시킨 것이라고 할 수 있다. 그래서 많은 사람은 이 같은 향약을 범부의 효도와는 다른 대효의 실천으로 이해하기도 했고, 인의로 설명하기도 했다. 당시 사회는 개혁이 절실히 요구되는 상황이었고 가장 절실한 변화는 민생에 있었음을 최흥원은 올곧게 인식하고 실천한 셈이다.

부재지주이자 향약의 기획자였던 최흥원은 부인동에 대한 일관된 원칙과 애정, 책임감을 갖고 '부인동 향약'을 운영했던 것으로 파악된다. 특징적인 부분으로 꼽을 수 있는 점은 이렇다. 첫째, 여러 기사에서도 확인할 수 있듯이 구두로 지시하는 방식이 아니라 반드시 문서로 남겨 고목을 받고 제사를 써주는 방식으로 기록하고 공식적인 집행이 이루어질 수 있도록 한 것이다. 둘째, 마을 내에서 해결할 수 있는 사안과 관아의 지원을 받아야 하는 부분을 정확히 구분하고 관아와 긴밀하게 연동해 운영한 것이다. 셋째, 향약의 임원에 대한 세심한 관리를 통해 '부인동 향약'을 효율적으로 운영하고자 한 것이다. 넷째, 향약의 기획자이자 실행자로서 최흥원에 대한 존모와 원망의 이중적 감성, 신분질서와 체제 유지와 주민에게 내면화된 대동 사회의 이상 간의 모순적 인식이 적나라하게 드러나고 있는 것이 그것이다.

참고 문헌

『禮記』, 禮運篇.

『夫仁洞誌』.

『국역 백불암선생문집』(2002).

『曆中日記』.

善生永助, 『朝鮮の契』, 朝鮮總督府, 1926.

金仁杰, 「조선후기 향권의 추이와 지배층동향」, 『한국문화』 2, 서울대학교한국문화연구소, 1981.

김용섭, 「조선후기의 대구 부인동동약과 사회문제」, 『동방학지』 46, 연세대학교국학연구원, 1985.

김재호, 「농촌사회의 信用과 契: 1853~1934」, 안병직, 이영훈 편, 『맛질의 농민들』, 일조각, 2001.

오용원, 「최흥원의 『역중일기』를 통해 본 영남선비의 일상」, 『대동한문학』 45, 대동한문학회, 2015.

이영훈, 「18~19세기 대저리의 신분구성과 자치질서」, 안병직, 이영훈 편, 『맛질의 농민들』, 일조각, 2001.

이재철, 「백불암 최흥원의 시대와 그의 현실대응」, 『한국의 철학』 29, 경북대학교퇴계학연구소, 2001.

이해준, 『조선시기 촌락사회사』, 민족문화사, 1996.

장윤수, 「백불암 최흥원의 학풍과 실천지향적 삶」, 『한국학논집』 58, 계명대학교한국학연구원, 2015.

정승모, 「조선시대 향촌사회의 변동과 농민조직」, 『역사민속학』 1, 한국역사민속학회, 1991.

정진영, 「백불암 최흥원의 학문과 향약」, 『한국의 철학』 29, 경북대학교퇴계학연구소, 2001.

鄭震英, 「朝鮮後期 鄕約의 一 硏究-夫仁洞 洞約을 중심으로」, 『민족문화논총』 2.3합집, 영남대학교민족문화연구소, 1982.

정진영, 『조선시대 향촌사회사』, 한길사, 1998.

조정현, 「소통하는 유교문화 콘텐츠 모색」, 『민족문화연구』 81, 고려대학교민족문화연구원, 2018

주영하, 남근우, 임경택, 『제국 일본이 그린 조선민속』, 한국학중앙연구원, 2009.

중국철학연구회 편저, 『중국의 사회사상』, 형설출판사, 1993.

진정염, 임기담, 이성규 역, 『중국대동사상연구』, 지식산업사, 1990.

최언돈, 「백불암의 〈부인동동약〉과 관련된 향촌 규범에 대한 연구」, 『동북아 문화연구』 23, 동북아시아문화학회, 2010.
최언돈, 「백불암의 修身·齊家 관련 규범에 대해」, 『유학연구』 21, 충남대학교유학연구소, 2010.
한미라, 「1930년대 조선총독부의 향약 장려 정책」, 『역사와 실학』 60, 역사실학회, 2016.
한필원, 『한국의 전통마을을 가다』, 북로드, 2007.